Ingrid Trobisch
Mit Freuden unterwegs

Ingrid Trobisch

Mit Freuden unterwegs

Eine Familie geht in die Welt

Editions Trobisch, Baden-Baden

Bücher von Ingrid und Walter Trobisch:

Mit Freuden Frau sein
Ich liebte ein Mädchen
Heiraten – warum nicht
Liebe ist ein Gefühl, das man lernen muß
Kleine Therapie für geistliche Durststrecken
Liebe dich selbst
Mein schönes Gefühl

Titel der Originalausgabe:
On our Way Rejoicing 1964 Harper & Row, New York

Neue revidierte Auflage

ISBN 3-87827-034-8
Aus dem Amerikanischen übertragen von Walter Trobisch
Umschlagfoto: Klaus Paysan
Druck: St.-Johannis-Druckerei C. Schweickhardt, 7630 Lahr-Dinglingen

Inhalt

Der Untergang der »Zamzam«

Ein Maimorgen und Caesar – irgendwie paßte das nicht zusammen. Als das lange schrille Klingelzeichen schließlich das Ende der Lateinstunde verkündete, trat ich ans Fenster des Klassenzimmers. Das parkähnlich angelegte Schulgelände mit seinen Rasenflächen, Büschen und Bäumen lag im ersten zauberhaften Grun eines Frühlings in Nebraska. Es war ein besonders plötzlicher, überraschender Frühlingsanfang in diesem Jahr 1941. Fast über Nacht war der kahle Winter gewichen. Die Welt war neu und strahlend geworden. Am liebsten wäre ich hinausgelaufen. Ich tröstete mich damit, daß es nur noch zwei Wochen waren bis zum Ferienbeginn, und verstaute meine Bücher.

Draußen im Gang wurde ich plötzlich angerufen. Als ich mich umwandte, sah ich unseren Schuldirektor, Dr. Paul Lindberg.

»Einen Augenblick, Ingrid«, sagte er, »ich muß dir etwas sagen. Komm mit in mein Dienstzimmer.«

Wortlos folgte ich ihm. Der Ton seiner Stimme und das betroffene Aussehen seines sonst so heiteren Gesichts erschreckten mich. War einem meiner Geschwister etwas zugestoßen? Oder Mutter? Oder gar Vater? Meine Angst steigerte sich.

An der Tür des Direktorzimmers wartete schon mein Onkel Martin, ein Geschäftsmann aus Wahoo. Seine Augen waren feucht. Wir traten zusammen ein. Dr. Lindberg sagte in ruhigen, bedachten Worten: »Wir haben soeben über das Radio gehört, daß die ›Zamzam‹ von einem deutschen Kreuzer versenkt worden ist. Man befürchtet, daß es keine Überlebenden gibt.«

Die »Zamzam«! Ja, das war das Schiff, das Vater von New York nach Tanganyika bringen sollte! Täglich hatten wir auf ein Telegramm gewartet, das uns seine Ankunft in Kapstadt anzeigte.

Die USA hatten den Krieg noch nicht erklärt. Die »Zamzam« war ein neutrales ägyptisches Schiff. Aber sie mußte durch blockiertes Gewässer fahren.

Vater umgekommen? Nein, das konnte ich nicht glauben. Von irgendwoher kam mir die Gewißheit: Es kann nicht wahr sein. Ich schaute zuerst auf Onkel Martin, dann auf Dr. Lindberg.
»Sind Sie sicher?«
Beide nickten. Ich konnte an ihren Gesichtern sehen, daß sie von der Wahrheit dieser Nachricht überzeugt waren. Aber ich konnte es nicht glauben – mindestens jetzt noch nicht.
Dr. Lindberg sagte freundlich:
»Du hast für den Rest des Tages frei, Ingrid.«
Als ich meine Bücher holen ging, mußte ich an meine Mutter zu Hause auf der Farm in der Nähe von Springfield in Missouri denken. Wie würde sie diese Nachricht aufnehmen? Dann lief ich zu meiner Großmutter, bei der ich während des Schuljahrs wohnte. Dieser Schlag mußte sie furchtbar hart treffen. Mein Vater, ihr ältester Sohn, war nicht der einzige ihrer Lieben, der sich auf der »Zamzam« befand. Eine ihrer Töchter, Mrs. Einar Norberg, die mit ihrem Mann und drei Kindern nach Tanganyika[1] zurückkehrte, war auch an Bord dieses Schiffes.
Ich sehe noch das kleine weiße Fachwerkhaus vor mir, den gemütlichen Schaukelstuhl auf der Veranda, die Spitzenvorhänge, die Blumentöpfe in jedem Fenster – all diese Dinge, die das Haus zu einem echten Großmutterhäuschen machten.
Es schnürte mir die Kehle zu, als ich die Haustür öffnete und in die Diele trat. Eine Flut von Erinnerungen drang auf mich ein.
Ich stand genau auf dem Platz, an dem ich meinem Vater vor drei Monaten »Auf Wiedersehen« gesagt hatte.
Großmutter saß im Lehnstuhl in ihrem Schlafzimmer, nahe beim Radio. Der Sonnenschein ergoß sich über ihre geliebten Blumen – noch heute kann ich die Geranien riechen – und erhellte ihr Gesicht. Sie »hielt Stille«. Diese Fähigkeit, sich in bestimmten Lebenslagen zur Ruhe zu zwingen, hatte sie sich in ihren siebenundsiebzig Jahren mühsam anerzogen, denn sie war von Natur eine sehr rege und energische Frau, die sich immer mit irgend etwas beschäftigte.
Ich bemerkte, daß ihr Haar bis auf einige graue Streifen über ihren Schläfen noch schwarz war. Sie trug das lavendelfarbene Kleid, ihr Lieblingskleid, mit einer Amethyst-Halskette. In ihren Augen waren keine Tränen, und ihr Gesicht war heiter.

[1] Heute Tanzania

Ich legte meine Hand auf die ihre. Still saßen wir eine Weile beieinander in gegenseitigem Verstehen. Ich spürte, daß auch sie Hoffnung hatte. Trostworte waren überflüssig.
Noch sah ich sie vor mir, wie sie von meinem Vater Abschied nahm. Ihr Kopf reichte bis an seine Schultern. Sie hatte zu ihm aufgeschaut:
»Ralph, weißt du noch, wie du vor zweiundzwanzig Jahren das erste Mal nach Afrika aufbrachst? Der Erste Weltkrieg war gerade zu Ende. Ich sagte dir damals, daß dies der glücklichste Tag meines Lebens sei. Heute möchte ich dasselbe noch einmal sagen.«
Und nun hörte sie im Radio, daß sie nicht nur einen Sohn, sondern auch eine Tochter verloren hatte samt deren ganzer Familie. Dennoch war sie ruhig und beherrscht. Wie bewunderte ich sie!
In diesem Augenblick hielt vor dem Haus ein Auto. Ein Mann, der eine Kameratasche umhängen hatte, eilte die Stufen herauf.
»Ich komme vom ›Herald‹ in Omaha«, sagte er, als ich die Tür öffnete. »Ich möchte gerne Mrs. Hult interviewen.«
Ich empfand die Störung in dieser Stunde als peinlich; aber ich mußte ihn wohl oder übel hereinlassen. »Der Untergang der ›Zamzam‹ füllt die Schlagzeilen im ganzen Land«, sagte er zu Großmutter. »Ich habe die Passagierliste. Stimmt es, daß sich ein Sohn *und* eine Tochter von Ihnen an Bord befanden?«
Sie bot ihm einen Stuhl an. Ruhig und ohne Zittern in der Stimme beantwortete sie seine Fragen.
»Warum reiste Ihr Sohn gerade jetzt nach Afrika aus, wo er doch wußte, daß es gefährlich ist?« fragte der Reporter.
Großmutter antwortete nicht sofort. Statt dessen stand sie auf und ging zu ihrem Schreibtisch.
»Ich habe hier seinen letzten Brief«, sagte sie. »Lassen Sie mich daraus einige Zeilen vorlesen:
›Wir gehen nicht auf eine Vergnügungsreise. Wir suchen keine Abenteuer. Es handelt sich um eine dringende Dienstreise im Auftrag Gottes. Er gab uns die Zusage: Siehe, ich bin bei euch alle Tage bis an der Welt Ende. – Warum sollten wir dieser Zusage nicht trauen?«
Der Reporter reagierte nicht darauf. Er fotografierte uns beide, wie wir am Radio saßen und besorgt auf weitere Nachrichten warteten. Dann packte er wieder zusammen.
»Ich muß mich beeilen, wenn ich die Sache noch für die Nach-

mittagsausgabe hinkriegen will«, sagte er und schaute auf die Uhr. »Ich brauche fast eine Stunde für diese vierzig Meilen nach Omaha.«

Als er gegangen war, ging Großmutter in die Küche, um Kaffee zu kochen; ich saß unterdessen am Fenster und schaute gedankenverloren hinaus. Ich mußte noch über die Fragen des Reporters nachdenken. Ob es Großmutter gelungen war, ihm klarzumachen, warum Vater nach Afrika zurückkehren mußte?

Da kam mir das Gespräch wieder in den Sinn, das ich vor einer Woche in diesem Haus mitangehört hatte. Einige Verwandte besuchten meine Großmutter. Ich machte Schulaufgaben im Nebenzimmer und kümmerte mich um das Stimmengemurmel nicht, bis ich das Wort »Zamzam« hörte.

»Keine Zeitung hat bisher die Ankunft der ›Zamzam‹ in Kapstadt gemeldet«, sagte eine männliche Stimme. »Sollte sie nicht am 20. April dort eintreffen?«

»Ja, das stimmt«, erwiderte eine andere Stimme.

»Nun, heute ist der 10. Mai. Ich fürchte, das ist ein schlechtes Zeichen«, sagte ein dritter.

»Ich muß sagen«, bemerkte da eine Frau, »ich verstehe nicht, was sich Gertrude eigentlich dabei gedacht hat, als sie Ralph gehen ließ – besonders in solch einer Zeit! Und wenn ihm nun etwas zustößt? Wer wird sie und die zehn Kinder versorgen?«

»Außerdem ist ja das jüngste Kind noch nicht einmal drei Jahre alt!« rief irgend jemand dazwischen. »Paul ist der Älteste und hat doch gerade erst mit seinem Studium begonnen!«

»Wie steht's mit Ralphs Versicherung?« sagte wieder die männliche Stimme. »Wie hoch ist sie?«

»Sie beläuft sich auf nicht mehr als tausend Dollar.«

»O weh, das wäre nicht einmal ein Tropfen auf den heißen Stein, wenn man an all die Kinder denkt, die noch eine Ausbildung brauchen«, sagte jemand anderes.

»Ihr könnt alle sagen, was ihr wollt, über diese hilfsbedürftigen Afrikaner«, erklärte eine Frau entrüstet, »aber hier ist auch Not. Meine Ansicht ist, daß es Ralphs vordringlichste Aufgabe wäre, sich um die eigene Familie zu kümmern.«

Ich traute meinen Ohren nicht. Dachten meine Verwandten wirklich so? Ich war wie vor den Kopf geschlagen, als ich hörte, wie sie meine Mutter kritisierten, weil sie Vater hatte gehen lassen – wo wir

alle doch so lange darum gebetet hatten, daß sich ihm die Tür nach Afrika öffne!
Ich konnte meine Verwandten nicht verstehen. Mein erster Impuls war, ins Zimmer zu eilen und sie anzuschreien.
Aber es war nicht möglich – meine Kehle war wie zugeschnürt. Statt dessen lief ich in die Besenkammer unter der Treppe. Ich stolperte über den Staubsauger und saß plötzlich auf einem Stoß alter Illustrierten und weinte mich aus. Es beruhigte mich, noch einmal in Gedanken die letzten Tage vor der Abreise meines Vaters an mir vorüberziehen zu lassen.
Er war so glücklich gewesen! Das war nur zu verständlich. Fünfzehn Jahre lang hatte er sich danach gesehnt, wieder nach Afrika zu gehen – fünfzehn Jahre, in denen er als Reiseprediger, Buchverkäufer und Straßenarbeiter den Unterhalt für seine Familie verdiente, hoffend und wartend.
Fast sein ganzes Leben hatte er mit Warten verbracht! Von Kindheit an wollte er Missionar werden. Aber er mußte warten, erst auf die Möglichkeit der Schulbildung, dann auf die Berufung. Nach der Hochzeit begannen seine Träume sich zu erfüllen. Es waren die sechs Jahre, die er und Mutter auf den Missionsfeldern in Nigeria und dann in Tanganyika verbrachten. Dort wurden meine Brüder Paul und John und ich geboren, und auch unsere kleine Schwester Ruth, deren Grab an den Abhängen des Kilimandscharo liegt. Die Missionsleitung entschied dann während seines Urlaubs 1926, daß die Arbeit, die Vater in Westafrika begonnen hatte, wegen finanzieller Schwierigkeiten nicht fortgesetzt werden könne. Aber er wurde auch nicht nach Tanganyika zurückgerufen. So wartete er, bis nach fünfzehn Jahren des Schweigens an einem Januartag des Jahres 1941 endlich ein Brief von der Missionsgesellschaft kam.
Darin stand, was er bereits wußte. Es war große Not auf den Missionsfeldern Ostafrikas, die verwaist waren, weil so viele deutsche Missionare infolge des Krieges entweder interniert oder deportiert worden waren. Die Missionsleitung fragte nun in vorsichtigem Ton an, ob er, Ralph Hult, nun zweiundfünfzig Jahre alt und Vater von zehn Kindern, gewillt sei, nach Tanganyika zurückzukehren, solange dieser Ausnahmezustand anhielt.
In seinem Innern müssen Stürme getobt haben. Er wußte nur allzu gut, was es bedeutete, wenn er ja sagte: Trennung nicht nur von seiner Frau, sondern auch von seinen heranwachsenden Kindern, die

einen Vater brauchten. War der Preis, den er bezahlte, wenn er diesem Ruf folgte, nicht zu hoch? Andererseits: Konnte er mit gutem Gewissen seine Hilfe versagen?
Ende Januar telegrafierte er mit Einverständnis meiner Mutter seine Zusage. Er würde am 10. März in New York sein, bereit, bald danach auszureisen.
Im Februar kam er nach Wahoo, um sich von seiner Mutter, seinen Geschwistern und mir, seiner ältesten Tochter, zu verabschieden.
Wie liebte ich ihn! Als ich seine große aufrechte Gestalt mit kraftvollen Schritten auf mich zukommen sah, erfüllten mich Bewunderung und Verehrung.
Sein Haar war grau. Solange ich mich erinnern konnte, war es grau gewesen, denn er hatte viel durchgemacht. Die Falten um seine gütigen und freundlichen Augen erweckten den Eindruck, als lächelte er immer. Aber der entschiedene Zug um seinen Mund drückte Energie und klare Entschlossenheit aus. Wir Kinder hatten schon früh gelernt, seine Anordnungen ernst zu nehmen, und wir waren dabei nur glücklicher geworden. Wir zweifelten nie, daß seine Strenge aus Liebe kam. –
Meine Großmutter war inzwischen wieder ins Zimmer gekommen. Ich wollte gerade etwas zu ihr sagen, als ich Schritte in der Vorhalle hörte. Jemand trat ein ohne anzuklopfen. Plötzlich stand mein Onkel Leslie vor uns, im Arm einen Strauß Gladiolen. Schweigend, doch mit Tränen in den Augen, hielt er mir die Blumen hin.
Er umarmte mich voller Mitgefühl und liebender Anteilnahme. Aber mein Herz wehrte sich dagegen. Es wußte: Mein Vater ist *nicht* tot! Ebensowenig meine Tante, mein Onkel, ihre Kinder und die anderen Passagiere der »Zamzam«.
Am Mittag kamen wieder Nachrichten im Radio. Es war wieder dasselbe – –: Die »Zamzam« ist versenkt worden, und alle Passagiere sind vermißt.
Ich fragte mich, ob meine Mutter es zu Hause in Missouri gehört hatte. Wie verbrachte sie wohl diesen Tag auf der Farm? Ich dachte an sie und meine Geschwister. Sehr deutlich konnte ich mir vorstellen, wie sie an ihre Morgenarbeiten gingen. Es waren schon neun Monate vergangen, seit ich die »Homestead« verlassen hatte. So hatte Vater diesen Ort genannt: »Homestead Bethanien«. Dieser

Name paßte besser als der einer »Farm« für die sechzehn Hektar Bäume, Felsen und Hügel.
Eine Welle des Heimwehs überkam mich.
Plötzlich wußte ich, was mir fehlte: meine Geschwister, Mutter, mein Versteck auf unserem Anwesen, wo mich niemand fand, die kräftige Eiche, an die ich mich lehnen und ihre zerfurchte Rinde im Rücken spüren konnte, der Anblick der wogenden Ozark-Hügel, die mich immer mit Frohlocken erfüllten ...
Wenn ich dort wäre, käme meine Welt vielleicht wieder in Ordnung. Ach, könnte ich wenigstens mit Mutter sprechen! Sie würde mir sicher helfen, mein Gleichgewicht wiederzufinden. Aber warum hatte ich nicht früher daran gedacht. Ich konnte ja mit ihr sprechen. Ich brauchte sie ja nur anzurufen.
Im Telefon klang ihre Stimme kräftig und klar. Zuerst fragte sie, wie Großmutter die Nachricht aufgenommen habe. Bezeichnenderweise galt Mutters Sorge immer zuerst den anderen. Die drei Minuten waren zu kurz, um genau zu erfahren, wie sie diesen Morgen verbracht hatte. Aber als ich einige Wochen später von der Schule heimkehrte, erzählte sie es mir:
»An jenem Montagmorgen hackte ich vor dem Frühstück das Erbsenbeet. John und Carl molken die Kühe. Eunice hatte das Radio eingeschaltet, um die Sieben-Uhr-dreißig-Nachrichten zu hören, während sie den Tisch deckte und die Grütze kochte. Dann hörte ich sie von der Hintertür her schreien: ›Mutter, Mutter!‹ Ich legte meine Hacke nieder. Ich wußte nicht, was los war, als ich sie auf mich zulaufen und ihre roten Zöpfe dabei im Wind flattern sah. ›Mutter! Die ›Zamzam‹ ist gesunken!‹ rief sie aus. ›Alle sind ertrunken! Man spricht von uns im Radio!‹ Ich legte meinen Arm um sie – sie weinte fassungslos – und ging langsam mit ihr zum Haus zurück. Inzwischen hatten sich die fünf jüngeren Kinder im Wohnzimmer eingefunden. Martha weinte, während Carl versuchte, sie zu trösten und gleichzeitig seiner eigenen Tränen Herr zu werden.
Sollten diese Kinder von nun an vaterlos sein? Nein, ich konnte es nicht glauben. Ich zwang mich zur Ruhe und versuchte zunächst, den genauen Inhalt der Nachricht zu erfahren, die der Sender verbreitet hatte. Zuerst rief ich das Funkhaus an, dann die Zeitungsredaktion. Beide bestätigten den Bericht. Aber sie waren sehr freundlich und versprachen, mich über etwaige neue Nachrichten auf dem laufenden zu halten.

Das letzte Bild der Familie Hult (im Jahre 1939) vor der Ausreise des Vaters nach Tanganyika. Hintere Reihe: John, Ingrid, Veda und Eunice. Mittlere Reihe: Vater, Mutter und Paul. Vordere Reihe: Martha, Carl, Mary, David und Gustav.

Die Familie einige Monate nach dem Tod des Vaters im Jahre 1943. Hinten: Ingrid, John, Eunice, Carl, Veda und Martha. Vorn: David, Gustav, Mary, Mutter. (Paul ist abwesend)

Ich setzte mich an den Tisch und bedeckte das Gesicht mit den Händen. Gerne hätte ich mich dem Schmerz hingegeben, aber ich wußte, daß ich um der Kinder willen stark sein mußte.
Wir setzten uns um den Eßzimmertisch und lasen zusammen Psalm 124:
›Wo der Herr nicht bei uns wäre, . . . so ersäufte uns Wasser, Ströme gingen über unsere Seele. Unsere Hilfe steht im Namen des Herrn, der Himmel und Erde gemacht hat‹
Wir beteten unser Familiengebet aus Psalm 67 und baten Gott um Barmherzigkeit und Segen – ›daß man auf Erden erkenne deinen Weg‹. Dann sangen wir unser Morgenlied. Ich blickte mich um. Die Tränen waren versiegt. Wir hatten wieder festen Boden unter den Füßen.
Es dauerte nicht lange, bis die Reporter kamen. Sie wollten ein Familienbild machen. Die Kinder wußten nicht, wie sie sich verhalten sollten. Sonst mußten sie immer lächeln, wenn ein Bild gemacht wurde – aber jetzt?
Ein Reporter fragte mich, warum mein Mann sich gerade eine politisch so unruhige Zeit gewählt habe, um auszureisen. Ich sagte ihm: ›Er wäre niemals gegangen, wenn ich ihn nicht dazu gedrängt hätte. Wir sind beide überzeugt, daß es in Afrika eine wichtige Arbeit zu tun gibt. Was seine Familie betrifft – wir sind versorgt.‹
Dann setzte ich meine Arbeit fort. Vom Küchenfenster aus konnte ich Carl sehen – er hat gerade seinen zehnten Geburtstag gefeiert, du weißt ja –, wie er schweren Schrittes den Ahornweg auf und ab ging. Der Anblick krampfte mir das Herz zusammen, denn an seiner Haltung, wie er so resolut auf und ab marschierte und seine Hände in den Taschen hielt, war etwas, was mich an euren Vater erinnerte. Er pflegte denselben Weg zu gehen, wenn er sich zu einer Entscheidung durchzukämpfen hatte.
Ein wenig später kam Carl zu mir; seine blauen Augen blickten ernst und voller Bestimmtheit. ›Mutter‹, begann er, ›wenn es wahr ist, daß Vater ertrunken ist, dann habe ich beschlossen, ein Seemann zu werden, sobald ich erwachsen bin.‹
Kurz darauf kam dein Anruf.«
Nach dem Telefongespräch mit Mutter fühlte ich mich wohler. Ihr Mut steckte an. Ich würde ihn noch brauchen; denn ein langer Tag lag noch vor mir – ein Tag des Hoffens gegen die Ungewißheit.
Wo aber war mein Vater jetzt? Sollte er wirklich auf See umgekom-

men sein? Ich konnte es noch immer nicht glauben. Die letzte Durchsage hatte uns einen kleinen Hoffnungsschimmer gegeben. Sie ließ vermuten, daß, wenn es überhaupt Überlebende gab, diese von einem Gefangenenschiff an Bord genommen worden waren. Konnte das wahr sein? Wenn es so wäre, war Vater unter ihnen? Wie lange sollten wir diese bange Ungewißheit ertragen? Noch nie war mir ein Tag so lang geworden wie jener 19. Mai 1941.

Ich erwartete nicht, in jener Nacht schlafen zu können. Aber schließlich muß ich doch eingeschlafen sein. Das nächste, was ich weiß, ist, daß das Telefon läutete.

Ich nahm den Hörer ab und hörte das Telefonfräulein sagen: »Ferngespräch.«

Eine unbekannte Stimme meldete sich:

»Hier ist Dr. Swanson von der Missionsleitung in Minneapolis.«

Ich wunderte mich, warum er mich anrief. Dann sagte er: »Wir haben soeben von United Press gute Nachricht bekommen! Dein Vater lebt und ist in Sicherheit. Ebenso die Norbergs und alle anderen Missionare und Passagiere. Würdest du es bitte deiner Mutter und deiner Großmutter mitteilen?«

Nun war der schwarze Montag vorbei. Es war Dienstag, der 20. Mai. Die Sonne schien, und die Vögel zwitscherten in den Ahornbäumen.

Die Welt drehte sich wieder. Sofort rief ich Mutter an. »Ja, ich weiß«, erwiderte sie ruhig. »Herr Ingram, unser Nachbar, blieb die ganze Nacht an seinem Kurzwellenempfänger. Er brachte mir früh am Morgen die gute Nachricht. Sie sind in Sicherheit in einem von den Deutschen besetzten Hafen. Paul hat auch angerufen. Er wachte die ganze Nacht in der Sendestation von Columbia und war dort, als die Meldung durchkam.«

Weitere Einzelheiten sickerten täglich in den Zeitungen und über Radio durch. Aber wir waren nicht besonders neugierig. Wir wußten, wenn Vater heimkäme, würden wir einen Bericht aus erster Hand bekommen.

Einen Monat später erfuhren wir, daß er Portugal auf dem Dampfer »Excalibur« verlassen hatte und am 30. Juni in New York eintreffen werde.

Heimkehr und neuer Abschied

Mutter, Paul und der kleine David fuhren Vater mit dem Packard entgegen. Sie wollten ihn bei meinen Großeltern in Illinois treffen. John und ich waren somit eine Woche lang verantwortlich für unser Heim, die »Homestead«.

Der Wagen rollte den Ahornweg hinab. Als er außer Blickweite war, berief ich einen Familienrat ein. Wir waren nun sieben – die drei Brüder John, Carl und Gustav, ich und drei jüngere Schwestern, nämlich Eunice, Martha und Mary.

»Womit könnten wir Vater überraschen?« fragte ich meine Geschwister, die ihre Plätze an dem großen rechteckigen Eßzimmertisch eingenommen hatten. »Wir haben genau eine Woche zur Verfügung, um alles vorzubereiten.«

Nachdenkliches Schweigen.

Nun fragte Martha: »Aber was für eine Überraschung könnten wir uns dieses Jahr ausdenken?«

»Ich habe schon eine Idee«, sagte ich. »Aber ihr müßt alle dabei helfen!«

Gustav lehnte sich über den Tisch: »Schieß los!«

»Ihr kennt doch die Kiste mit Tapeten und Farben, die Onkel Martin uns aus seinem Laden in Wahoo hergeschickt hat?« Sechs Paar fragender Augen fühlte ich auf mir ruhen, als ich meinen Plan darlegte.

Konnten wir wirklich das Wohnzimmer selbst tapezieren und tünchen?

»Wenn wir uns anstrengen, kriegen wir es schon hin«, sagte John. »Gustav und Carl, ihr müßt die Stallarbeiten, wie Kühe melken und Hühner füttern, übernehmen. Eunice, du bist Hauptköchin und Geschirrspülerin. Und ihr drei Jüngeren . . ., nun, ihr müßt eben tun, was ihr könnt. Wollen wir abstimmen?« Der Vorschlag wurde einstimmig angenommen.

Es war nicht so einfach, wie wir es uns gedacht hatten. John bot

beim Tünchen der Decke ein komisches Bild. Tropfen weißer Farbe sprenkelten sein zerzaustes Haar und seine Nasenspitze, während er sich tapfer vorwärts kämpfte.
»Kannst du nicht etwas schneller arbeiten, John?« fragte ich, als ich ihm kritisch zusah. »Wir haben nicht viel Zeit.«
Das war zuviel.
»Versuch es doch selbst einmal«, erwiderte er gereizt. Ich nahm ihm die Bürste aus der Hand. Nach fünf Minuten schmerzten mein Arm und mein Genick derart, daß ich sie reumütig zurückgeben mußte. Dann begann ich mit dem Tapezieren. Aber bald machte ich die Erfahrung, daß die Tapeten lieber an mir als an der Wand klebten. Alle fünf Minuten mußte ich John zu Hilfe rufen.
Oftmals während dieser hektischen Woche fragte ich mich, ob sich die Mühe überhaupt lohne. Aber wir hielten durch. Am Samstagabend stand jedes Möbelstück wieder an seinem Platz.
Wir waren zum Empfang bereit.
Wir warteten eine Stunde, zwei Stunden. Dann aßen wir das Abendessen kalt. Schließlich wurde es höchste Zeit, die jüngeren Kinder ins Bett zu bringen, doch mußte ich ihnen vorher versprechen, sie zu wecken, sobald ich das Auto hören würde.
Ich erinnere mich nicht mehr, wie ich zu Bett ging. Ich weiß nur noch, daß mich plötzlich jemand wachrüttelte. Es war Paul.
»Wir sind da! Wir sind da!« rief er. »Wir sind die ganze Nacht hindurch gefahren.«
Die Morgensonne strömte durch das Fenster. Ich hörte Vaters Stimme und lief ihm in die Arme. Ihn und Mutter hatten wir wirklich überrascht. Die Blicke unserer Eltern, die stolzen Beifall ausdrückten, und die Ausrufe der Anerkennung, als sie sich umschauten, waren Belohnung genug für all die Stunden der Arbeit.
Die Sonntagsfreude durchflutete wie der Sonnenschein jede Ecke des Raumes, als wir, um den Frühstückstisch versammelt, einander an den Händen hielten und unser aus dem Schwedischen übersetztes Sonntagslied sangen:

Schönster Tag, von dem ich weiß,
Ruf uns auf zu Lob und Preis,
Gabe Gottes in die Zeit,
Unterpfand der Ewigkeit.

Wenn der Woche Mühsal schweigt,
Gottes Friede niedersteigt,
Sammelt uns der Glocke Rufen
Unter deines Altars Stufen.

Gieße reichlich deinen Segen
Auf uns nieder allerwegen,
Sende, frei und unverstellt,
Herr, dein Wort durch alle Welt!

Es war Familientradition, daß wir am Sonntagabend im Kreis beisammensaßen. Jeder mußte etwas zur Gestaltung des Abends beitragen. Gewöhnlich wählten wir eine Geschichte von David Livingstone aus und lasen sie miteinander. Nachdem wir dann eine Zeitlang gesungen hatten, wobei Mutter uns mit dem Harmonium begleitete, pflegten John und Carl auf ihren Geigen zu spielen. Aber heute abend sollte es anders sein. Vater hatte vor, von seinen abenteuerlichen letzten Wochen zu berichten, und wir konnten kaum erwarten, bis es soweit war. Endlich sagte er in seiner klaren, vertrauten Stimme:
»Carl, bring mir den Globus von meinem Schreibtisch. Ich will euch die Reiseroute zeigen, wie sie ursprünglich geplant war.«
Wir drängten uns um ihn herum.
»Seht, die ›Zamzam‹ lief hier von New York aus«, begann er, »und fuhr dann die atlantische Küstenlinie hinab nach Recife in Brasilien. Von dort sollten wir auslaufen nach Kapstadt. Dann wäre es die Ostküste Afrikas hinaufgegangen, genauso wie damals Mutter und ich reisten, als du, Paul, noch ein Baby warst.
Die Norbergs, ich und alle anderen Missionare, deren Ziel Tanganyika war, sollten hier in Mombasa an Land gehen.«
Er reichte den Globus Carl, der ihn auf seinen Platz zurückstellte. David kroch auf Vaters Schoß und schmiegte sich zufrieden an ihn, als dieser fortfuhr: »Die meisten Passagiere der ›Zamzam‹ waren Missionare. Sie lief unter ägyptischer Flagge und war das einzige Schiff, das für Passagiere nach Afrika verfügbar war. Wie seltsam, daß wir als Christen auf einem Moslemschiff ausfahren sollten!
Als wir an jenem Abend des 20. März den Hudson River hinabglitten und an der Freiheitsstatue vorbeifuhren, war es schon dunkel. Obwohl es oben an Deck bitter kalt war, hielt es mich noch dort zurück. Es war ein bewegender Augenblick.

Für jeden einzelnen von euch betete ich, während die letzten Lichter im Dunkel versanken, und ging dann hinab in meine Kabine, um euch zu schreiben.
Habt ihr gelesen, was Herr Murphy im ›*Life*‹-Magazin darüber schrieb, wie die ›Zamzam‹ aus Baltimore auslief? Er erzählte, wie Kapitän William Smith, ein kleiner Schotte mit rötlichem Gesicht, besorgt von der Brücke aufs Deck hinabschaute, wo einhundertzwanzig Missionare ›Jesus, Heiland, führe mich!‹ sangen, während andere Passagiere versuchten, sie mit einem schamlosen Lied zu übertönen.
Der Kapitän wandte sich zum Chefingenieur und sagte: ›Merken Sie sich meine Worte, Herr Burns, das hier bedeutet nichts Gutes. Es ist für ein Schiff kein gutes Omen, so viele Bibelnarren und Himmelspiloten an Bord zu haben!‹
Aber wir dachten anders. Wir wußten, daß es für jeden Missionar auf dem Schiff Tausende in den Heimatkirchen gab, die beteten.
Als wir dann Kurs auf Trinidad hatten, fühlten wir uns mehr und mehr wie auf einer angenehmen Ferienreise.
Bald ließen wir den grauen Winter weit zurück. Ich verlor keine Zeit und zog sofort meinen Khakianzug an, denn in ihm habe ich mich schon immer am wohlsten gefühlt.«
Die Fahrgäste begannen nun, mit Tropenhelmen und tropenmäßig gekleidet an Deck zu kommen. Als schließlich die katholischen Priester ihre schwarzen Gewänder mit weißen vertauschten, wußten wir ganz bestimmt, daß der Winter hinter uns lag. Wir begrüßten sie mit Jubelrufen, als wir ihrer ansichtig wurden.
Einige Missionare hatten ihre Familien dabei. Unter ihnen war Frau Danielson – ihr habt wahrscheinlich schon von ihr gelesen. Sie reiste allein mit ihren sechs Kindern zu ihrem Mann nach Afrika. Ich kann euch sagen, sie war vollauf damit beschäftigt, diesen Kleinen immer auf der Spur zu bleiben.
Keiner von uns wird diesen Ostersonntag vergessen. Zuerst war eine Veranstaltung für die Kinder im Klubraum. Ihre fröhlichen Osterbotschaften gingen uns zu Herzen. Nach der Predigt feierten wir das Abendmahl. Genau das hatten wir nötig. Ihr wißt, es war der letzte Sonntag vor der großen Prüfung. Der Himmel war heiter und das Wetter schön. Aber nachdem wir Trinidad verlassen hatten, merkten wir bald, daß mit der ›Zamzam‹ etwas nicht stimmte. Neutrale Schiffe lassen Flaggen auf ihre Seiten malen und fahren mit

Licht. Aber wir schlichen verdunkelt durch die Nacht. Tatsächlich erfuhren wir später, daß die ›Zamzam‹ im geheimen unter britischer Order fuhr.
Ich weiß noch, wie ich, nachdem ich eine Stunde auf Deck unter dem herrlichen Sternenhimmel verbracht hatte, zu meiner Kabine tappte. Ich mußte vorsichtig an die Tür klopfen. Das war das Zeichen für einen meiner Kabinengenossen, das Licht auszumachen und behutsam die Tür zu öffnen.
Den ersten Schrecken bekamen wir am Montagmorgen. Ohne irgendwelche Warnung riß der Kapitän unser Schiff scharf herum, und wir nahmen mit voller Fahrt Kurs zurück nach Südamerika. Dreißig Stunden lang floh unser tapferes altes Schiff vor dem Tode. Dann nahmen wir wieder Kurs auf Kapstadt. Später erfuhren wir, daß zwanzig Meilen von uns entfernt ein anderes Schiff von einem deutschen Zerstörer gejagt worden war.
Frau Danielson erzählte mir, daß eine ihrer Töchter andauernd zu ihr kam und sagte: ›Mutter, ich habe Angst, weil das Schiff sinken wird. Ich weiß es genau, es wird sinken!‹
Ich hatte jedoch keine Furcht im Herzen – nur große Freude darüber, daß ich nach Afrika zurückkehren durfte. Ich denke noch an jenen wunderbaren Sonnenuntergang am 16. April. Weil ich dabei an euch dachte, fühlte ich mich so einsam, daß ich in die Familienkabine der Norbergs ging. Eure Tante, euer Onkel und ihre Kinder hielten gerade Abendandacht. Ich wußte nicht, daß dies die letzte Nacht unseres Schiffes werden sollte.
Am nächsten Morgen – es muß vor der Dämmerung gewesen sein – wachte ich durch ein lautes ›Peng‹ auf! Zuerst dachte ich, es habe nur eine große Welle gegen das Schiff geschlagen. Es hatte keinen Sinn, durch die Luke zu schauen; sie war wegen der Verdunkelung übermalt. Nein, es war wohl keine Welle. Das Schiff schien gleichmäßig zu fahren, die See war ruhig. Ich stand aus meiner Koje auf.
Bumm – Peng! Da war es schon wieder.
Oben und überall um mich herum hörte ich es krachen und fallen. Da ging mir die schreckliche Wahrheit auf. Die ›Zamzam‹ wurde beschossen.
Einer meiner Kabinengenossen eilte herein. Sein Gesicht war totenbleich. ›Ein großer deutscher Hilfskreuzer schießt auf uns!‹ keuchte er. In diesem Augenblick kam wieder ein Bumm-Peng.

Dann ging das Licht in der Kabine aus. Alles war totenstill. Die Stille war unheimlich nach all diesem Lärm. Es muß schrecklich sein, dachte ich, in der Dunkelheit zu sinken.
Ich zog mich an; ja, ich band mir sogar diese Krawatte um, die ich heute trage, und schlüpfte in die Jacke. Ich hängte mir den Feldstecher über die Schulter. Dieses Glas war ja euer Abschiedsgeschenk.
Meinen Paß und das kleine Lederetui mit euren Bildern schob ich in meine Tasche und machte mich auf, um an Deck zu gehen. Plötzlich fiel mir ein, daß ich meine Uhr nicht hatte. Mein Vater hatte sie mir geschenkt, als ich noch ein Junge war. Ich lief zurück zur Kabine und holte sie. Meine Brieftasche mit dem Geld vergaß ich jedoch.
Als ich am Fuß der Gangway ankam, die zum Oberdeck führte, sah ich, wie ernst die Lage war. Zwei unserer Nachbarn lagen dort schwer verwundet. Ich hielt inne, um zu sehen, ob ich helfen könnte, aber sie wurden schon von einem der Missionsärzte betreut. Der lange, enge Korridor war vollgestopft mit aufgeregten, vor Angst schreienden Passagieren. Das Schiff hatte schon Schlagseite.
Erst als ich das offene Deck erreichte, konnte ich frei atmen. Dort sah ich den Hilfskreuzer zum erstenmal. Murphy beschrieb ihn treffend in *Life:* ›Wenn man jemals einem Schiff seine Rolle ansah, dann diesem – ein Schiff voller Hinterhältigkeit, sehr flach im Wasser liegend und sich dunkel gegen die Dämmerung abhebend.‹ Als ich es sah, hatte es das Feuer eingestellt und blinkte Lichtsignale.
Als es mir gelungen war, im Gedränge die steile, enge Außentreppe zum Rettungsboot emporzuklimmen, wurde dieses gerade startbereit gemacht. Gott sei gedankt, da war Frau Danielson. Wir halfen den Kindern in die Rettungsboote. Sie hätten nicht tapferer sein können. Aber als wir ins Wasser hinabgelassen wurden, entstand unter den ägyptischen Seeleuten eine große Verwirrung.
Zunächst ging alles glatt, bis das Boot fast das Wasser berührte. Aber plötzlich schlüpfte das Seil von der Stange. Es schnellte zurück und schlug Frau Danielson auf den Kopf. Glücklicherweise wurde sie nicht bewußtlos.
Diese arme Mutter! Ihr Fuß blutete. Sie hatte sich an einem zerbrochenen Glas in ihrer Kabine geschnitten. Als das Rettungsboot oben auf der Dünung schaukelte, berichtete sie mir von dem Schrecken jener ersten Minuten in ihrer überfüllten Kabine.
Eine Granate schlug gerade über ihnen ein. Gläser, Krüge und der

Ein überfülltes Rettungsboot stößt von der »Zamzam« ab, kurz bevor das Schiff sinkt.

(Foto: David E. Schermann. Life magazine.)

Spiegel zersplitterten auf dem Boden, der eine solche Schräglage hatte, daß sie kaum aufrecht stehen konnte.
Die Lichter gingen aus. Im Dunkeln hörten sie das Heulen neuer Geschosse und warteten auf den nächsten Einschlag. Die Kleinsten schrien, als wären sie von Sinnen, die älteren Kinder flüsterten furchterfüllt. Verwundete Passagiere stöhnten in den Gängen. Frau Danielson betete ständig, während sie den Kleinen Rettungsgürtel anlegte: Herr, errette uns! Doch wie du willst. Dann nahmen sie sich alle bei der Hand und eilten zur Kabinentür hinaus und hinab zu ihrem Rettungsboot.
Doch während Frau Danielson mir ihre Geschichte erzählte, erstarben plötzlich die Worte auf ihren Lippen. Sie zeigte auf den Boden des Boots. Ich sah mit großer Bestürzung, daß Wasser eindrang. Jeder griff eilends nach einer Dose oder einem Eimer und begann zu schöpfen. Aber in wenigen Minuten reichte uns das Wasser bis ans Knie. Wie erkannten, daß wir mit dem Ausschöpfen nicht nachkamen, aber wir machten trotzdem weiter. Unterdessen legten sich die ägyptischen Seeleute mit letzter Verzweiflung in die Riemen und versuchten, unser Rettungsboot vom Heck der ›Zamzam‹ wegzubringen, damit wir nicht in den Sog des sinkenden Schiffes gerieten.
In der Aufregung müssen einige ihren Platz gewechselt haben. Plötzlich schlug das Boot um und warf uns alle ins Wasser.
Meine Schwimmweste hielt mich an der Oberfläche. Ich griff nach einem Ruder, das in meiner Reichweite trieb. Mit großer Erleichterung stellte ich fest, daß wir aus dem Sog der ›Zamzam‹ heraus waren. Wir trieben in den weiten, offenen Atlantik hinaus.
Aber wo waren die Kinder? Da! Lawrence, der Älteste, bearbeitete mit Händen und Füßen einen Seemann, der auf seine kleine Schwester gefallen war, als das Boot kenterte. Es gelang ihm, sie zur Kante des umgedrehten Bootes zu ziehen, so daß sie sich festhalten konnte.
Etwas weiter entfernt sah ich Frau Danielson. Sie kämpfte verzweifelt. Ihr dreijähriger Sohn Wilfried hatte einen Rettungsgürtel, doch war der viel zu schwer für ihn. Sein Kopf fiel ständig nach hinten ins Wasser, wenn sie ihn nicht hochhielt. Dann entdeckte ich, daß diese tapfere Frau auch ihre jüngste Tochter Lois, die keine Schwimmweste hatte, in ihrem linken Arm hielt. Meine Seele schrie zu dem allmächtigen Gott. Es gelang mir nicht, nahe genug heranzukom-

men, um ihnen zu helfen. Die Kleinen wimmerten. Frau Danielson tröstete sie: ›Versucht nicht, laut zu beten! Laßt euren Mund zu wegen des Salzwassers! Betet aber in euren Herzen! Jesus liebt euch viel mehr als Vati und Mutti!‹

Einer der Matrosen war auf das gekenterte Boot geklettert und flehte von dort aus seinen Allah um Hilfe an. Ich rief ihm zu: ›Du kannst Allah am besten damit dienen, wenn du diese beiden kleinen Kinder mit auf das Boot nimmst.‹ Er tat es, und bald lagen Klein-Wilfried und sein Schwesterchen Luella bäuchlings auf dem umgekippten Boot.

Ich sehe sie noch vor mir, die beiden zitternden, zähneklappernden Kinder in der Dämmerung.

Nun kümmerte ich mich um Frau Danielson. Ich war inzwischen nahe genug herangekommen, um ihr mein Ruder unter ihren rechten Arm schieben zu können, denn ich sah, daß ihre Kräfte schnell nachließen. – – Gott, wie lange noch?

Einen Augenblick lang tröstete mich der Gedanke, daß das Wasser nicht kalt war. Dann aber lief mir ein Schaudern über den Rücken, denn das konnte bedeuten, daß das Meer von Haien verseucht war. Wer wie Frau Danielson offene Wunden hatte, wäre dann besonders gefährdet; denn frisches Blut zieht Haie an.

Da ging die Sonne auf. Nun hatte ich eine Orientierungsmöglichkeit. Dort mußte Osten sein. In dieser Richtung lag Afrika. Wenn alles gut gegangen wäre, hätte es nur noch einige Tage gedauert bis zu unserer Ankunft dort.

Ich schaute in Richtung des Hilfskreuzers. Er bewegte sich langsam auf uns zu, bis er schließlich seitwärts von uns war. Wir schaukelten auf sein Heck zu. Es bestand Gefahr, von den Schrauben erfaßt zu werden. An der Reling standen Männer. Sahen sie uns nicht? Verzweifelt gaben wir ihnen Zeichen. ›Helft uns doch, ehe es zu spät ist!‹ Einer der Schiffbrüchigen rief uns zu: ›Das hat keinen Wert. Meint ihr etwa, die helfen jemand, dem sie so etwas angetan haben?!‹ Doch dann wurden zwei große Boote vom Oberdeck des Hilfskreuzers heruntergelassen. Eines davon kam einem anderen Rettungsboot, das dem Kentern nahe war, zu Hilfe. Das andere kreuzte hin und her und fischte die Überlebenden auf. Einer nach dem andern wurde aus dem Wasser gezogen.

Starke Arme hoben die Kinder in das deutsche Boot. Wir übrigen, Männer und Frauen, kletterten mühselig an Bord. Es kostete die

letzte Kraft, weil unsere nassen Kleider uns ins Wasser zurückzogen.
Tuck! Tuck! machte der Motor, und bald hielten wir unter der großen Strickleiter an, die an der Seite des Kreuzers herabhing. Frau Danielson kletterte zuerst hinauf, gefolgt von ihren älteren Kindern. Lois und Wilfried blieben im Boot. Gleichgültig blickte ein deutscher Matrose auf uns herab. Ich fürchtete, er werde mich sofort wieder ins Wasser zurückstoßen. Statt dessen warf er mir eine Wolldecke um die Schultern und gab mir eine Tasse heißen Tee. Ein Schiffsoffizier half Frau Danielson und den älteren Kindern, die triefenden Schwimmwesten abzulegen, und forderte sie auf, ihm in einen warmen Raum zu folgen.
Sie antwortete: ›Nicht bevor alle meine Kinder in Sicherheit sind.‹
Er schaute auf die vier sich an sie schmiegenden Kinder und staunte: ›Mein Gott! Eins, zwei, drei, vier. Fehlen immer noch welche?‹
In diesem Augenblick wurde ein Korb über die Reling gezogen und plumpste vor unseren Füßen nieder. Ich konnte die ausgestreckten Arme und großen braunen Augen der kleinen Lois Danielson sehen. Noch ein Korb kam über den Schiffsrand. In ihm saß Wilfried, völlig durchnäßt, zitternd und blaugefroren. Aber ein Lächeln breitete sich auf seinem kleinen Gesicht aus, als er sah, daß er hoch über dem Wasser schwebte und gerettet war.
Endlich waren alle an Deck. Es wurde gezählt. Niemand war ums Leben gekommen. Drei Passagiere waren schwer verwundet und wurden vom Schiffsarzt betreut. Die Kinder hatten nicht einmal eine Schramme abbekommen. Von den Missionaren war keiner ernstlich verletzt.
Aller Blicke wandten sich plötzlich nach oben. Am Himmel erstrahlte ein prächtiger Regenbogen von ungewöhnlicher Schönheit. Das Bundeszeichen der Liebe Gottes zu seinem Volk, ging es mir durch den Sinn. Ich werde das niemals vergessen.«
»Und wie erging es Tante Ida und Onkel Einar?« fragte Carl.
»Entschuldigt bitte«, sagte Vater. »Ich habe ganz vergessen, euch von ihnen zu erzählen. Sie befanden sich in einem anderen Rettungsboot. Ich war sichtlich erleichtert, als ich sie heil an Bord fand. Sie waren nicht einmal naß geworden!«
Nach einer kurzen Pause fuhr Vater fort: »Da stand ich nun an Deck und versuchte, meine Kleider zu trocknen. Aber noch wichtiger

war mir, eure Bilder zu retten, die vom Salzwasser schon fast unkenntlich geworden waren.
Wir sahen zu, wie die Boote des Hilfskreuzers eine Fahrt nach der anderen zur ›Zamzam‹ machten, um Kleidungsstücke, Koffer, Schreibmaschinen, Lebensmittel, Zigaretten, Seife und andere Gegenstände zu holen. Um 14.30 Uhr ruderte das letzte weg.
Wenige Minuten später verkündete ein schwerer, dumpfer Laut, daß die erste Zeitbombe, die die deutschen Matrosen auf der ›Zamzam‹ gelegt hatten, explodiert war. Schweigend beobachteten wir mit tiefer innerer Bewegung, wie sich das Schiff langsam in sein Grab senkte. Eine zweite und dann eine dritte Detonation ließen Wasserfontänen durch Luken und Schornsteine aufsteigen. Schließlich bäumte das Schiff sich hoch und glitt unter Wasser. Verstreute Schiffstrümmer kennzeichneten die Stelle.
Es war ein bitterer Augenblick. Die gesamte Krankenhausausrüstung, die Onkel Einar und Tante Ida für ihre medizinische Tätigkeit in Tanganyika gekauft hatten, lag nun auf dem Grund des Ozeans. Auch waren zwanzig Krankenwagen für das Britisch-Amerikanische Ambulanzkorps an Bord gewesen. Ein Mann hatte in seinen Koffern eine Briefmarkensammlung im Wert von 2500 Dollar mitgeführt. Als später ein deutscher Offizier, der auch Briefmarken sammelte, davon hörte, stiegen ihm buchstäblich Tränen in die Augen.
Wir wählten ein Komitee von fünf Männern, die die Passagiere vor dem Kapitän des Zerstörers vertreten sollten. Als Pastor Johnson, der Sprecher der Missionare, zurückkam, erstattete er uns einen ausführlichen Bericht. Er beschrieb Kapitän Rogge als einen großen athletischen Mann, der ein freundliches Wesen hatte. Er war ungefähr 45 Jahre alt. Kapitän Rogge ließ seine Worte von einem Dolmetscher übersetzen; er entschuldigte sich, daß er die ›Zamzam‹ beschossen habe, und rechtfertigte seine Handlungsweise. Er sagte, die ›Zamzam‹ sei völlig verdunkelt gefahren, sogar ohne Navigationslichter. Sie habe im Ersten Weltkrieg unter dem Namen ›Leicestershire‹ als britischer Truppentransporter gedient, und er habe ihre Silhouette wiedererkannt. Er sei völlig überrascht gewesen, Frauen und Kinder an Bord zu finden.
Am nächsten Tag wurden wir auf einen deutschen Frachter, die ›Dresden‹, überführt. Das Schiff besaß Unterbringungsmöglichkeit

für 35 Personen; nun aber mußte es zehnmal soviel aufnehmen, davon 87 Frauen und Kinder.
Wir befanden uns im Südatlantik, auf halbem Wege zwischen Südamerika und Afrika. Gleichgültig, in welcher Richtung wir auch fuhren, immer würden wir in Gefahr sein. Ich dachte an Jona, und verstand, was er gefühlt haben mußte, als er zu Gott schrie: »Du warfest mich in die Tiefe, mitten ins Meer, daß die Fluten mich umgaben. Alle deine Wogen und Wellen gingen über mich« (Jona 2, 4).
Frauen und Kinder wurden auf das Oberdeck in der Mitte der ›Dresden‹ geschickt. Luke Nr. 2 war offen. Eine neuerrichtete Stiege führte in den Schiffsraum. Die deutschen Offiziere befahlen uns hinunterzugehen. Langsam und widerwillig gehorchten wir: 91 männliche Passagiere und die 19 Offiziere der ›Zamzam‹.
Wie vor den Kopf geschlagen standen wir in einem kahlen Raum von kaum mehr als fünfzehn Metern im Quadrat. Die schwere Stahlplatte des Hauptdecks war die Decke. Es gab keine Lukenfenster und auch keine Entlüftung außer der Lukentür. Ich mußte an das Elend afrikanischer Negersklaven denken, die vor hundert Jahren in solchen Verladeräumen nach Amerika gebracht worden waren. Im Vergleich zu ihnen ging es uns noch gut.
Allmählich gewöhnten sich unsere Augen an das Halbdunkel. Bald wurden wir gewahr, daß in unserem Raum nicht ein einziger Einrichtungsgegenstand war, nicht einmal eine Bank, einzig und allein einige Ballen Baumwolle, die an einem Schott aufgeschichtet waren.
Ein Mann von der Wache brachte uns einen Armvoll schmaler, ungebleichter Musselinsäcke, die er uns mit der Bemerkung aushändigte, daß wir sie uns mit Baumwolle aus den Ballen füllen könnten, um darauf zu schlafen. Dies war eine lästige Arbeit, da die gepreßte Baumwolle sorgfältig ausgeflockt werden mußte. Alle Säcke hatten dieselbe Länge. Sie waren für uns, die wir 1,80 m groß waren, nicht lang genug. Daher mußten wir unsere Schwimmwesten als Verlängerung benutzen. Es gab uns wenigstens ein gewisses Gefühl der Sicherheit, zu wissen, daß sie sofort bei der Hand wären, wenn wir plötzlich das Schiff verlassen müßten.
Gegen sechs Uhr brachten die ägyptischen Stewards Spülschüsseln mit Suppe in unser Verlies herunter. Jeder von uns bekam einen Emailletopf, eine Aluminiumtasse und einen Löffel. Sie schöpften

Ralph Hult, nach seiner glücklichen Rettung, erklärt seiner Familie die Route der »Zamzam«.

uns die Suppe ein. Dann erhielt jeder zwei Stück Schwarzbrot und eine Tasse Tee. Später wurde uns gestattet, an Deck zu gehen und unser Geschirr an einem Hydranten, der Meerwasser lieferte, zu waschen. Wie erquickend war es, den muffigen Schiffsraum zu verlassen und frische Luft zu atmen!

Aber eine Viertelstunde nach Sonnenuntergang schickten uns die Wachen nach unten. Zwei düstere Lampen standen in den äußersten Ecken. Ihr armseliger Schein fiel auf ein seltsames Bild: Mehr als hundert Männer aller Altersklassen lagen quer über den ganzen Fußboden verteilt.

Nachdem wir etwa eine Stunde geplaudert und ein oder zwei Lieder gesungen hatten, wurde alles ruhig. Es war wieder ein äußerst anstrengender Tag gewesen. Als ich in jener ersten Nacht meine Augen schloß, war es mir, als ob der Friedefürst über das Wasser schritte und uns zuriefe: ›Fürchtet euch nicht . . . Ich bin es . . . Ich bin bei euch.‹

Eine Viertelstunde vor Sonnenaufgang rief die Wache: ›Raustreten‹. Wir gehorchten gerne nach den langen, zermürbenden Stunden in dem muffigen Schiffsraum. Man teilte uns ungefähr drei Tassen Wasser zu: unsere Tagesration zum Waschen und Rasieren. Dann kam das Frühstück, bestehend aus einem Napf leicht gesüßten Haferschleims – die Männer nannten ihn ›Plakatkleister‹ – und zwei Scheiben Schwarzbrot mit Tee.

An jenem Morgen stattete uns Kapitän Jaeger von der ›Dresden‹ einen Besuch ab. Wie er uns sagte, wußte er nicht, wie lange wir auf dem Schiff bleiben müßten, aber er meinte, wir könnten mindestens mit einem Monat rechnen. Wir seufzten: Einen Monat! Wir begriffen, was das bedeutete: Zu jeder Tages- und Nachtzeit mußten wir bereit sein, das Schiff zu verlassen.

Seit ungefähr neun Tagen trieb die ›Dresden‹ müßig und ohne bestimmtes Ziel im Südatlantik. Wir befanden uns genau auf dem Äquator. Das Eisendeck über uns, auf das die Sonne herabbrannte, war wie ein Ofen. Wer weder Schuhe noch Hut besaß, litt erheblich. Die Muffigkeit und Hitze der Nächte im Schiffsraum waren fast unerträglich. Viele waren an der Ruhr erkrankt.

Während dieser langen Nächte im Schiffsraum konnte ich nicht viel schlafen. Einmal sagte ich sogar zu Onkel Einar: ›Alles wäre erträglicher, wenn nur Gertrude und die Kinder hier wären.‹ Er gab zurück: ›Sei bloß froh, daß sie nicht hier sind.‹

Natürlich hatte er recht; Soldaten können ihre Familien nicht mit aufs Schlachtfeld nehmen. Es tröstete mich dann, euch zu Hause in der ›Homestead‹ zu wissen.
Ich sehnte mich nach dem Frühling bei euch. Vielleicht blühten die Aprikosen schon. Ich stellte mir die jungen Blätter der chinesischen Ulmen vor, die ich an euren Geburtstagen gepflanzt hatte . . .
Welch ein Kontrast zu der Welt unter Ladeluke Nr. 2! Hier lagen katholische Priester, Tabakeinkäufer, Wissenschaftler, Missionare und Ambulanzfahrer dichtgedrängt und zusammengepfercht in der drückenden Schwüle.
Wir kamen nun zum gefährlichsten Teil unserer Fahrt: Wir mußten die britische Blockade durchbrechen. Am meisten fürchteten wir die Unterseeboote. Ein Torpedotreffer mittschiffs – und es wäre mit uns allen aus gewesen. Schließlich überredeten wir Kapitän Jaeger, uns Seil und Holz zu geben, um zwei Leitern anzufertigen, die aus dem Verladeraum führten. Wir legten uns einen Plan zurecht für den Fall, daß wir ganz plötzlich das Schiff verlassen müßten. Nach einigem Exerzieren brachten wir es soweit, daß wir den Raum in 65 Sekunden verlassen konnten. Wir schliefen in unseren Kleidern und hatten die Schwimmwesten stets griffbereit. Inzwischen waren wir in die kalte Zone des Atlantik gelangt und brauchten alle zur Verfügung stehenden Kleider. – Jede Nacht konnte unsere letzte sein.«
John warf hier ein: »Aber, Vater, wenn du soviel durchgemacht hast, sollte man meinen, du seist traurig. Aber du bist gar nicht traurig.«
»Du hast ganz recht, John.« Vater beugte sich in seinem Stuhl ein wenig vor. »Wir machten eine ganz neue Erfahrung auf diesem Gefangenenschiff. Bestimmte Abschnitte in der Bibel, die wir vorher kaum beachtet hatten, gewannen plötzlich eine neue Bedeutung. Wißt ihr, wenn man täglich mit dem Tode rechnen muß, dann stellt man letztlich nur noch eine einzige Frage: ›Habe ich Frieden mit Gott?‹ Und wenn man Frieden mit Gott hat, verliert alles andere an Gewicht.«
Vater sah sich im Kreise um und fuhr fort:
»Zweimal in der Woche durfte ich Tante Ida und ihre Familie besuchen. Danach ging ich zu Frau Danielsons Kabine, klopfte ans Fenster und sagte ihr, daß wir im Schiffsraum oft für sie und besonders für ihren Mann, der in Afrika die Nachricht vom Untergang der

›Zamzam‹ erfahren mußte, beteten. Sie wiederum versicherte mir, daß viele der Frauen an mich, Gertrude und die Kinder dachten.
Nicht lange, nachdem wir Kurs nach Osten genommen hatten, wurde es stürmisch. Regen und Nebel engten unsere kleine Welt noch mehr ein. Die riesigen Wellen machten uns immer mutloser. Wenn wir bei hohem Seegang in die Rettungsboote mußten!
Später erfuhren wir, daß das schlechte Wetter es Unterseebooten und Flugzeugen unmöglich gemacht hatte, gegen uns zu operieren. Die hohen Wellen, die wir so fürchteten, hatten uns beschützt.
Am Sonntag, dem 18. Mai, bemerkten wir kurz nach Sonnenuntergang einen schwachen Lichtschein am Horizont. Sollte es gar ein Leuchtturm sein? Der Kapitän hörte uns sprechen und rief uns von der Brücke aus triumphierend zu: ›Nur keine Aufregung da unten! Habe ich nicht vorausgesagt, daß wir innerhalb vierundzwanzig Stunden Land sichten würden?‹
Ja, es war Land!
In dieser Nacht erhoben sich auf dem Gefangenenschiff viele Stimmen zu Danksagung und Lob.
Am Morgen des 20. Mai warfen wir Anker in dem französischen Seehafen Saint-Jean-de-Luz und waren somit in Sicherheit.
Mein Paß wurde mir vom Zahlmeister zurückgegeben. Als ich weggehen wollte, rief er mich zurück und händigte mir meine Brieftasche aus. Einer der Matrosen hatte sie an dem Morgen, an dem die Deutschen die »Zamzam« sprengten, unter meinem Kissen gefunden. Ich war glücklich und überrascht zugleich. Gleich nachdem wir am Kai angelegt hatten, gingen wir an Land.
Und könnt ihr euch vorstellen, was ich als erstes kaufte, als ich festen Grund unter den Füßen hatte? Ein kleines Bündel Karotten, die an einem Gemüsestand zu haben waren. Ich aß sie, wie sie waren, samt dem Grün.
Nach zehn Tagen geleiteten uns Vertreter der US-Botschaft aus Madrid nach Spanien. Endlich befanden wir uns auf neutralem Boden und konnten nun beginnen, uns auf die Heimat zu freuen.«
Keiner sagte etwas, als Vater geendet hatte. Vor uns allen stand die Frage auf: Was würde er jetzt tun? Doch niemand wagte, sie auszusprechen.
In den nächsten Monaten hatten wir nicht viel von Vater. Er sprach oft vor Kirchengemeinden im Mittelwesten über seine Erlebnisse auf der »Zamzam«. Aber dieser Dienst befriedigte ihn nicht für

lange Zeit. Er mußte wieder nach Afrika. Ständig kamen Rufe nach seiner Hilfe aus Tanganyika. Man brauchte dort dringend Missionare.

In der Frühe eines Maimorgens – zehn Monate waren seit jenem glücklichen Tag seiner Heimkehr verstrichen – gingen wir mit Vater zum Bahnhof in Springfield. Er trat die Reise nach New York an, um dort ein Schiff zu suchen, das ihn wieder nach Afrika bringen sollte.

In jenen letzten geschäftigen Tagen des Packens hatte ich für ihn auf der Maschine einen Brief an seine Schwester Ida geschrieben, in dem er die Gründe darlegte, die ihn veranlaßten, einen erneuten Versuch zur Ausreise zu unternehmen:

»Ich kann keine Ruhe finden, ehe nicht alle Möglichkeiten, eine erneute Ausreise zu versuchen, erschöpft sind. Meine Familie ist völlig eins mit mir, daß ich wieder hinausgehe, genau wie vor einem Jahr, vor dem Untergang der ›Zamzam‹. Als Christen können wir nicht wegen der Kriegswolken den Rückzug antreten, sondern müssen erst recht auf unserem Platze stehen. Möge Gott uns gnädig sein . . . ›Damit dein Name bekannt werde auf Erden, dein Heil unter den Völkern.‹«

Der Zug, der meinen Vater mitnehmen sollte, war voller Soldaten. Wie er trugen sie Khaki. Der Angriff auf Pearl Harbour im Dezember hatte die USA in den Krieg gestürzt.

Mutters Augen blieben trocken, als sie ihm Lebewohl sagte. Sie würde wohl weinen, aber erst später hinter einer verschlossenen Tür. Ihr Gesicht war von der seltenen Schönheit gezeichnet, die aus Mut, Selbstlosigkeit und Herzensgröße entspringt.

Die Lokomotive tutete, schnaubte und paffte. Die Räder begannen sich zu drehen. Der Zug setzte sich in Bewegung. Vater winkte uns vom Fenster aus zu. »Da geht er nun, Kinder«, sagte Mutter, »der tapferste und lauterste Kämpfer im ganzen Zug.« Sie hörte nicht auf zu winken, bis die Menge sich zerstreut hatte und der Zug nur noch ein winziger Fleck in der Ferne war.

Zwischen zwei Laternen

Drei Wochen nach Vaters Abreise eilte John mit bleichem Gesicht die Stufen zu Kollmeyers Haus in Springfield hinauf. Ich hatte den Packard vorfahren sehen, als ich gerade das Frühstücksgeschirr abräumte.

»Ingrid! Komm bitte sofort mit nach Haus!«

»Was ist los?« fragte ich.

»Mutter ist krank. So krank habe ich sie noch nie gesehen.«

Auch Frau Kollmeyer hörte es. Jeden Tag konnte es soweit sein, daß sie ins Krankenhaus mußte, um ihr drittes Kind zur Welt zu bringen. Daher half ich ihr den Sommer über im Haushalt.

»Du mußt mit ihm gehen«, sagte sie, ohne zu zögern. »Ich kann mit dem Rest der Arbeit selbst fertig werden.«

Als wir dann allein im Auto saßen, berichtete mir John alles.

»Vor drei Tagen begann Mutter zu fiebern. Sie ließ Dr. Knabb rufen, und er verschrieb ihr einige dieser neuen Sulfonamide. Ich fuhr in die Stadt, um sie zu holen. Aber ich traf einen Schulfreund und vergaß darüber beinahe die Medizin. Als ich heimkam, war es fast dunkel. Mutter weinte.

›John, John, wo bist du nur gewesen?‹ sagte sie. ›Ich habe mir solche Sorgen gemacht. Hast du eine Autopanne gehabt?›

Weißt du, Ingrid, ich habe mich so geschämt. Ich erzählte ihr, wie ich mich mit Jim in ein Gespräch einließ und darüber die Zeit vergaß. Darauf sagte sie: ›Weißt du nicht, John, daß du der Mann im Hause bist, seit dein Vater weggegangen ist und Paul in Illinois arbeitet? Ich muß mich auf dich verlassen können.«

»Aber warum hast du mich nicht sofort angerufen?« fragte ich.

»Sie wollte nicht, daß du Frau Kollmeyer verläßt. Sicher hoffte sie, es werde ihr bald besser gehen. Aber jetzt ist die gesamte Arznei aufgebraucht, und ihr Fieber ist höher als je zuvor. Manchmal verstehe ich nicht mehr, was sie sagen will.«

Nun machte ich mir schreckliche Sorgen.

Ich eilte in das Steinhäuschen, das fast so lange, wie ich mich erinnern konnte, unser Heim gewesen war, und stürzte in Mutters Schlafzimmer.
Ich traute meinen Augen nicht: Mutter, die sonst immer so stark und fröhlich war, lag hilflos da. Ihr braunes Haar begann an den Schläfen zu ergrauen. Als sie mich sah, erhellte sich ihr Gesicht; aber sie konnte nur mühsam sprechen. Dann sah ich eine besorgniserregende Geschwulst. John meinte, es scheine von der Drüse unter ihrer Achselhöhle herzurühren, wo eine Holzzecke sie vor einigen Tagen gebissen hatte. Vielleicht war dies der Grund ihrer ernsthaften Erkrankung.
Ich rief Dr. Knabb an, der sogleich kam. Er warf einen Blick auf Mutter und sagte, wir müßten sie sofort ins Krankenhaus bringen. Umgehend telefonierte er nach einem Krankenwagen.
Mutter versuchte zu lächeln, als man sie hinaustrug. »Schon gut, Kinder«, sagte sie. »In drei Tagen werde ich wieder zu Hause sein. Ihr wißt ja selbst, was ihr bis dahin alles zu tun habt. Schreibt den Brief an Vater zu Ende, den ich angefangen habe; aber erzählt ihm nicht, daß ich krank bin. Wir wollen ihm keine Sorgen bereiten.«
Da standen wir nun, neun Kinder, David, der Jüngste, der gerade vier Jahre alt war, und John, der Älteste, noch nicht ganz achtzehn, und sahen den langen schwarzen Wagen den Weg hinausfahren und in Richtung Springfield verschwinden. Wir wußten, daß er als Leichenwagen wie auch als Krankenwagen diente.
Es war noch nicht lange her, daß wir unserem Vater Lebewohl gesagt hatten, und wir wußten nicht, ob wir ihn jemals wiedersehen würden. Nun verließ uns auch Mutter. Wir blickten verlassen einer auf den andern.
John nahm David bei der Hand und gab ihm einen freundschaftlichen Puff.
»Kommt alle ins Haus zurück«, sagte er fröhlich. »Setzt euch im Kreis! Ich will euch eine Geschichte erzählen.«
Der gute, alte John! Er begann, seine Rolle als »Haupt der Familie« ernst zu nehmen. Wir ließen uns gerne von ihm Anweisungen geben. Er war bei allen Leuten beliebt – aber bei uns, seinen Geschwistern, wohl am meisten.
Nun stellten wir unsere Stühle zurecht und setzten uns. Durch das offene Fenster tönte das Schlagen der Spottdrossel im Walnußbaum.

»Ich weiß, wie euch zumute ist«, sagte John und blickte in unsere bleichen Gesichter. »Wir haben Mutter nie zuvor krank gesehen, es sei denn, daß ein neues Brüderchen oder Schwesterchen ankam. Aber selbst dann blieb sie immer daheim. Sie ging nie fort. Darum hatten wir auch keine Angst.«

»John«, erinnerte ihn der elfjährige Carl, »du hast uns versprochen, eine Geschichte zu erzählen. Warum erzählst du uns nicht, wie es war, als wir geboren wurden?«

Gespannt und voller Vorfreude klatschten die Kleinen in die Hände.

»Carl, ich erinnere mich noch sehr gut an den Tag, an dem du zur Welt kamst«, sagte John grinsend. »Wir wohnten erst seit drei Monaten hier, seit Oktober 1930. Paul, Ingrid, Veda und ich schliefen hier im Wohnzimmer, quer in einem Doppelbett liegend. Eunice war noch nicht zwei Jahre alt und lag daher noch in der Wiege. Mitten in der Nacht mußte Vater den Arzt rufen. Er hieß Dr. Hogg (= Schwein), worüber wir lachen mußten. Er war groß und sehr nett. Er kitzelte unsere Füße, die unter der Bettdecke vorguckten, und sagte, wir sollten brav sein, weil unser Brüderchen oder Schwesterchen jede Minute kommen könnte. Dr. Hogg hatte Tante Bessie Clark mitgebracht. Sie trug Schwesternkleidung und eilte zwischen Küche und Schlafzimmer hin und her.

Ich hatte Angst; denn ich hörte durch die Schlafzimmertür, daß Mutter Schmerzen hatte. Dann hörten wir einen Schrei! Wir wurden ganz aufgeregt. Kurz darauf kam Vater mit einem Baby in den Armen aus dem Schlafzimmer.

›Das ist euer neues Brüderchen‹, sagte er und stellte dich jedem von uns vor. Wir durften zuschauen, als Tante Bessie dich wog – du warst damals etwas mehr als neun Pfund schwer – und dich das erstemal dort auf dem Eßzimmertisch badete. Du warst so zornig, daß du die Puderdose hinunterwarfst.«

»Bevor Dr. Hogg ging, sagte er zu Vater und Mutter, sie hätten nun genug Kinder«, flocht ich ein.

»Wie froh bin ich, daß sie seine Meinung nicht teilten«, sagte Veda. »Stellt euch bloß mal vor! Wenn wir keine Martha, keinen Gustav, keine Mary und keinen David hätten!«

John nahm den Faden wieder auf.

»Wußtest du, daß du mit Eiern bezahlt worden bist, Carl?«

Carl schüttelte den Kopf.

»Noch lange Zeit, nachdem du schon da warst, brachte Vater jeden Samstag, wenn er zur Stadt ging, Eier ins Haus des Arztes, bis die Rechnung bezahlt war. Ich erinnere mich auch noch daran, als wir dir einen Namen gaben. Wir waren für Carl; Vater erklärte, daß das auf schwedisch »Mann« heißt, und dazu wählte er noch Eugene aus, was ›wohlgeboren‹ heißt. Carl Eugene – der wohlgeborene Mann.«

John wandte sich an Martha.

»Und als du dann zwei Jahre später geboren wurdest«, fuhr er fort, »hatten wir beschlossen, unser Heim hier ›Bethanien‹ zu nennen, nach dem Bethanien in der Bibel, wo Jesus gerne Maria und Martha und deren Bruder besuchte. So mußten wir dich natürlich Martha nennen. Weißt du, daß dein zweiter Name, Irene, die ›Friedvolle‹ bedeutet?«

»Und wir nannten Martha unser Notstandsbaby«, unterbrach ich.

»Was heißt denn das?« fragte Gustav.

»Es war zu einer Zeit, als wir kaum Geld hatten«, erklärte John. »Vater konnte nirgends predigen. Wir mußten von dem leben, was das Land hergab. Unsere Eltern erklärten uns, daß wir mit der Milch, den Eiern, unseren Obstbäumen und dazu noch dem großen Gemüsegarten nicht annähernd so schlecht daran wären wie viele Großstadtfamilien. Wir konnten wenigstens die überzähligen Eier und die übrige Sahne verkaufen und dafür einige Lebensmittel erstehen.«

John wandte sich an Gustav.

»Du trägst den Namen eines Königs, Gustav. Weißt du das?« Gustav war sichtlich beeindruckt. »Als du im Jahre 1934 geboren wurdest, nannten wir dich nach dem schwedischen König Gustav und auch nach Mutters Vater, der Gustav Julius hieß.

Für dich einen Namen zu finden, Mary, war nicht schwer. Da wir ja schon eine Martha hatten, mußtest du die Maria werden. Aber was uns Schwierigkeiten bereitete, war der zweite Vorname. Wir zerbrachen uns den Kopf. Eines Tages klatschte dann auf einmal Veda beim Essen in die Hände und rief aus: ›Ich hab's! Ich hab's! Mary's zweiter Vorname sollte Leona sein, wie der von Mutter.‹ Wir waren alle einverstanden.«

Ich warf dann noch etwas ein, was John nicht erwähnt hatte.

»Als du geboren wurdest, Gustav, stand es so: vier Blonde und vier Rothaarige, vier Jungen und vier Mädchen. Als dann Mary kam, waren wir fünf Mädchen und fünf Blonde. So waren wir überzeugt, daß Nummer 10 ein Brüderchen und dazu noch rothaarig werden müßte, um alles abzurunden.«

»Stimmt«, sagte John. »Und im April 1938 kamst du, David, mit fast elf Pfund. Nur das mit dem roten Haar hat sich nicht erfüllt. Mit dir lagen die Blonden 6:4 in Führung. Der Arzt sagte, du seist das größte Baby, dem er je in die Welt geholfen habe, wir aber waren der Meinung, daß du das liebste seist. Eunice wollte dich Lazarus nennen. Aber alle anderen stimmten für David nach David Livingstone. Wir hatten so viele Geschichten über ihn gelesen, daß er wie zur Familie gehörte.

Dein zweiter Name, Ansgar, war auch der Name eines Missionars. Ansgar war ein Franke, der als erster Missionar zu den Schweden ging. Sieh, da hängt ein Bild von ihm, wie er vor Jahrhunderten zum erstenmal in Schweden ankommt. Vater rahmte es für uns und hängte es über den Bücherschrank. David Ansgar Hult, das ist ein Name, der verpflichtet, kleiner Bruder«, schloß John. David saß zusammengesunken da, als spürte er das Gewicht seines Namens.

Ich wollte aber zu Davids Geschichte noch etwas hinzufügen.

»Niemals werde ich den Brief vergessen, den Mutter erhielt, als David erst ein paar Tage alt war«, sagte ich. »Jemand hatte ihr geschrieben: ›Liebe Gertrude, ich weiß nicht, ob ich Dich bemitleiden soll oder nicht, daß du schon wieder ein Kind hast.‹

Ich war wirklich verblüfft, als ich das las. Sie bemitleiden? Wo wir doch ein neues Brüderchen hatten? Ganz im Gegenteil, ich hielt uns für die glücklichste Familie der Welt.«

Alles lachte. Aber auf das Lachen folgte plötzlich Stille. Wir wußten alle, daß wir uns nicht länger ablenken konnten. Die unbarmherzige Wirklichkeit überkam uns wieder.

John blickte im Kreis umher, als wollte er unsere Gedanken erraten.

»Wir werden versuchen, mit unserer Arbeit genau so weiterzumachen, als ob Vater und Mutter hier wären«, sagte er forsch. »Das erwarten sie von uns. Carl und ich kümmern uns um die Arbeit auf der Farm. Außerdem wird Carl morgens und abends die Kühe auf der Nachbarfarm melken. Ich bringe den Rahm und die Eier auf den Markt, damit wir Bargeld bekommen.«

Dann wandte er sich an mich: »Ingrid, du mußt zu den Kollmeyers

zurückgehen. Sie rechnen mit dir.« Als ich protestieren wollte, schnitt er mir das Wort ab: »Dann bist du in der Stadt und kannst Mutter jeden Abend im Krankenhaus besuchen.« Nun schaute er zu meinen Schwestern hinüber. »Veda, Eunice, Martha, ihr werdet kochen, einwecken, waschen und bügeln. Und ihr drei Jüngeren«, sagte er und sah Gustav, Mary und Klein-David an, die erwartungsvoll dreinblickten, »ihr seid alle ausgezeichnete Unkrautjäter. Ihr könnt im Garten helfen oder auch Äpfel auflesen. Wenn ihr fein helft, werde ich mit euch fischen gehen.«
»Können wir schon heute nachmittag gehen?« fragte Gustav begierig.
»Heute nicht«, erwiderte John. »Wir haben Mutter versprochen, den Brief an Vater fertigzuschreiben, damit er ihn bekommt, wenn er in Kapstadt eintrifft.«
John holte Schreibpapier und einen Umschlag von Vaters Schreibpult. Plötzlich rief er aus:
»Schaut mal! Hier liegt sein letzter Brief aus New York, abgestempelt am 9. Juni. Ich lese ihn euch gleich vor.«
John begann mit fester Stimme:

»Ich danke Euch für all die ermutigenden Grüße, die Ihr mir geschickt habt. Es ist heutzutage etwas Außergewöhnliches, wenn man nach Afrika reisen kann, ohne Soldat zu sein. Wir sind froh, daß unsere Regierung anerkennt, daß Missionare im Ausland in solchen Zeiten einen bedeutenden Dienst leisten. Mögen wir uns des in uns gesetzten Vertrauens würdig erweisen! Ingrid, ich werde den kleinen Gruß nicht vergessen, den Du mir beigefügt hast. Du hast Worte aus unserer letzten Morgenandacht wiederholt: Auf dünnes Eis hinausgehen bedeutet Gott zu versuchen, aber das Eis überqueren, wenn die Pflicht uns dazu ruft, heißt auf Gott vertrauen. Daran werde ich bei der Überquerung des Ozeans oft denken. Die Post wird abgeholt; daher muß ich diesen brieflichen Besuch bei Euch schon beenden. Ich habe Euch alle sehr lieb, meine Kinder, mehr, als Worte es sagen können. Seid tapfer und stark! Helft Eurer Mutter und geht mit all Euren Sorgen zu ihr! Betet für mich um Bewahrung auf der Reise
In Liebe

Vater.«

Wir setzten uns um den Eßzimmertisch, um den Brief zu beantworten. John gab jedem von uns ein Blatt Papier. Aber alles, was uns einfiel, war, daß Mutter krank war, und das sollten wir nicht erwähnen. Die kleinen kauten an ihren Bleistiften und schauten einander hilfesuchend an.
Schließlich brach Carl das Schweigen. Er sagte, er wolle erzählen, daß er die Eier von den Hühnern, die ihm gehörten, verkauft habe und daß er auch von seinem eigenen Geld das Porto für diesen Luftpostbrief nach Afrika bezahlen wolle. Es betrug über einen Dollar. John sagte, er werde über das Auto schreiben und Vater erzählen, daß es, abgesehen von einer Achse, ganz gut laufe. Veda erwähnte die Bäume, die Vater so gerne hatte.
Gustav schrieb mit unbeholfener Hand: »Mir geht es gut bis auf meine große Zehe. Ich habe sie mir verstaucht. Ich will John in diesem Sommer viel helfen. Ich kann auch schon radfahren.«
Der arme Gustav! Er hatte immer etwas: einen gequetschten Finger, ein aufgeschlagenes Knie oder eine verstauchte Zehe!
Mary diktierte mir ihren Brief. Sie erzählte, daß sie ihren ersten Zahn verloren und Blackie einige Kätzchen bekommen hatte. Bald werde sie zur Schule gehen, und dann könne sie ihrem Vater selbst schreiben.
Nie zuvor war ich im Burge-Krankenhaus gewesen. Es war ein bedrückend langes Backsteingebäude an der belebten Jeffersonstraße in Springfield. Ich fand Mutter in einem Achtbettenzimmer. Sie lächelte mir entgegen, aber das Sprechen strengte sie sehr an. Sie wollte wissen, wie John und die Kinder zurechtkämen. Ich kämmte ihr Haar, was ihr wohlzutun schien. Doch ich durfte nur wenige Minuten bleiben. Am Mittwoch sagte mir Dr. Knabb, daß ihr Zustand sehr bedenklich sei. Ihre Temperatur war auf 40° gestiegen, manchmal war sie sogar noch höher. Die Ärzte hatten bei ihr eine typhusartige Tularämie diagnostiziert, hervorgerufen durch einen Holzzeckenbiß. Nicht einmal die Sulfonamide schienen ihr zu helfen. Alles, was man für sie tun konnte, war, sie gut zu pflegen.
Jeden Abend, sobald ich meine Arbeit verlassen konnte, eilte ich ins Krankenhaus. Eines Abends leuchteten Mutters Augen.
»Ich habe etwas Schönes erlebt«, sagte sie, als ich mich neben ihr Bett setzte. »Ich erzählte dir schon, daß Vater mir in diesen Tagen besonders nahe ist. Heute war er da. Ich spürte, wie er meine Hand hielt und meine Stirn streichelte. Er kam mit dem Flugzeug, einem

Postflugzeug, aus Südamerika. Sein Schiff mußte zwei oder drei Tage in Recife, Brasilien, im Hafen liegen. Als er hörte, daß von dort aus ein Flugzeug direkt nach Springfield ging, nahm er es. Es habe sich gelohnt, sagte er, obwohl er nur eine kleine Weile bleiben konnte. Es war so wunderbar tröstlich für mich, ihn hier zu haben, mit ihm zu sprechen und zu spüren, wie er verstehend mit mir dieses finstere Tal durchschritt. Ich sagte ihm, wie gut ihr Kinder zurechtkommt. Er war so stolz auf euch. Dann mußte er gehen. Durch ein verabredetes Zeichen wußte er, wann sein Flugzeug ging. Ich rief dauernd nach dir, denn ich wünschte so, daß du ihn noch träfest. O Ingrid, wie gut ist Gott zu mir, daß er diesen Besuch ermöglicht hat!«

Ich brachte kein Wort heraus. Alles schien so vernünftig, wie sie es mir erzählte. Aber es konnte nicht wahr sein. Griff die Krankheit auf den Verstand über? Alles erschien mir dunkel, als ich an jenem Abend nach Hause ging.

Am nächsten Abend erkannte sie mich kaum. In meiner Angst ging ich zu Pastor Koerber, der nur einige Häuserblocks vom Krankenhaus entfernt wohnte.

Sein Gesicht war ernst, und er schritt in seinem Studierzimmer immer wieder auf und ab.

»Ja, ich weiß, Ingrid«, sagte er endlich und schaute mich an, »deine Mutter ist sehr krank. Ihr Leben hängt am seidenen Faden. Ich muß dir sagen, daß auch dein Vater in großer Gefahr ist. Es sind sehr viele Schiffe vor der Atlantikküste versenkt worden. Er mußte sogar mit einem Geheimkonvoi fahren, so daß wir nicht einmal den Namen des Schiffes wissen. Ich denke, du bist dir darüber im klaren, was das bedeutet. Ich habe es John heute nachmittag schon gesagt, als er vorbeikam: Ihr Kinder müßt damit rechnen, beide Eltern zu verlieren.«

Ich starrte ihn ungläubig an. Es war unvorstellbar. Aber ich hatte mich nicht verhört. Vor lauter Arbeit hatte ich nie an diese Möglichkeit gedacht. Wie betäubt setzte ich mich nieder.

Er legte seine Hand auf meine Schulter. »Du bist die älteste Tochter in der Familie, Ingrid. Ich muß offen zu dir sprechen«, sagte er. »Du mußt zu allem bereit sein. Deine Eltern haben dich stets gelehrt, stark zu bleiben, selbständig zu denken und Verantwortung zu tragen. Jetzt mußt du zeigen, was du gelernt hast. Sei ihrer würdig! Selbstmitleid hilft nicht.«

Ich hatte sechs Kilometer bis nach Hause zu gehen. Aber der weite Weg störte mich nicht; denn ich brauchte Zeit zum Nachdenken. Mein Weg führte durch die Wohnbezirke Springfields. Ich ging unter ausladenden Ulmen entlang, von einer Laterne zur andern – vom Licht in die Finsternis und von der Finsternis wieder ins Licht. Ja, dachte ich, dies ist der schwärzeste Tag meines Lebens, noch schwärzer als der, an dem wir vom Schicksal der »Zamzam« erfuhren. Aber wenn ich immer weitergehe, komme ich wieder ins Licht. Nur nicht stehenbleiben in der Dunkelheit! Immer weiter zum nächsten hellen Licht! Und dann wieder zum nächsten. Und dann wieder. So komme ich ans Ziel. Seltsam – als ich zu Hause ankam, hatte ich mich wieder gefangen. Der Gang wurde mir zum Schlüsselerlebnis: Man muß die Dinge so sehen, wie sie sind, ganz gleich, wie schrecklich sie auch sein mögen. Man muß den Mut haben, der Wirklichkeit nüchtern ins Angesicht zu sehen. Das macht nicht schwächer, sondern stärker. Als ich die Tür öffnete, hätte ich fast jubeln können. Ich wußte, was auch immer geschah, Gott wird mit uns sein.
Am nächsten Morgen kam ein Brief von meiner Großmutter in Wahoo.
»Als ich von Eurer Mutter und ihrer schweren Krankheit hörte, war ich zuerst wie gelähmt«, schrieb sie. »Ich ging in mein Schlafzimmer und flehte meinen Herrn um Hilfe an. Danach fühlte ich mich erleichtert und bekam die Gewißheit, daß es mit ihr aufwärtsgehen werde . . .«
Diese Worte waren für mich ebenso tröstlich, als wenn Dr. Knabb persönlich erklärt hätte, Mutter sei außer Gefahr.
Frau Danielson, die nun mit ihren sechs Kindern in Lindsborg, Kansas, lebte, mußte den Tiefstand unserer Finanzen in jenem Monat erraten haben: Sie schickte uns einen Scheck. Ach ja, wir hatten Geldsorgen. Als Mutter in das Krankenhaus aufgenommen wurde, hatte die Verwaltung eine Vorauszahlung verlangt. Mein Vater hatte ihr einen einzigen Blankoscheck zurückgelassen, damit sein Kapital auf ihr Konto übertragen werden konnte, sobald er auf dem Schiff war. Aber im Delirium schrieb sie den Scheck nur für 5 Dollar 60 Cents aus. Dies war der einzige signierte Scheck, der in ihrem Besitz war. Es war uns nun unmöglich, von Vaters Konto das von uns so dringend benötigte Geld abzuheben, bevor wir nicht von ihm eine Anweisung bekamen.

Drei Wochen verstrichen, ohne daß sich Mutters Zustand besserte. Paul kam von Illinois, um uns zu besuchen, und brachte Mutters Vater, Opa Jacobson, mit. Es war tröstlich, wenn auch nur für einige Stunden, unseren ältesten Bruder zu sehen.
Eines Abends fragte mich Mutter, wie lange sie schon im Krankenhaus liege. Als ich ihr sagte, es seien schon fast vier Wochen, konnte sie es nicht glauben. Ihr erschien diese Zeit wie zwei oder drei Tage.
Wieder kam der 9. Juli: Vaters Geburtstag. Aber wie ganz anders war er im Vergleich zu unserer fröhlichen Feier im letzten Jahr!
Ich ging meinen üblichen Arbeiten bei Kollmeyers nach wie an jedem anderen Tag. Ich wusch Windeln und hängte sie zum Trocknen auf. Dann badete ich das Baby. Meine Gedanken aber waren ganz bei Vater. Wo mochte er jetzt sein? Auf dem Schiff – in großer Gefahr? Ich machte mir selbst Mut, indem ich daran dachte, daß es Mutter in der letzten Nacht etwas besser gegangen war. Aber sie war total erschöpft. Ihr Haar war weiß geworden.
Beim Abendbrot klingelte das Telefon. John war am Apparat.
»Rate mal, was Veda uns heute abend zu essen macht!« sagte er ausgelassen.
»Weiß nicht, was denn?«
»Gebratene Froschschenkel.«
»Uuh!«
»Ich habe gestern abend ein paar große Frösche am James River gefangen.«
»Na!« gab ich zurück. »Da bin ich froh, daß ich hier essen kann.«
Schweigen.
»Ingrid, ich habe dir eine Neuigkeit mitzuteilen. Kannst du sie verkraften?«
Mein Herz begann zu klopfen. Ich versuchte, ruhig zu antworten:
»Ja, John, schieß los!«
»Es ist ein Telegramm aus Kapstadt gekommen.«
»Ist es von Vater? Was steht darin? Ist es etwas Schlechtes?«
»Immer langsam! Deswegen rufe ich dich ja an. Es enthält nur *ein* Wort: ›Liebe‹, Unterschrift ›Ralph‹.«
»Dann ist Vater in Sicherheit! Sonst könnte er ja kein Telegramm schicken! Hast du schon im Krankenhaus angerufen, daß es Mutter erfährt?«

»Nein, ich habe nicht angerufen. Benzinsparen hin, Benzinsparen her, ich wollte es ihr selber sagen. Ich fuhr so schnell, wie es der alte Wagen schaffte. Sie muß es an meinem Gesicht abgelesen haben; denn sie schien gar nicht überrascht zu sein. Als ich ihr die Nachricht mitteilte, lachten und weinten wir zusammen.
Dr. Knabb kam herein, als ich noch bei ihr war. Er sagte: ›John, deine Mutter ist nun außer Gefahr. Es geht aufwärts mit ihr.‹ Als Mutter ihm sagte, daß Vater gut angekommen sei, erklärte er feierlich: ›Frau Hult, auch Sie haben eine gefährliche Überfahrt hinter sich, nicht nur Ihr Mann!‹«

Ein Grab in Daressalaam

Es folgten glückliche Wochen in unserer »Homestead«. Mutter kam schnell wieder zu Kräften. Es war ein wunderbarer Tag, als sie schließlich aus dem Krankenhaus entlassen werden konnte. Obwohl sie noch sehr schwach war, brachte doch ihre bloße Anwesenheit bei uns alles wieder ins Gleichgewicht.

Eines Morgens, nur wenige Tage nach ihrer Heimkehr, fanden wir den ersten Brief unseres Vaters im Briefkasten und brachten ihn sofort zu Mutter. Schon beim Anblick der Briefmarke auf dem Umschlag schienen in ihr Erinnerungen wach zu werden. »Denkt euch, Kinder!« sagte sie, während sie mit zitternden Fingern den Umschlag aufriß: »Vor mehr als zwanzig Jahren waren euer Vater und ich zusammen in Kapstadt. Ich weiß noch, wie wir froren, als wir von dem heißen Klima Westafrikas in das kühle, frische Wetter des Kaps hinunterkamen. Ich will euch vorlesen, was Vater schreibt:

›Morgen werden wir landeinwärts und in Richtung Tanganyika aufbrechen, nachdem wir hier in Kapstadt geschäftige Tage verbracht haben. Pastor Melander und ich sind viel spazierengegangen; denn wir brauchten Erholung nach dieser anstrengenden Reise über den Atlantik. Jetzt kann ich es Euch ja sagen: wir sind mit einem Munitionsschiff gefahren und waren jeden Augenblick in Gefahr, in die Luft zu fliegen. Gestern machten wir eine lange Wanderung auf den Tafelberg, um meinen Geburtstag zu feiern. Ich mußte an Dich denken, Gertrude, und alle Erinnerungen an unseren Aufenthalt hier wurden ganz neu wach in mir.

Ich habe hier in einer Buchhandlung eine ausgezeichnete Biographie über David Livingstone gekauft. Wir werden vom Kap aus nach Norden ziehen und dabei fast denselben Weg nehmen, den er gegangen ist. Einer unserer ersten Aufenthalte wird an den Viktoriafällen sein, die er am 17. November 1855 entdeckte. Ich habe jetzt sogar genau solch einen Spazierstock wie Livingstone auf dem Standbild bei den Viktoriafällen.‹«

Es sprach keinerlei Traurigkeit aus Vaters Brief. Erst am Ende hieß es: »Leider muß ich weiterreisen, ohne etwas von Euch gehört zu haben. Ich vermute, daß Eure Briefe irgendwo liegengeblieben sind. Bis zum letzten Tag habe ich gehofft. Ich muß Geduld haben.« Der Gedanke, daß er noch keinen unserer Briefe erhalten hatte – nicht einmal jenen Luftpostbrief, zu dem wir alle einen Beitrag geliefert hatten, war uns sehr schmerzlich und brachte uns dem Weinen nahe.

Die Zeit war gekommen, in der Pläne für das bevorstehende Schuljahr gemacht werden mußten. Eines Tages rief uns Mutter alle zu sich und verkündete, daß sie eine Überraschung für uns habe. Nicht nur ich sollte an die Oberschule nach Wahoo gehen, um mein Abschlußjahr zu absolvieren, sondern auch Veda und Eunice. Dies war eine mutige Entscheidung; denn es bedeutete für Mutter eine große finanzielle Belastung. Sie hatte dann nur noch unsere jüngeren Geschwister zur Hilfe bei den Arbeiten auf unserer »Homestead«. Und dies alles zu einer Zeit, in der sie noch nicht wieder ganz bei Kräften war! Wir drei Schwestern waren überglücklich, im »Dormitory« miteinander wohnen zu dürfen. Noch hatten wir zwar keine Vorstellung, was wir mit unserem Leben anfangen sollten, aber eine gute Schulbildung schien uns auf keinen Fall verkehrt zu sein. Freilich würden wir hart arbeiten müssen, um für Kost und Logis aufzukommen; denn Mutter konnte nur die Unterrichtsgebühren bestreiten. Aber das machte nichts. Wir drei Schwestern auf derselben Schule – der gleichen, die mein Vater vor dreißig Jahren besucht hatte –, es war ein großartiger Gedanke!
Fast hätten wir vergessen, daß Krieg war. Doch bald nachdem wir nach Wahoo gezogen waren, hörten wir von Paul, der bei der Marine diente, daß er im Pazifik eingesetzt werden solle. Uns blieb nur die Fürbitte. Bald darauf erfuhren wir, daß John eingezogen und auf dem Weg nach Texas zur Grundausbildung war.
Nun war Mutter mit den fünf jüngsten Geschwistern ganz allein in der »Homestead«.
Mutter schickte uns einen neuen Brief von Vater, abgestempelt an den Viktoriafällen. Er begann mit der ersten Zeile eines Lobliedes:

»Wie wunderbar und groß
sind deine Werke, du ruhmreicher Gott!«

Dann fuhr er fort: »Heute ist einer der Träume meines Lebens in Erfüllung gegangen. Ich habe den ›Mosi-oa-Tunya‹, den ›Rauch, der donnert‹, gehört und gesehen. Livingstone hat die Viktoriafälle ja nicht nur entdeckt, sondern er hat sie auch benannt. Selbst er fand es schwer, ein solches Erlebnis zu beschreiben. Er schrieb: ›Niemand kann sich die Schönheit dieses Anblicks durch einen Vergleich mit irgend etwas in England verdeutlichen. So etwas Schönes können nur Engel im Fluge schauen.‹
Es sind nun zwei Monate, seit ich von zu Hause fort bin. Es kommt mir viel länger vor. In dieser Zeit könnte soviel geschehen sein. Ich hoffe sehr, daß meine Briefe Euch erreichen, damit Ihr wißt, daß bei mir alles in Ordnung ist. Es kommt mir fast wie ein Traum vor, daß ich nach den langen Jahren der Abwesenheit wieder in Afrika bin. Gott meint es wirklich gut mit uns.«
Das Schuljahr schritt vorwärts. Jetzt, wo Veda und Eunice auch hier waren, fühlte ich mich nicht mehr so einsam in Wahoo. Wir freuten uns auf die Sonntage, an denen wir Großmutter besuchen und ihr Vaters Briefe vorlesen konnten.
Eines Tages schrieb er, daß er in Mashame angekommen sei; das war jene Station an den Hängen des Kilimandscharo – in seinen Augen der herrlichste Fleck der Welt –, wo er und Mutter nach der Ankunft in Tanganyika zuerst stationiert gewesen waren.

In Mashame bekam er, wie er schrieb, die ersten Briefe von zu Hause. Dort erfuhr er auch von Mutters Krankheit; aber glücklicherweise kam mit derselben Post die Nachricht von ihrer Genesung, sogar in ihrer eigenen Handschrift. Mutter schloß mit dem Satz: »Wie dankbar bin ich, daß ich nicht krank geworden bin, bevor Du abreistest, Ralph, denn sonst hättest Du Dich vielleicht anders entschieden. Ich danke Gott allezeit, daß Du nun doch in Afrika sein kannst.«
Vater schrieb, diese Worte seien ihm ein großer Trost: »Ich hatte gefürchtet, es täte Dir leid, daß Du mich hast ziehen lassen.«
In einem andern Brief an Mutter schrieb er: »Tausend Erinnerungen an unseren Aufenthalt vor zwanzig Jahren kommen mir in diesen Tagen in Mashame. Es ist bewegend, nach so vielen Jahren afrikanische Christen zu finden, die uns noch nicht vergessen haben. Immer, wenn ich in diesem Haus aus- und eingehe, muß ich an vergangene Tage denken. Ich sehe dann, wie meine Gertrude durch die

Räume und über das Gelände der Mission geht. Ich sehe den kleinen Paulo und seinen pausbäckigen Bruder Yohane und Ingrid als Baby. Ich kann ihre kleine Schwester Ruth sehen, die nur so kurz bei uns war, um dann in eine bessere Heimat zu gehen.
Als erstes nach meiner Ankunft hier besuchte ich den Friedhof und stand an dem kleinen Grab unserer Ruth. Es lag ein solcher Friede über dem Berghang, Du warst an meiner Seite, Gertrude, und in meinem Innern stellte ich Dir viele Fragen . . .
Wie ganz anders wäre alles für mich jetzt, wenn wir all die vergangenen Jahre zusammen in Afrika hätten arbeiten können. Warum wurden wir den Aufgaben entzogen, die wir so sehr liebten? . . . Aber ich hoffe und bete, daß uns auch heute noch in der Missionsarbeit etwas zu tun bleibt. *Und wo wir aufhören müssen, dort mögen unsere Kinder weiterarbeiten.*«
Eunice, Veda und ich schauten einander an. Schon als wir klein waren, hatte Eunice immer gesagt, daß sie gerne Mutter wäre, aber statt nur zehn wollte sie zwanzig Kinder haben. Veda wollte Krankenschwester werden und ich Lehrerin. Aber wo? Das erstemal kam ein neuer Gedanke in uns auf. Sollte unser Platz auf dem Missionsfeld sein?
Dann erfuhren wir von Vaters neuem Auftrag. Er war zum Superintendenten des Usaramo-Distrikts ernannt worden, eines Gebiets, so groß, daß es früher von ungefähr zwanzig Missionaren versorgt worden war. Nun sollte Vater es allein betreuen.
Sein Amtssitz war Daressalaam, die Hauptstadt Tanganyikas und eine seiner wichtigsten Hafenstädte. Daressalaam ist gefürchtet wegen seines schwülen und feuchten Klimas. Zu jener Zeit wüteten viele Krankheiten dort. Aber das machte Vater nichts aus, so groß war sein Glück, daß er wieder in der Arbeit stehen durfte.
»Ich bin in Daressalaam zu Beginn der heißen Jahreszeit angekommen«, schrieb er uns. »Ihr könnt Euch vorstellen, wie ich in dieser stickigen Hitze schwitze. Ich versuche, ausreichend Schlaf zu bekommen, obwohl das in den heißen Nächten schwierig ist. Nie wacht man erfrischt auf. Morgens in der Frühe und am Abend gehe ich zum Meer. Die leichten Brisen vom Wasser her tun einem sehr wohl. Manchmal bin ich geradezu krank vor Sehnsucht nach Euch . . . Es sind nun fünf Monate her, daß der letzte Brief, den ich von Euch erhielt, geschrieben wurde: am 23. Juli.«
Der Gedanke, daß er so lange nichts von uns gehört hatte, war uns

schrecklich, denn wir hatten gewissenhaft jeden seiner Briefe beantwortet und anhand von beigelegten Fotos und Ausschnitten aus der Schulzeitung über das schöne Jahr berichtet, das wir an der Oberschule verbrachten.

Im März hatte unser Frühjahrs-Jugendtreffen stattgefunden. Unter anderen hatte Frau Anderson, die Frau eines Afrikamissionars, gesprochen. Junge Leute aus allen Teilen Nebraskas waren zu diesem Treffen gekommen. An dem darauffolgenden Montagmorgen hatte ein Hauch von Frühling in der Luft gelegen. Die letzten Überbleibsel des Schnees waren hinweggeschmolzen. In der Pause hatte ich in meinem Zimmer geruht. In wenigen Minuten mußte es zur Zehn-Uhr-Stunde läuten. Plötzlich hatte es an der Tür geklopft.
»Herein«, hatte ich gerufen und war dabei liegengeblieben. Ich war überrascht, als Pastor Lauersen, unser neuer Präsident, eintrat. Vor allem aber beunruhigte mich, daß Veda und Eunice bei ihm waren. Was wollte er hier? Was war los?
Wie ein Blitz schoß mir die Erinnerung an jenen Montagmorgen vor zwei Jahren durch den Kopf, als Dr. Lindberg mich auf den Stufen von Old Main angehalten und in sein Büro gebeten hatte. Er hatte mir damals schonend die Nachricht vom Untergang der »Zamzam« beigebracht. Aber was hatte dies jetzt zu bedeuten? Schon bevor Pastor Lauersen etwas sagte, spürte ich, worum es sich handelte.
Er war feierlich-ernst.
»Ich wollte euch Mädchen alle zusammenhaben, ehe ich euch sage, was ich euch sagen muß.«
Wir blickten uns an.
»Soeben ist ein Telegramm aus Daressalaam angekommen. Euer Vater ist an einem Herzschlag, der einer Malariaerkrankung folgte, am 18. März gestorben.«
Er versuchte, es uns so schonend mitzuteilen, wie er nur konnte.
Vor zwei Jahren hatte ich die innere Gewißheit gehabt: Mein Vater ist nicht tot. Er lebt. Ich werde ihn wiedersehen. Aber jetzt war mir mit großer Endgültigkeit klar, daß mein Vater tot war. Es war der schwerste Schlag meines Lebens.
Ich wäre wahrscheinlich verzagt, hätte ich nicht gespürt, daß zahllose liebende Arme mich stützten. Mir wurden die Vorratskammern einer neuen Kraft geöffnet, was ich noch nie zuvor erfahren hatte. Veda und Eunice waren durch den ersten Schock der Nach-

richt so erschüttert, daß sie fast hysterisch weinten. Aber als wir uns dann in die Arme fielen, überkam uns ein Trost, der nicht aus uns selbst stammte.
Pastor Lauersen fuhr fort: »Eure Mutter weiß es noch nicht. Ingrid, du mußt es ihr beibringen. Euer Onkel Martin ist hier und wartet darauf, euch zu eurer Großmutter zu fahren. Sie wird euch auch brauchen. Auch ihr werdet sie heute nötig haben.«
Wir fanden unsere Großmutter in Tränen; dennoch war ihr Gesicht heiter und gelöst. Onkel Martin hatte ihr schon von dem Telegramm erzählt.
»Es hat mich nicht überrascht«, sagte sie. »Seltsam, aber in diesen Tagen habe ich in meinem Innern gewußt, daß Ralph nicht mehr unter den Lebenden ist.« Dann schaute sie zu seinem Bild auf. Es hing über einem Foto ihres Mannes, der auch unerwartet im Alter von fünfzig Jahren gestorben war. »Es macht mein Verlangen größer, bald mit ihnen im Himmel vereint zu sein«, seufzte sie. Am nächsten Tag war ihr 79. Geburtstag.
Vom Haus meiner Großmutter aus rief ich Mutter in Springfield an. Sie antwortete mit ihrer gewohnten Fröhlichkeit.
»Mutter«, sagte ich, »ich habe dir etwas Trauriges mitzuteilen.«
»Ja, Ingrid, sag es mir, was es ist«, sagte sie langsam. Ich las ihr das Telegramm vor, das wir von der Missionsleitung bekommen hatten. Langes Schweigen! Dann fragte sie mich mit normaler Stimme, wie es uns gehe; sie machte sich besonders um Großmutter Sorgen.
Später erfuhr ich, welch ein schwerer Tag es für sie gewesen war. Carl hatte die Masern, und die anderen Kinder waren im Begriff, sie auch zu bekommen. Außerdem hatte sie noch zweihundert Küken zu versorgen. Sie hatte einfach keine Zeit, sich dem Gram hinzugeben, und wie sie uns schrieb, half ihr das am meisten, den Schock der Nachricht zu ertragen.
Als sie zur Gedächtnisfeier für Vater nach Wahoo kam, versuchte ich, sie zu trösten. Sie sagte schlicht: »Du kannst dir noch nicht vorstellen, Ingrid, was es bedeutet, den Lebenspartner zu verlieren.«
Die Kunde vom Tod meines Vaters rief eine tiefe Erschütterung an unserer Schule hervor. Pastor Lauersen teilte die Nachricht an jenem Morgen den älteren Schülern mit. In das ergriffene Schweigen hinein sagte er:
»Der Tag, an dem Pastor Hult starb, war der 18. März, der erste Tag unseres Jugendtreffens. Sein Name fiel oft in unseren Zusammen-

künften, obwohl wir nichts von seinem Tod wußten. Hier an unserer Schule hat er zum erstenmal den Ruf nach Afrika gehört und sich entschlossen, sein Leben der Missionsarbeit zu widmen. Nun ist er tot. Wer will dort fortfahren, wo er aufgehört hat?«

Zehn der jungen Männer in der Klasse hoben ihre Hände und kamen nach vorne, während die anderen ihre Köpfe senkten und beteten. Von jenen zehn wurden tatsächlich später sieben Auslandsmissionare, während die anderen drei Pfarrer im eigenen Land wurden.

Die reguläre Zusammenkunft unseres Schüler-Missionskreises war für den 27. März festgesetzt. Das Programm auszuarbeiten, war Veda, Eunice und mir übertragen worden, und wir waren auch verantwortlich für einen Bericht über jedes der drei Missionfelder unserer Kirche: Afrika, China und Indien. Wir hatten diesen Auftrag angenommen, ehe uns die Nachricht von Vaters Tod erreichte. Wenige Tage vor der Zusammenkunft traf ich den Leiter unseres Kreises auf den Stufen von Old Main.

»Du brauchst es nicht zu tun, Ingrid«, sagte er gütig, »wenn dir nicht danach zumute ist. Wir können noch jemand anderes finden, der für dich einspringt. Jeder wird dafür Verständnis haben.«

Wir sprachen miteinander darüber. Veda war fünfzehn, Eunice dreizehn. Schließlich kamen wir zu dem Schluß, daß wir es trotzdem tun sollten, zumal es eine Gelegenheit zum Zeugnis war. Als die Älteste sollte ich sprechen, obwohl wir den Bericht gemeinsam ausgearbeitet hatten.

Nur zu bald kam der Augenblick des öffentlichen Auftretens. Ich erinnere mich noch gut an all die Gesichter, die in der hell erleuchteten Kapelle vor mir schwammen.

»Bevor ich schließe, möchte ich gerne noch ein paar Worte über meinen Vater sagen.« Ich versuchte, meine Stimme zu beherrschen. »Wie Sie wissen, war sein gesamtes Leben der Missionsarbeit gewidmet, und zwar besonders der Aufgabe, die Afrika uns stellt. In unserer Schule hier weihte er sein Leben dieser Sache, als er achtzehn war. Nun hat es Gott gefallen, ihn abzurufen.

Es ist schwer zu verstehen, warum dies gerade jetzt geschehen ist, wo er doch so dringend in Tanganyika gebraucht wurde und wo er in der Vollkraft seines Lebens stand, wohlgerüstet, seinem Herrn zu dienen. Aber wir wissen, daß Gott immer einen Grund hat, und eines Tages werden wir ihn verstehen. Wir weigern uns, der Trauer

Raum zu geben. Statt dessen wollen wir Gottes Werk dort weiterführen, wo Vater aufgehört hat.
Meine Schwestern und ich sind nun entschlossener denn je, unser Leben völlig für die Ausbreitung des Reiches Gottes hier auf Erden hinzugeben, in der Art und an dem Platz, wie und wo es ihm gefällt.«
Eine Bewegung ging durch die Zuhörerschaft, als ich mich setzte.
Wir legten dieses Versprechen aufrichtig und in der Ernsthaftigkeit unserer jungen Herzen ab.
Aber waren wir gerüstet? Konnten wir unser Versprechen halten? Wußten wir wirklich, worüber wir sprachen?

Der grüne Koffer

In diesem Sommer erhielt ich meine erste Anstellung als Sekretärin des Schuldirektors. Es bereitete mir Freude, meinen Unterhalt selbst zu verdienen.

Aber ich machte mir Sorgen um Mutters Zukunft. Paul und John waren beim Militär. Die anderen Geschwister wuchsen schnell heran. Der felsige Boden der »Homestead« brachte nur einen kärglichen Lebensunterhalt hervor. Ob Mutter diese Lage ernstlich Sorgen bereitete? Ich weiß es nicht. Uns Kindern gegenüber ließ sie sich jedenfalls nichts anmerken.

Plötzlich öffnete sich ein Weg. Mutter schrieb, daß die Oberschule in Wahoo sie als Bibliothekarin und Englischlehrerin berufen wolle.

Das warf jedoch neue Fragen auf. Falls sie dem Ruf folgte, mußte sie ihr Heim aufgeben, ihr Heim, in dem sie vierzehn Jahre gelebt hatte! Zudem war es nun schon zwanzig Jahre her, seit sie ihr Studium abgeschlossen hatte, zwanzig Jahre, in denen sie Hausfrau und Mutter gewesen war. Würde sie überhaupt fähig sein, sich nach so langer Zeit wieder auf eine geistige Tätigkeit umzustellen?

Andererseits würde ein Umzug nach Wahoo die Gründung eines Haushaltes dort und den Schulbesuch der Kinder ermöglichen.

Schließlich nahm Mutter das Angebot an. Als Vorbereitung belegte sie einen Kurs am Lehrerseminar in Springfield. Zu Beginn des Schuljahrs verpachtete sie die »Homestead« und siedelte nach Wahoo über. Eines schönen Morgens brach sie mit dem Packard auf, die Kinder auf den gewohnten Plätzen, alle Haushaltsgegenstände im Anhänger.

In Wahoo fanden wir ein Haus in der Nähe des Geländes der Oberschule. Und wieder hängten wir die große Afrikakarte an die Wand, stellten den Koran ins Bücherregal und versuchten, alles so herzurichten, wie wir es aus unserer »Homestead« gewöhnt waren. Wir nannten unser Haus »Daressalaam« – Hafen des Friedens. Über die

Couch im Wohnzimmer kam wieder das Bild der mit Palmen umgebenen Hafenstadt, wo unser Vater gestorben war.

Bald nachdem wir unser neues Heim bezogen hatten, wurde Mutter Beraterin des Schülermissionskreises. Diese Aufgabe bedeutete ihr viel, und sie nahm sie sehr ernst. Eines Abends überraschte sie uns mit der Mitteilung, sie wolle neben ihrer Lehrtätigkeit im nächsten Schuljahr noch einen Spanischkurs besuchen. Monate vergingen. Immer häufiger bemerkte ich, daß Mutter zerstreut und in Gedanken verloren war. Eines Abends ließ sie mich wissen, was ihr durch den Kopf ging.

»Ingrid«, sagte sie, »ich kann es einfach nicht mehr länger tun.«

»Was denn?« fragte ich.

»Diese jungen Leute auffordern, aufs Missionsfeld zu gehen, wenn ich nicht selber dazu bereit bin.«

»Ich ahnte nicht, daß du an so was denkst«, sagte ich. »O doch, schon lange«, erwiderte Mutter. »Ich hatte immer die Hoffnung, eines Tages mit deinem Vater nach Afrika zurückgehen zu können. Nun ist das nicht mehr möglich. Aber es muß doch irgendeinen Ort auf der Welt geben, wo ich einen Dienst tun kann, wenn ihr Kinder mich nicht mehr braucht.«

Im Verlauf unseres Gesprächs ließ sie durchblicken, daß dies der Grund ihres Interesses am Spanischen war. Erst kürzlich hatte sie von einer neuen missionarischen Aufgabe in La Paz in Bolivien gelesen. Man suchte dort verzweifelt eine Hausmutter für ein Waisenhaus.

»Ich habe versucht, es zu vergessen«, sagte Mutter. »Aber ich muß bekennen, ich bringe es nicht fertig. Möglicherweise ist das der Ort für mein künftiges Wirken. Ich könnte diesen 26 mutterlosen Kindern eine Mutter sein. Ich möchte es jedoch vorher mit euch Kindern besprechen. Es muß eine gemeinsame Entscheidung werden.«

Mehrmals hielten wir Familienrat um den Eßzimmertisch. Mutter schrieb an Paul und John. Schließlich stimmten wir alle zu: Mutter sollte hinausziehen. Und so stand dann im Jahre 1947, vier Jahre nach dem Tode meines Vaters, unsere fast fünfzigjährige Mutter eines Abends in unserer Kirche in Wahoo vor der Gemeinde, um zum Dienst in Bolivien ausgesandt zu werden. In ihrem Zeugnis sagte sie:

»Ich habe von dem Waisenhaus auf der Coaba Farm gelesen, wo 26

Mutter Hult nach ihrer Ankunft mit ihren beiden Jüngsten in Bolivien im Jahre 1947.
Coaba-Waisenkinder mit Mutter Hult in der Nähe von La Paz.

Kinder versorgt sein wollen. Daher schrieb ich an Herrn Lindell, den Missionsleiter. Meine Bewerbung wurde angenommen.
Ich bewegte diesen Ruf viele Monate in meinem Herzen. Aber – so werden Sie mit gutem Recht fragen – was soll aus meinen eigenen Kindern werden? Brauchen sie mich nicht mehr? Die Antwort fand ich in den Worten Jesajas: Mache den Raum deiner Hütte weit, und breite aus die Teppiche deiner Wohnung . . . *Und alle deine Kinder werden vom Herrn gelehrt sein;* und groß wird der Friede deiner Kinder sein. (Jes. 54, 2. 13).
Und so habe ich es mir gedacht: Der dreizehnjährige Gustav wird bei meinem Bruder Verne und seiner Frau Lula in Geneseo leben. Es wird Gustav gut tun, jemanden zu haben, der wie ein Vater zu ihm ist. Die anderen werden ihre Studien fortsetzen. Meine Kinder stehen in dieser Entscheidung hinter mir. Meine zwei Jüngsten aber, den neunjährigen David und die elfjährige Mary, nehme ich mit.
Vor wenigen Wochen bin ich zum erstenmal Großmutter geworden. Mein ältester Sohn Paul und seine Frau Ann haben ein Mädchen bekommen. Ich bin überzeugt, daß die Aufgabe, das Evangelium in alle Welt zu tragen, von so eminenter Wichtigkeit ist, daß sogar wir Großmütter ausziehen müssen.«
Als sie sich setzte, herrschte langes Schweigen in der Kirche.
Ich half Mutter, ihren Haushalt in Wahoo aufzulösen. Dann fuhr ich mit ihr zur »Homestead« zurück, die nun unbewohnt war. Während wir so Stunde um Stunde südwärts fuhren, kamen wir immer mehr ins Gespräch.
»Mutter«, fragte ich, »hat es für dich nicht ein großes Opfer bedeutet, zehn Kinder zu haben?«
Sie schaute mich voller Erstaunen an. Sie wurde so aufgeregt, daß sie ihren Fuß vom Gaspedal nahm und das Auto fast zum Halten brachte.
»Aber Ingrid! Das war doch kein Opfer!« rief sie aus. »Ich sehe es als das größte Geschenk an, das Gott mir gab, die Mutter der Kinder von Ralph Hult zu sein. Ich habe stets um eine große Familie gebetet; denn ich hielt es für meinen besonderen Auftrag, Mutter zu sein. Als wir erst fünf Kinder hatten und ich sah, wie ihr alle gesund wart und in der Schule gut mitkamt, da habe ich Gott um fünf weitere Kinder gebeten!«
Wir waren so in unser Gespräch vertieft, daß wir vor Kansas City

die Umgehungsstraße verpaßten und geradewegs ins Stadtzentrum hineinfuhren. Um uns herum hupten die Autos verärgert. Unser Packard – den Rücksitz bis oben hin beladen – mit seinem Anhänger, auf dem die mit Kartoffeln gefüllte alte Waschmaschine schaukelte, zeigte kaum mehr eine Spur seiner früheren Vornehmheit. Mutter ließ sich nicht aus der Ruhe bringen und kämpfte sich unbeirrt durch den Großstadtverkehr.

Was sollte aber aus der »Homestead« werden, wenn Mutter nach Bolivien ging? Mutter erzählte mir, daß sie mit Hilfe von Vaters Versicherungssumme die letzte Schuld, die auf dem Hause gewesen war, bezahlt hatte. Wie froh war ich da! Während meiner ganzen Kindheit hatte die Hypothek auf uns gelastet. Jetzt endlich hatten wir ein klares Besitzrecht an der Farm.

Oft hatten sich meine Eltern gewünscht, daß auch andere in den Genuß der Schönheit und der erholsamen Ruhe der »Homestead« kommen sollten. Nun entwickelte Mutter ihren Plan: Sie wollte die »Homestead« verschenken! Sie sollte vor allem Missionaren zur Verfügung stehen, die in ihrem Urlaub in Stille und Zurückgezogenheit neue Kräfte sammeln wollten. Ich war für den Plan begeistert.

Mir blieben nur noch einige Tage Ferien bis zum Schulbeginn im Herbst. Ich half Mutter beim Räumen in unserer »Homestead«. Sie ließ mich Vaters Bücher und Papiere in den Familienbesitz ordnen, bevor wir die »Homestead« ihren neuen Verwaltern übergaben.

Zuerst nahm ich das Schlafzimmer der Brüder in Angriff. Alte Möbel, Kleider und viel Kleinkram, die dort aufbewahrt worden waren, mußten durchgesehen werden, um festzustellen, was aufhebenswert war und was weggeworfen werden konnte.

Als ich mich an jenem Morgen im Spätherbst an die Arbeit machte, war es draußen frisch und klar. Nur noch wenige braune Blätter hingen an den Eichen, und die Ahornbäume waren schon kahl. Ihre Blätter breiteten einen goldenen Teppich über den Weg. Ich wäre viel lieber durch die Wälder gewandert, aber ich arbeitete weiter. Nachdem ich mich in einen Stoß alter Zeitschriften hineingewühlt hatte, entdeckte ich plötzlich einen kleinen grünen Blechkoffer.

Er erregte meine Neugierde. Was mochte wohl darin sein? Ich zog ihn hervor und brachte ihn ans Licht. Da waren, weiß auf den Deckel und auf zwei Seiten gemalt, die Initialen R. D. H. zu sehen. Der Koffer meines Vaters! Die Seiten waren voller Schiffsklebezettel.

Nun war meine Neugierde nicht mehr zu zügeln. Ich mußte wissen, was er enthielt.
Ich machte etwas Platz auf dem papierübersäten Boden und ließ mich neben dem Koffer nieder. Gespannt öffnete ich den Deckel. Der Koffer enthielt die Tagebücher meines Vaters.
Oben lagen diejenigen, die er als Student geschrieben hatte; dann kamen die von seiner ersten Fahrt nach Afrika. Ja, hier waren sogar die Karten von seinen Reisen! Mit welch sorgsamer Genauigkeit waren sie angefertigt! Von jedem Stamm, den er besucht hatte, waren Wortlisten da. Ich fand die Korrespondenz mit der Missionsleitung und Stöße von alten, vergilbten Zeitungsausschnitten. Wo hatte der Koffer während der ganzen Zeit gesteckt? Wie war er hierhergekommen? Wahrscheinlich hatte mein Vater selbst alles so sorgfältig geordnet und in den letzten Tagen vor seiner Abreise verpackt.
Ich zitterte, als ich die Tagebücher auspackte und sie sortierte. Ich hatte gedacht, meinen Vater zu kennen – aber kannte ich ihn wirklich? Vor mir lagen die Aufzeichnungen seiner Erlebnisse und seiner Gedanken aus vielen Jahren, von seiner eigenen Hand zu Papier gebracht. Ich spürte, daß ich mich anschickte, zum allerersten mal wirklich zu entdecken, wer er war. Mit dem Rücken lehnte ich mich gegen einen Stuhl und begann zu lesen:
»Ich wurde geboren in Kearney, Nebraska, damals eine kleine Grenzstadt an der Prärie. Bis ich zur Schule ging, konnte ich nur schwedisch sprechen; denn sowohl meine Großeltern wie auch meine Mutter waren in Schweden geboren. Obwohl mein Vater in Neuschweden, Iowa, geboren war, konnte er nur schwer glauben, daß Gott sich einer anderen Sprache bediente als des Schwedischen.
Ich war das älteste Kind unserer Familie und Berichten meiner Mutter zufolge sehr unternehmungslustig. Eines Tages – ich war gerade drei Jahre alt – fand ich den Weg quer durch die Prärie zu den Eisenbahnschienen, etwa eineinhalb Kilometer von unserem Haus entfernt. Der Zug nach Denver donnerte heran. Ich winkte ihm, um ihn anzuhalten; aber der Lokomotivführer winkte mir nur zurück. Wenige Minuten später galoppierte mein Vater auf seinem Pferd heran. Meine angsterfüllten Eltern hatten in allen Himmelsrichtungen nach mir gesucht. Meine Freude, ihn zu sehen, ließ mich die Enttäuschung darüber vergessen, daß es mir nicht gelungen war,

zusammen mit meinem kleinen Hund in dem großen Zug wegzufahren. Aber als ich dann lesen lernte, hatte ich nicht mehr den Wunsch fortzulaufen; denn ich konnte mich ja jetzt in die Welt der Bücher flüchten. Eines Tages fand ich in dem ›Freund der Jugend‹ eine Anzeige, die einen Druckmesser anpries, der die Kraft der Lunge anzeigte, wenn man in den Schlauch bließ. Ich hätte ihn gerne bestellt, hatte aber kein Geld. Ich zeigte meinem Vater die Anzeige.

›Warum willst du das haben, Ralph?‹ fragte er.

›Wenn ich Pfarrer werden will, muß ich starke Lungen haben, um laut predigen zu können‹, antwortete ich.

Er gab mir das Geld.

Meine glücklichsten Kindheitserinnerungen sind dic Zusammenkünfte mit der Familie Lind im Landhaus meiner Großeltern nördlich von Funk in Nebraska. Besonders schön war ›Julskapet‹, unsere Weihnachtsfeier. Wie genossen wir Vettern und Basen es, draußen herumzutollen und zu spielen.

Ich ging zur Grundschule. Es war eine große Enttäuschung für mich, daß ich nicht anschließend die Oberschule besuchen durfte, aber mein Vater brauchte mich auf der Farm. Vier Jahre mußte ich warten, bevor ich die Koffer packen und in die Oberschule unserer Kirche in Wahoo eintreten konnte. In jenen Jahren träumte ich viel von der Zukunft, als ich so die Felder auf und ab ging, mit der Egge die Maisfelder aufriß, die Weizenfelder zubereitete, die Ernte einbrachte . . .«

Ich legte das Tagebuch nieder. Es war mir noch nie bewußt geworden, daß die Hindernisse und Enttäuschungen, die das Leben meines Vaters kennzeichneten, schon so früh begonnen hatten. Und doch muß er gerade durch diese harten Erfahrungen gelernt haben, in Geduld warten zu können.

Ich las weiter . . .

»Schließlich kam der Tag der Abreise. Vater fuhr mich mit unserem Pferdewagen über die holprigen Präriestraßen nach Kearney, wo ich in den Zug nach Wahoo einsteigen sollte.

Als wir wartend auf dem Bahnsteig standen, drückte er mir ein kleines schwarzes Buch in die Hand: ein schwedisches Neues Testament. Beim Abschied sagte er dann zu mir: ›Du bist jetzt achtzehn und damit ein Mann, Ralph. Halte stets den ersten Psalm im Gedächtnis‹ . . .

Wie glücklich war ich an der Luther-Oberschule! Mir war ganz feierlich zumute, als ich in den Klassenzimmern dieser feinen Schule saß.

Am Sonntagabend, dem 14. April des Jahres 1907, stieg ich die frischpolierten Holztreppen zur Kapelle im dritten Stockwerk von Old Main hinauf. Ein Pfarrer namens Fred Wyman von der benachbarten Kirche sollte an diesem Abend über das Thema sprechen: Der Sudan – das größte nicht missionierte Gebiet der Welt.

Pfarrer Wyman sprach über jenes große Gebiet in Zentralafrika, wo man Tausende von Kilometern reisen konnte, ohne eine einzige Missionsstation anzutreffen. Vom ersten bis zum letzten Satz seiner Rede war ich ganz gefesselt. Der Islam kam von Norden herab. Wer würde diese Hunderte von heidnischen Stämmen zuerst erreichen, Christus oder Mohammed? Er schloß mit der Frage aus Jesaja 6: ›Wen soll ich senden? Wer will unser Bote sein?‹

Nach Schluß der Versammlung eilte ich schnell aus der Kapelle. Ich war zutiefst aufgewühlt. Bevor ich in mein Schlafzimmer ging, mußte ich Klarheit gewinnen. Ich ging zu dem nahe am Schulgelände gelegenen Maisfeld und wanderte auf und ab. Dann gab ich Gott meine Antwort: ›Hier bin ich! Herr, sende mich!‹

Es erschreckte mich nicht, daß ich noch zehn Jahre Schule vor mir hatte, bevor ich ordiniert werden konnte. Ich würde diese Zeit verwenden können, um mir über den Sudan Kenntnisse zu verschaffen.

Einige Monate später beschlossen meine Eltern, nach Wahoo überzusiedeln. Mein Vater gehörte zum Aufsichtsrat der Schule, und er wollte, daß alle seine Kinder dort ihre Schulbildung bekämen. Doch dann wurden diese Pläne durch harte Schicksalsschläge durchkreuzt. An einem Herbsttag fuhr mein Vater zu unserer Farm in Westnebraska zurück, um Getreide zum Markt zu bringen. Er borgte sich beim Nachbarn ein paar Pferde und war mit einer Ladung Weizen, die er der Mission spenden wollte, auf dem Weg zur Stadt. Plötzlich scheuten die Pferde und gingen durch. Vater wurde vom Wagen geworfen und erlitt innere Verletzungen. Er kam noch bis Wahoo zurück, aber sein Zustand verschlimmerte sich zusehends. Als er wußte, daß er sterben mußte, rief er seine fünf Söhne und drei Töchter an sein Bett. Er legte segnend seine Hände auf jeden von uns, sogar auf meinen zweijährigen Bruder Lenus, und bat uns dann, ihm auf schwedisch sein Lieblingslied zu singen:

Jetzt, da ich noch leb im Licht,
Wenn mein Aug im Tode bricht,
Wenn durchs finstre Tal ich geh,
Wenn ich vor dem Richter steh;
Fels des Heils, geöffnet mir,
Birg mich, ew'ger Hort, in dir!

Ich war neunzehn Jahre alt und der älteste Sohn. Mein Vater, der stets so Starke und Lebhafte, war heimgegangen. Nun mußte ich seinen Platz einnehmen.

Was für ein trauriger Tag war es, als ich schweren Herzens den Hügel zur Oberschule und zum Büro von Direktor Johnson hinaufging. Ich war gekommen, um ihm zu sagen, daß ich meine Studien für dieses Jahr aufgeben mußte. Anstatt zu lernen würde ich wieder hinter einem Pflug hergehen. Die Träume von Afrika würden zwar bleiben – aber eben nur Träume sein!«

Wie stark muß die Vision meines Vaters gewesen sein, daß er nicht aufgab. Meine Augen huschten schnell zu den nächsten Abschnitten.

»Dank der Opfer meiner Mutter konnte ich zur Schule zurückkehren. Im Juni 1910, wenige Wochen vor meinem 22. Geburtstag, bestand ich das Abschlußexamen.

Im nächsten Herbst schrieb ich mich am Augustana College in Rock Island ein. Dort hörte ich Dr. Kumm, den Gründer der Sudan United Mission, der auf einer Vortragsreise war. Alles, was er sagte, gab dem Feuer, das in mir brannte, neue Nahrung. Er sprach von Dr. Ludwig Krapf, einem deutschen Missionar, der mit seinem Gefährten Rebman den Kilimandscharo entdeckt hatte. Dr. Kumm beschrieb, wie Dr. Krapf sich eine Kette von Missionsstationen vorstellte, die sich von West nach Ost über das ganze Gebiet erstrecken sollte, das südlich an die Sahara grenzt und damals unter dem Namen Sudan bekannt war. Die letzten Worte Dr. Krapfs, die er auf dem Sterbebett sprach, trafen mich besonders: ›Was macht es, daß ich sterben muß? Der Herr wird seine Sache weiterführen und zu seiner Zeit vollenden . . . Eine Idee wird immer Jahrzehnte vor ihrer Verwirklichung geboren.‹

Es war mein größter Wunsch, dabei mithelfen zu dürfen. Bald fand ich andere Studenten, die genauso dachten wie ich.

Wir begannen, uns regelmäßig zu treffen, um uns mit den Problemen des Sudans vertraut zu machen und ernsthaft darum zu beten, unsere Kirche möge den Ruf hören und eine Missionsarbeit dort beginnen. Nach dem College hatte ich noch drei Jahre Theologiestudium vor mir, bevor ich ordiniert werden konnte. Im Jahre 1917 schloß sich unserem Missionskreis eine Pädagogik-Studentin im vierten Semester namens Gertrude Jacobson an. Vom ersten Augenblick fiel sie mir auf, nicht so sehr durch ihre Schönheit, sondern mehr durch ihre frische Natürlichkeit, ihre Begeisterungsfähigkeit und ihr sicheres Auftreten.

Die Wahl des Lebenspartners war für mich einer der wichtigsten Schritte im Leben. Durch meine Sommerbeschäftigung, die im Verkauf von Büchern bestand, hatte ich buchstäblich Hunderte von Häusern der Vereinigten Staaten von innen kennengelernt. Aber nie zuvor war mir ein Mädchen über den Weg gelaufen, das so genau meiner Vorstellung von einer Lebensgefährtin entsprach wie diese Gertrude Jacobson.

Ich werde niemals den Morgen vergessen, an dem ich sie um unser erstes Zusammensein bat. Sie kam nach der Morgenandacht in der Kapelle die Stufen von Old Main herunter, die Arme voller Bücher. Sie trug eine weiße Matrosenbluse über ihrem hellbraunen Rock. Ihr kastanienfarbenes Haar hatte sie hochgesteckt. Sie war überrascht, als ich sie unten an der Treppe anhielt.

›Fräulein Jacobson, haben Sie einen Augenblick Zeit?‹ sagte ich. Und dann fragte ich sie, ob sie Lust hätte, mit mir zusammen an jenem Abend zu einem Vortrag des Richters Ben Lindsay über Jugendkriminalität zu gehen. Sie war erst achtzehn Jahre alt; und ihr fröhliches Jungmädchentum war im Begriff, zur vollen Fraulichkeit heranzureifen. Ich war zehn Jahre älter als sie; aber nach unserem ersten Stelldichein an jenem Abend des 13. April 1917 konnten keine Zweifel mehr aufkommen. Ich wußte, daß sie die richtige Frau für mich war.

Wir machten lange Spaziergänge und führten tiefe Gespräche miteinander, und es dauerte nicht lange, bis wir sicher waren, daß wir einander liebhatten. Aber was würde die Zukunft bringen? Diese Frage sollte auf der Synode im Juni entschieden werden.

Der Augenblick, auf den alles ankam, war nun da. Unsere Kirche hatte ein Missionsfeld in Indien und eines in China, aber keines in Afrika. Der Studenten-Missionskreis des Augustana College hatte der Synode empfohlen, eine Missionsarbeit in Afrika zu beginnen.

Am 14. Juni wurde dieser Antrag auf die Tagesordnung gesetzt. Der Kirchenpräsident bat mich, das Wort zu ergreifen und den Hunderten von Delegierten die große Not im Sudan zu schildern. Meine Worte kamen aus einem überströmenden Herzen. – Ich sprach schwedisch, denn das war die Konferenzsprache. Dann wurde abgestimmt. Wie ein Donner erscholl im Saal das hallende schwedische Ja. Es erhob sich keine einzige Gegenstimme.
Drei Tage später wurde ich ordiniert und als erster Missionar der Augustana Lutheran Church mit dem Auftrag nach Afrika geschickt, die Arbeit im Sudan in Angriff zu nehmen. Am gleichen Abend bat ich Gertrude unter ›unserem‹ Baum in dem Park hinter Old Main, meine Frau zu werden. Nun empfing ich das zweite Ja dieses Tages. Aber diesmal kam es nicht wie ein Donner, sondern leise und zart – aus einem liebenden Herzen. Wir waren gewiß, daß Gott uns zusammengeführt hatte und uns gemeinsam in seinen Dienst stellen wollte. Ich hatte gespart, um ihr einen Verlobungsring kaufen zu können. Wir ließen in ihn ›Psalm 67, 2. 3‹ eingravieren, das Gebet unseres gemeinsamen Lebens: Gott sei uns gnädig und segne uns; er lasse sein Antlitz leuchten, daß man auf Erden erkenne seinen Weg, unter allen Heiden sein Heil.
Wir konnten jedoch erst zwei Jahre später heiraten. Unsere Hochzeit war ganz schlicht. Wir wurden im Wohnzimmer von Gertrudes Eltern getraut. Unsere Träume begannen sich zu erfüllen . . .«
Träume, dachte ich in meinem Innern. War nicht das Leben meines Vaters nichts als eine Reihe von Träumen gewesen, Träume, die nie ganz erfüllt wurden? Ich ging das schwarze, in Leder gebundene Tagebuch des Jahres 1919 durch, das in der für meinen Vater charakteristischen sauberen, aber doch kühnen Handschrift geschrieben war. Ich stieß auf einen Eintrag genau drei Monate nach seiner Hochzeit.
Wieder eine Enttäuschung! Die Missionsleitung hatte beschlossen, daß mein Vater zuerst allein hinausziehen solle auf seine erste Erkundungsreise . .
. . . Er schrieb:
»Gertrude und ich stehen am Bahnsteig des Bahnhofs von Rock Island. Dies sind unsere letzten gemeinsamen Minuten vor meiner Ausreise. Vorige Nacht sind wir lange aufgewesen und haben meine Koffer für Afrika gepackt. Nun schauen Vater und Mutter Jacob-

son hilflos zu, wie wir uns mühen, unserer Gefühle Herr zu bleiben.
Der Zug pfeift! Nur wenige Sekunden noch, und ich werde auf meinem Weg nach New York sein, von dort geht es über den Atlantik, die Westküste Afrikas hinab, dann werde ich in Nigeria an Land gehen, mit einem Flußboot den Bénoué hinauffahren . . . dann für Tage, Monate landeinwärts ziehen und nach dem Stamm suchen, zu dem Gott mich gerufen hat. Meine Frau aber muß ich hier lassen. Wann werden wir uns wiedersehen? In einem Jahr? In zwei Jahren? . . .«
Seitenlang folgten Reiseberichte. Er beschrieb den erhebenden Augenblick, als er nach fünfzehn Tagen auf See den ersten Blick von Afrika erhaschte: »Schon lange vor Tagesanbruch, als unser Schiff in Dakar anlegte, war ich aufgestanden. In der Finsternis sah ich vom Land her die Lichter schimmern. Später erkannte ich die Linie, wo das dunkle Land mit dem Meer zusammenstieß. Auf einmal lichtete sich das Dunkel, und zwar nicht allmählich, sondern plötzlich. Nichts, dachte ich, kann das Anwachsen des Lichtes hindern, sobald die Dämmerung begonnen hat. Es ist, als würde ein Vorhang hochgezogen: Tagesanbruch im dunklen Erdteil.«
In Lagos in Nigeria ging er an Land. Nach einer Reise von mehr als 1500 Kilometern, die ihn zuerst den Niger-Fluß, dann den Bénoué hinaufführte, erreichte er Garoua, das Eingangstor Nordkameruns. Die Tagebucheinträge hörten plötzlich auf. Offensichtlich war keine Zeit mehr gewesen, Eindrücke niederzuschreiben, nachdem er die mühsame Fußreise nach dem Norden begonnen hatte. Sollte er wirklich über seine erste Berührung mit dem primitiven Leben in diesem Gebiet keine Aufzeichnungen gemacht haben? Da stieß ich auf einen großen Packen loser Blätter, die sauber numeriert und etikettiert waren: »Meine Sudan-Reise.« Auf ihnen hatte er während dieser sechsmonatigen Reise seine Notizen mit Bleistift festgehalten. Sofort fiel ich über sie her. Das oberste Blatt trug das Datum des 11. Dezember 1920. Drei Monate lang war er in Garoua gewesen, um die Fulani-Sprache zu lernen. Während dieser Zeit erkrankte er an der Ruhr. Außerdem litt er sehr unter der Einsamkeit. Mehr als sechs Monate waren schon vergangen, seit er das letzte Mal von Gertrude gehört hatte, die damals einen zweijährigen medizinischen Kursus in Omaha besuchte.
Ich las ein anderes Blatt:

»Ich blickte zurück und sah Garoua hinter den Hügeln verschwinden. Wir waren zu zehnt in unserer kleinen Karawane: sieben Träger, die die Versorgungsgüter trugen, ein Pferdeknecht, mein Koch Alfons und ich. Irgendwo in dieser Gegend werde ich den Stamm finden, bei dem wir unsere Missionsarbeit beginnen.«
Er hatte nach und nach zwanzig Stämme besucht. Jeden Abend saß er an seinem kleinen Campingtisch, schrieb beim Licht einer Kerze oder Petroleumlampe die Eindrücke des Tages nieder und fertigte genaue Karten seiner Reiseroute an.
Ich nahm einen Stoß von Wörterlisten in die Hand. Von jedem Stamm, den er besucht hatte, war eine solche Liste vorhanden. Um herauszufinden, ob und wie die einzelnen Sprachen miteinander verwandt waren, wählte er hundert der gebräuchlichsten Worte aus und versuchte, bei jedem Stamm das Wort zu erfahren, das dem erfragten in dessen Idiom entsprach. Aber noch hatte er den Stamm nicht gefunden, bei dem er mit der Arbeit beginnen konnte.
Eines Tages machte er dann in Fort Archambault halt, um seine Nahrungsmittelvorräte aufzufrischen. Hier kam er mit einem Regierungsbeamten ins Gespräch, der ihm von einem benachbarten Stamm, den Saras, erzählte.
»Dieser Stamm ist kräftig, intelligent und ungewöhnlich arbeitsam«, sagte der Regierungsbeamte. »Aber die Saras sind noch Heiden und stehen den Moslems feindlich gegenüber, die generationenlang ihren Stamm durch Sklavenjagden heimgesucht haben!«
Vater beschloß, die Saras aufzusuchen, und machte sich sofort auf die Reise. Er wurde nicht enttäuscht. »Ich verbrachte mehr als zwei Monate im Saraland«, schrieb Vater. »Nachts lauschte ich auf das dumpfe Trommeln in der Ferne. Meistens kamen schon vor dem Frühstück Besucher an meine Tür – oft war es der Häuptling mit seinen Dorfältesten. Sie hörten mir willig zu. ›Noch nie zuvor hat uns jemand etwas Derartiges erzählt‹, sagten sie dann. ›Du bist ein Gottesmann. Ich werde deine Worte meinen Kindern weitersagen.‹
»Bald hegte ich keinen Zweifel mehr, daß Gott uns zu diesem Stamm rief. Ich schrieb einen Bericht an die Missionsleitung in Amerika und telegrafierte: ›SARAS WARTEN‹. Sogar den Ort, wo unsere erste Station gebaut werden sollte, gab ich an.«
Die nächste Seite erzählte von dem Häuptling, der ihm ein prächtiges weißes arabisches Pferd geschenkt hatte.

»›Du bist in meine Stadt auf dem Rücken eines kleinen heidnischen Ponys gekommen, aber ich kann nicht zulassen, daß ein Diener Allahs sie auch so verläßt‹, sagte der Häuptling. Ich erwiderte, daß das Pony für mich gerade gut genug sei, aber er blieb anderer Meinung.

›Ich gebe das Pferd nicht dir, sondern Allah‹, erklärte er. ›Wenn du als Allahs Diener dich weigerst, es anzunehmen, werde ich den Befehl geben, es in den Busch zu führen und an einen Baum zu binden, damit es dort von wilden Tieren gefressen wird.‹ Daraufhin konnte ich es natürlich nicht ablehnen.«

Weiter unten hieß es:

»Könnte ich nur Gertrude an diesen Ort bringen und mit ihr gemeinsam beginnen, das Evangelium unter den Saras zu verkündigen!«

Von diesem Zeitpunkt an war mir Vaters Geschichte durch seine mündlichen Erzählungen vertraut; er war teils zu Fuß und teils zu Pferd nach Garoua zurückgekehrt und dann mit einem Flußboot den Bénoué hinabgefahren.

In Numan in Nigeria fand er endlich Briefe von seiner Gertrude vor. Monatelang war er ohne Nachricht von ihr gewesen. Nun erfuhr er, daß sie bereits in Nigeria angekommen war! Sie hielt sich in Wukari auf und wartete sehnsüchtig auf Nachricht von ihm. Es war spät am Abend des 8. Juni 1921. Mutter wollte gerade zu Bett gehen. Da hörte sie plötzlich das Knirschen von Schritten draußen auf dem Kies vor der Hütte.

Kannte sie nicht diesen Schritt? – Aber nein, es war nicht möglich! Da klopfte es.

»Wer ist da?« rief sie ängstlich.

»Ralph.«

Sie schrie auf. Zwei Jahre der Trennung waren zu Ende. –

Vater und Mutter beschlossen sofort, gemeinsam zu den Saras zurückzukehren. Bis in die Einzelheiten hinein planten sie schon den Bau der ersten Station, während sie auf den Brief von der Missionsleitung warteten, der ihnen die Erlaubnis bringen sollte, mit der Verwirklichung ihrer Pläne zu beginnen.

Endlich, nach mehreren Monaten des Wartens kam ein Telegramm aus Amerika. Es lautete: »Go to TANGANYIKA.«

Nur drei Worte. Aber diese drei Worte durchkreuzten all die Pläne meiner Eltern und gaben ihrem Leben eine andere Richtung.

Vaters Herz brach fast, weil er nicht zu dem Stamm gehen konnte, zu dem er sich gerufen fühlte. Aber er wußte um die Not des verwaisten Missionsfeldes in Tanganyika, das so viele deutsche Missionare im Ersten Weltkrieg hatten verlassen müssen und wohin sie nicht zurückkehren konnten. Schweren Herzens entschloß er sich zu gehorchen und telegrafierte seiner Missionsleitung zurück: VERSETZUNG WEGEN NOTLAGE. Er begann Pläne zu schmieden für die lange Schiffsreise von Nigeria in Westafrika nach Tanganyika in Ostafrika. Sie sollte um das Kap der Guten Hoffnung herumführen und mehrere Monate dauern.

Aber die Nöte des Sara-Stammes lasteten schwer auf ihm; er telegrafierte seinem Freund, Missionar Gunderson, der in Paris studierte: »MEINE MISSIONSLEITUNG TELEGRAFIERT: ›GEHEN SIE NACH TANGANYIKA.‹ WAS WIRD AUS DEN SARAS?« Während er mit Gertrude und dem kleinen Paul, der inzwischen geboren worden war, in Kapstadt weilte, schrieb er einen Bericht, den er an fünfzig Missionsgesellschaften in Europa und Amerika in der Hoffnung verschickte, daß wenigstens eine von ihnen ihm Beachtung schenken und bereit sein werde, eine Arbeit bei den Saras zu beginnen.

Dann reiste er mit seiner Familie weiter nach Tanganyika. Er wurde zuerst in Mashame stationiert, dann in Old Moshi, beides an den Hängen des Kilimandscharo. Hier wurde ich geboren.
Die Jahre verstrichen. Endlich war es soweit, daß Vater mit den Seinen auf Urlaub fahren konnte. Während wir uns in den Vereinigten Staaten aufhielten, entschied die Synode, daß die Augustana Church nicht gleichzeitig zwei afrikanische Missionsgebiete unterhalten könne, eines im Sudan und eines in Tanganyika. Daher sollte die Arbeit im Sudan aufgegeben werden.
Im nächsten Jahr war Vater die meiste Zeit auf Reisen, um Vorträge über seine Arbeit und seine Erfahrungen in Afrika zu halten, während die Familie in Wahoo lebte. Vergeblich wartete er die ganze Zeit auf eine Mitteilung von der Missionsleitung über seine künftige Verwendung.

In dieser Zeit leidvollen Wartens und der Ungewißheit über die Zukunft wurde Veda geboren. Nun erinnere ich mich auch der Bedeutung ihres Namens Veda Anaiah: »Ich weiß, Gott hat erhört.« Vaters Urlaub war vorbei. Er rechnete kaum noch damit, wieder nach dem Sudan und zu den Saras gerufen zu werden. Aber zu seiner Bestürzung wurde er überhaupt nicht wieder berufen, weder nach dem Sudan noch nach Tanganyika.

Ich suchte noch tiefer in dem kleinen Koffer. Ganz unten entdeckte ich etwas Seltsames und Unerwartetes: ein großes, zusammengerolltes Plakat – ein Zirkusplakat, das zwei Afrikanerinnen aus dem Land Oubangi-Chari mit ihren großen Lippenscheiben zeigte. Ja, ich erinnerte mich noch an jenen Tag in Verona, als Vater ankündigte, daß er Paul und John zum Zirkus in Springfield mitnehmen wolle. Ich wurde als zu jung angesehen, um mitzugehen. Diese mitleiderregenden Frauen waren die Hauptattraktion. Sie stammten aus dem Stamm in Westafrika, dem er so gerne gedient hätte!

Als er an demselben Tag an einem Immobilienbüro vorüberging, fiel ihm ein Anschlag in die Augen, auf dem eine 16 Hektar umfassende Obstfarm an der Blackman-Straße, im Osten der Stadt, zum Verkauf angeboten wurde.

Mein Vater sah sich die Farm an und gewann sie auf den ersten Blick lieb. Wenn er nicht in den Sudan zurückkehren könnte – und alle Türen schienen sich endgültig verschlossen zu haben –, wollte er sein Bestes tun, um hier für sich und seine Familie ein Heim zu gründen. Es gelang ihm, ein Darlehen zum Kauf der Farm zu erhalten. Im Herbst 1930 zogen wir dorthin.

Die Zeit, die nun folgte, steht mir noch sehr eindrücklich vor Augen: Es waren die Jahre der Weltwirtschaftskrise. Wie glücklich waren wir, daß wir die Farm hatten! Sie war ideal für uns Kinder. Bis zur Neige genossen wir die Freiheit, die sie uns bot: die sanften Hügel, die Wälder, die Wiesen und den großen Obstgarten. Vater trug die Bürde dieser Notjahre schweigend und ohne zu klagen, immer bestrebt, einen Weg zu finden, die Familie zu unterhalten. Er hausierte mit Büchern, und anstatt zu jammern, erzählte er uns, welche Freude es ihm bereitete, Kontakt mit der Nachbarschaft aufzunehmen, von Haustür zu Haustür . . .

Aber es kam der Tag, an dem die Leute kein Geld mehr für Bücher hatten. Vater war ratlos, wie es weitergehen sollte. Sein großer Wunsch war, in Springfield eine kleine Gemeinde zu gründen. Immer wieder schrieb er an das Sekretariat der Kirche. Aber er erhielt stets zur Antwort, daß kein Fonds da sei für ein solches Projekt.

Nach mehreren Monaten der Arbeitslosigkeit bekam er eine Anstellung bei einem Straßenbaukommando, das an der Landstraße in

Richtung Rogersville östlich unseres Wohnsitzes arbeitete. Er war froh darüber.

Eines Morgens, als er zur Arbeit fort war, erspähten wir Kinder ein funkelnagelneues Auto, das unsere Zufahrt herauffuhr. Wer mochte darin sein? Schnell brachten wir das Wohnzimmer in Ordnung. Mutter band sich eine saubere Schürze um und ging an die Tür, um unseren Besucher zu empfangen. Uns fiel sofort auf, daß er einen Stehkragen und einen feinen dunklen Anzug trug. Mutter flüsterte uns zu, daß es ein Oberkirchenrat sei. Nun würde sicherlich Großes geschehen.

»Wo ist Pfarrer Hult?« erkundigte sich der Besucher. Mutter erklärte ihm, daß wir unseren Vater nicht vor Abend zurückerwarteten.

»Aber ich habe nicht so lange Zeit«, erwiderte er. »Können Sie mir sagen, wo er arbeitet, damit ich ihn aufsuchen kann?«

Mit einigem Widerstreben erklärte Mutter, wie er auf die Landstraße nach Rogersville komme. Der Geistliche fuhr weg. Nun waren wir gewiß, daß Vater etwas Wunderbares begegnen würde.

Als Vater an diesem Abend in seinem verschlissenen blauen Arbeitsanzug zurückkam, erwarteten wir ihn schon voller Spannung. Beim Abendessen mit Brot und Specksoße erzählte er, was vorgefallen war. Als die Arbeiter beim Straßenbautrupp das schöne, große Auto sahen, rief einer von ihnen aus: »Hohes Tier!«, was zugleich bedeutete: »Alles an die Arbeit!« Das »hohe Tier« fragte den Vorarbeiter, ob er Pfarrer Hult sprechen könnte. Die Männer schauten sich an. Zum erstenmal dämmerte es ihnen, daß sie einen Geistlichen unter sich hatten. Vater trat vor.

»Ich bin Pfarrer Hult«, sagte er ruhig. Der Besucher zog ihn zur eite.

Wenige Minuten später fuhr der Wagen weg, und Vater kehrte zurück zu Spitzhacke und Schaufel. Vater blieb uns das Ende der Geschichte schuldig. Später erzählte uns Mutter, weshalb der Mann mit dem neuen Auto gekommen war. Man wollte es Vater selbst sagen, daß für die Gründung einer Gemeinde in Springfield keine Mittel vorhanden seien.

Schließlich kam es sogar so weit, daß wir nicht einmal genug Geld hatten, um Benzin für das Auto zu kaufen. Eines Abends ging mein Vater den zehn Kilometer langen Weg von der Stadt zurück zu Fuß, wobei er noch ein schweres Bündel zu tragen hatte. Es war in der

Woche vor Weihnachten, und wir starben fast vor Neugierde, was darinnen sein konnte. Aber wir mußten bis zum Weihnachtsabend warten. Von lieben Verwandten und Freunden waren für jeden von uns Pakete gekommen. Aber die weitaus größte Neugierde rief bei uns doch jenes Paket hervor, das Vater auf so geheimnisvolle Weise heimgetragen hatte.

Er zwinkerte mit den Augen, als er sich anschickte, es auszupacken, und erklärte, daß es ein einziges Geschenk für uns alle sei. Und dann kam es zum Vorschein: ein zehnbändiges, in grünem Leder gebundenes Werk, die »Junior Classics«! Er hatte es günstig angeboten gefunden, als er in einem Antiquariat herumstöberte, und statt Schleckereien hatte er dies genommen. Das Werk erhielt einen Ehrenplatz über unserem Harmonium. Wir älteren Kinder lasen diese Bücher bald von vorn bis hinten . . .

Ich riß mich von den Erinnerungen los und machte mich wieder an die Arbeit.

Hier waren einige alte Zeitungsausschnitte von der »Springfield News and Leader«. Ich mußte lächeln, als ich den ersten sah, der vom April 1936 datiert war. Er war überschrieben: »Die gesündeste Familie in Greene County«. Das abgedruckte Bild zeigte uns: vier Brüder und vier Schwestern – vier Blonde und vier Rothaarige (es war, bevor David und Mary geboren wurden) – saßen da auf einem grasbewachsenen Ufer im Fassnight Park, wo wir alle anläßlich der Jahresfeier des »Tages der Gesundheit« gekürt worden waren.

Mein Vater erbat sich von der Zeitungsredaktion ungefähr zwanzig Exemplare des Artikels, die er an seine Verwandten schickte. Ich denke, er wollte ihnen zeigen, daß wir nicht nur Haut und Knochen waren, wie sie zu glauben schienen, obwohl wir auf diesem unfruchtbaren Land großgezogen wurden. Aber das Hauptverdienst daran hatte Mutter. Dadurch, daß sie jährlich große Mengen von Obst und Gemüse einmachte, war es ihr gelungen, ihre zahlreiche Familie bei einem lächerlich kleinen Haushaltsgeld gesund zu erhalten.

Ihr größtes Kunststück bestand jedoch darin, uns mit genügend Eiweiß und Fett zu versorgen. Wir konnten uns nur ein halbes Pfund Speck pro Woche leisten. Sie machte eine ausgezeichnete Soße zu den Kartoffeln oder zum Brot, indem sie den Speck in Würfel schnitt, ihn anbriet, einen Eßlöffel Mehl dazugab und das Ganze mit kalter Milch anrührte. Unser Sonntagsessen bestand aus

Fleischklößen, die aus einem Pfund Hackfleisch, einer Zwiebel, einem Ei und zwei Tassen Brotkrumen zusammengesetzt waren.
Was die Kleidung angeht, war es einfacher. Jeder von uns hatte mindestens einen Vetter oder eine Base, die etwas älter waren, so daß es uns an Kleidungsstücken niemals mangelte. Ich trug das erstemal ein neugekauftes Kleid, als ich selbst arbeitete. Mit den Schuhen war es schwieriger bestellt, da wir so schnell aus ihnen herauswuchsen. Wenn es draußen warm war, gingen wir barfuß.
Und der andere Zeitungsausschnitt? O ja, es war ein Leitartikel der Sonntagszeitung aus dem Juli desselben Jahres. Er trug den Titel: »Widerhall afrikanischer Gesänge auf sonniger Ozarkfarm.«
Ich erinnerte mich noch des Nachmittags, als die Reporterin gekommen war, um meinen Vater zu interviewen. Wir Kinder hatten uns alle barfuß und in sauberen, aber abgetragenen Kleidern um seinen Stuhl versammelt, als er ihre Fragen beantwortete. Noch einmal las ich jenen Artikel.
In etwas überschwenglichem Zeitungsstil berichtete er von einem Mann – meinem Vater –, der auf seiner Farm in den Ozarks von Afrika träumte und das Wort des Sara-Häuptlings nie vergessen hatte: »Wir haben den Namen Allahs vernommen, aber wir wissen nicht, wie wir zu ihm sprechen sollen.« Wie gerne hätte er es sie gelehrt!
Ja, der Artikel hatte recht. Nie hatte mein Vater aufgehört, sich nach Afrika zu sehnen. In seiner sauberen Handschrift waren seine Träume auf diesen vergilbten Seiten seiner Tagebücher festgehalten.
Ich las nicht weiter. Ich legte die Bücher zurück. Aber von nun an würde ich die Dinge anders sehen. Das Erlebnis dieses Morgens gab mir einen tiefen Einblick in das Herz meines Vaters.
Zum erstenmal verstand ich, was ihn bewegt, ihm Kraft verliehen hatte. Für mich stand fest: Mein eigenes Leben mußte von der gleichen Kraft geprägt werden.
Auf meinem Schreibtisch im College hatte ich ein hölzernes Kreuz, das ihm ein westafrikanischer Häuptling geschnitzt hatte. Es war ein Erbstück. Vater hatte es stets auf seinem Schreibtisch gehabt als Mahnung an jene Tausende im Sudan, dieimmer noch darauf warteten, das Wort zu hören.
Dieses Kreuz war nun für mich mehr als ein Symbol ...
Es wurde ein Ruf zum Handeln.

Erste Schritte

Nach dem Tode meines Vaters hatte ich in einer Versammlung öffentlich gesagt, daß ich in den Missionsdienst treten wolle. Es war mir damit ernst gewesen, aber es war doch mehr eine emotionale Entscheidung, die aus dem Überwältigtsein durch die Todesnachricht erwachsen war. Nun stritten sich zwei Stimmen in mir. Je mehr ich einerseits über die Tagebücher meines Vaters nachsann, desto sicherer wurde ich, daß ich zu solch einem Dienst berufen sei. Andererseits kamen mir Zweifel über meine Eignung. War ich nicht selbst noch ein Missionsfeld? Wie konnte ich andere gewinnen, ohne selbst gewonnen zu sein?

»Man kann kein Enkelkind Gottes sein«, las ich eines Tages, »sondern nur ein Kind Gottes.« Glaube vererbt sich nicht. Jeder muß selbst den Schritt tun.

Es war nicht schwer, christlich zu sein an einer christlichen Schule. Es war oft der Weg des geringsten Widerstandes. Ein bißchen lauter beten und etwas länger, hielt den frommen Anstrich aufrecht. Aber tief versteckt lag ein krankes Herz.

In diesem Sommer fand ich Arbeit als Gemeindesekretärin an der Trinitatiskirche in Minneapolis. Hier kam ich zum erstenmal mit einem lebendigen Jugendkreis in Kontakt. Die Fröhlichkeit dieser Teenager hatte etwas Ansteckendes. Sie brachten zerlesene, mit Anmerkungen versehene Bibeln mit, während meine wohlverpackt in meinem Zimmer lag. Der Leiter des Jugendkreises war ein Schweißer aus einer Maschinenfabrik. Er sprach die kräftige Sprache des Arbeiters. Sie forderte mich heraus. Aus seinem Munde traf mich zum erstenmal das Wort von Augustin: »Wer Christus nicht über alles liebt, liebt ihn überhaupt nicht.«

Was mich überzeugte, waren die jungen Menschen, die ihr Christsein praktizierten. Sie besaßen etwas, das ich nicht besaß. Ich wurde neidisch, aber es war ein fruchtbarer Neid. Er löste eine schwere innere Krisis in mir aus. Alles, was ich bisher unter Christsein verstand, wurde in Frage gestellt, und ich erkannte, daß mein Leben auf einer christlichen Schule der Weg des geringsten Widerstandes gewesen war. Ich konnte nicht mehr fröhlich sein. Alles quälte mich in dieser Zeit.

Die Predigten, die Bibelstunden, die ich hörte, alles klagte mich an! Worte, bald 2000 Jahre vorher geschrieben, beschrieben deutlich meinen Zustand (2. Tim. 3, 2. 5. 9).

Einmal dachte ich, ein heroischer Entschluß sei die Lösung: Durch das Opfer, nach Afrika zu gehen, könnte ich mir vielleicht den inneren Frieden wieder erkaufen. Feierlich faßte ich also diesen Entschluß und begoß ihn mit Tränen des Selbstmitleids.

Es fällt mir schwer, zu beschreiben, was die Wendung brachte. Denn es geschah nichts Dramatisches, nichts, was sich beschreiben ließe. Es begann wohl mit dem Eingeständnis, daß ich mit meiner eigenen Kraft völlig am Ende war. Meine religiösen Bemühungen, vor Gott als fromm zu gelten, waren bestenfalls Klimmzüge gewesen.

Ich war blind und elend. In meiner Not streckte ich meine leeren Hände nach Gott aus. »Herr, je mehr ich kämpfe, um so leerer bin ich. Ich liebe dich nicht über alles – ich kann nicht. Nimm du den Stein aus meinem Herzen. Mach mich zu deinem Kind, und zeige mir deinen Plan für mein Leben.«

Ich merkte die Änderung zuerst daran, daß Worte, die ich früher schon oft gehört hatte, sich plötzlich mit Sinn füllten: »Ist jemand in Christus, so ist er eine neue Kreatur. Das Alte ist vergangen, siehe, es ist alles neu geworden!« Ich konnte mich auf einmal mit Menschen aus der Bibel identifizieren, die ich vorher nur betrachtet hatte wie ein Zuschauer die Schauspieler auf der Bühne.

Meine Lebensfreude kehrte zurück. Die Bibel war nun kein langweiliges Buch mehr. Was früher toter Buchstabe war, verwandelte sich zu Quellen, aus denen mir neue Kräfte zuströmten.

Da war mein Weg klar. Ich wußte auf einmal, Gott würde mich führen. Ich hatte nur immer den nächsten Schritt zu tun.

Der nächste Schritt war, meine Ausbildung auf einem College abzuschließen. Ich wählte das Augustana College in Rock Island, das auch meine Eltern besucht hatten.

Das Schulgeld mußte ich mir selbst verdienen. Einmal arbeitete ich als Verkäuferin in einer Buchhandlung. Dann wieder war ich Kell-

nerin in einem Café. Zusätzlich bügelte ich Hemden für die Theologiestudenten – 20 Pfennig pro Stück. Einmal verkaufte ich lange Unterhosen für Männer hinter dem Ladentisch eines Kaufhauses.
Im Juni 1947 stieg ich die Stufen zur Bühne in der Turnhalle des Augustana College hinauf, um mit 130 anderen Studenten zusammen mein Abschluß-Diplom in Empfang zu nehmen. Es war ein großer Tag für mich, ein Meilenstein auf der Straße in Richtung eines klaren Ziels: Afrika.
Als ich so auf dem harten Stuhl saß und wartete, bis ich an der Reihe war, dachte ich daran, daß mein Vater hier auf derselben Bühne gestanden hatte, als er so nachdrücklich um Hilfe für den Sudan warb. Die Kirche hatte den Ruf gehört. Drei Tage darauf war er zu ihrem ersten Missionar für dieses Feld ordiniert worden.
Mir fielen wieder einige Zeilen im Tagebuch meines Vaters ein, die rot unterstrichen waren; sie waren damals geschrieben, als er den Auftrag erhielt, den Sudan zu verlassen und nach Tanganyika zu gehen: »Wenn wir nicht im Sudan bleiben können, so trauen wir es Gott zu, daß er andere findet, die unseren Platz einnehmen.«
Wer sind diese andern? Sollte ich eine von ihnen sein? Wäre ich bereit, in seine Fußstapfen zu treten?
Vater war nicht lange im Sudan gewesen; aber was er dort gesehen und gehört hatte, konnte er nie vergessen. Ich dachte an den Häuptling, der meinen Vater folgendermaßen begrüßt hatte:
»Fünf Jahre lang schaue ich schon diese Straße hinauf und hinab, um zu sehen, wann der von Gott gesandte Lehrer kommt. Heute bist du gekommen.«
Ein Koran in rotem und goldenem Einband, den Vater in der »Homestead« aufbewahrt hatte, war ein Erinnerungsstück an jenes Erlebnis. Wann immer Gäste kamen, pflegte er ihn herunterzunehmen, mit Bedacht die wunderschön gefertigte Lederhülle aufzubinden und das heilige Buch des Islam aus seiner sorgfältig gearbeiteten Umhüllung herauszuholen, um es ihnen voller Stolz zu zeigen.
Er erzählte dann, wie er zu diesem kostbaren Besitz gekommen war: Nach einem Fußmarsch von vielen Tagen durch die Berge Nordkameruns kam er bei dem Lamido[1] von Rey Bouba an. Seine Träger drohten wegzulaufen. Sie zitterten vor Furcht, als sie sich den hohen Mauern der Stadt näherten, denn sie hatten viele Ge-

[1]Titel des Sultans, der eingeborene Herrscher.

schichten über den Lamido gehört, den grausamen Monarchen, der als absoluter Herrscher über seine fünfzigtausend Untergebenen regierte.
Mein Vater ließ dem Lamido mitteilen, daß er ihn besuchen und mit ihm das »Gottespalaver« halten wolle. Der Lamido empfing Vater freundlich und lud ihn ein, zehn Tage lang in seiner Stadt Rey Bouba als königlicher Gast zu bleiben.
Tag für Tag saß der Lamido da und hörte fasziniert zu, wenn mein Vater ihm Geschichten aus der Bibel erzählte und sie mit seiner Bilderrolle illustrierte.
Als der Tag der Abreise gekommen war, sagte der Lamido zu Vater: »Wenn du mir diese Geschichten in meiner eigenen Sprache besorgen kannst, zahle ich dir tausend Franken.«
Mein Vater lächelte und schüttelte den Kopf.
»Nein«, sagte er, »ich kann das Geld nicht annehmen« – es war damals viel Geld –, sondern ich will mit dir tauschen. Wenn du mir ein Exemplar deines heiligen Buches, des Korans, gibst, werde ich sehen, daß du eine Bibel in deiner eigenen Sprache bekommst.«
Der König war damit einverstanden. Das Buch, das in unserer Kindheit eine so wichtige Rolle gespielt hatte, war sein Geschenk. Es war immer ein großer Tag, wenn wir Kinder es anfassen und die kunstvoll ausgestatteten Titelseiten anschauen durften.
Der Gedanke an diesen Koran ließ mein Herz höher schlagen.
Während des Sommers 1944, als ich in Minneapolis arbeitete, hatte ich Pfarrer Gunderson besucht. Es war derselbe, an den mein Vater vor 28 Jahren nach Paris telegrafiert hatte, als er nach Tanganyika versetzt wurde. Gunderson war dem Ruf gefolgt und hatte auf eigene Verantwortung eine Missionsarbeit im Sudan begonnen, die nur von freiwilligen Spendern getragen wurde.
Er hatte mir erzählt, daß der Lamido von Rey Bouba in der Zwischenzeit gestorben war und nun sein Sohn regierte. Dieser habe erstmalig die Eröffnung einer Missionsstation in seinem Machtbereich erlaubt.
Vielleicht war dort mein Platz? Vielleicht würde ich eines Tages vor dem Sohn des Lamido stehen, mit ihm »Gottespalaver« halten und so den unerfüllten Traum meines Vaters verwirklichen?
Nach meinem Examen am College sandte ich meine Bewerbung an Herrn Gunderson. Ich bat darum, der Sudan-Mission zugeteilt zu werden, die in Kamerun unter den Stämmen, die die Stadt Rey

Bouba umgaben, arbeitete. Aber für diese Arbeit hatte ich noch manche Ausbildung nötig.
Ich schrieb mich für zwei Semester im Missionskurs des Lutherischen Bibelinstituts ein. Außer den missionstheoretischen Kursen gab es praktische Kurse in Zahnheilkunde, Krankenpflege und Erste Hilfe. Ich machte auch einen Kurs in Geburtshilfe am Ortskrankenhaus mit.
Außerdem mußte ich meine Zähne in Ordnung bringen lassen, denn im Sudan würde ich im Umkreis von tausend Kilometern keinen Zahnarzt finden.
Woche um Woche ging ich zu einem der besten Zahnärzte in ganz Minneapolis, bis er mir sagte, daß nun alles in Ordnung sei. Während der ganzen Behandlung hatte ich nicht gewagt, die Frage der Bezahlung anzuschneiden. Ich war sicher, daß sich die Rechnung auf mindestens 200 Dollar belaufen werde. Wie sollte ich sie bezahlen? Ich hatte ja nicht einmal zwanzig Dollar! Endlich bat ich ihn um die Rechnung. Er lächelte mich gütig an und sagte:
»Sie brauchen nichts zu bezahlen. Betrachten Sie bitte meine Dienstleistungen als meinen Beitrag zu Ihrer Missionsarbeit.«
Mir fehlten die Worte, um ihm zu danken.

Wochen vergingen, ohne daß ich etwas von Herrn Gunderson hörte. Dann brachte die Morgenpost einen Brief von ihm. Was für ein freudenreicher Tag! Das Komitee der Sudan-Mission hatte meine Bewerbung angenommen. Aber mein Jubel war nur von kurzer Dauer. Das Komitee wies darauf hin, daß ich zweitausend Dollar auf der Bank haben mußte, bevor ich ausreisen konnte.
Fast soviel nämlich würde ich brauchen, um mein Studienjahr in Frankreich zu finanzieren. Es wurde gewünscht, daß alle Missionare, die in Französisch-Kamerun arbeiten wollten, ein Diplom über ihre französischen Sprachkenntnisse erwarben. Auch meine Reisekosten bis zum Missionsfeld mußte ich selbst tragen. Und dann kam noch die Ausrüstung – alles, was ich brauchen würde, um in Afrika einen Haushalt einzurichten. Die Liste, die mir von der Missionsleitung ausgehändigt worden war, enthielt ungefähr dreihundert Gegenstände!
Ich war wie vor den Kopf geschlagen. Zweitausend Dollar – ein Vermögen! Es ist wahr, daß Gott Wunder getan hatte, um mich durch die Schule zu bringen ohne Schulden – aber dies!

Es war Herbst 1948. Eines Tages nahm ich meinen Bleistift und begann zu rechnen. Wenn ich sparte, konnte ich von meinem Monatsgehalt als Gemeindehelferin 25 Dollar auf die Seite legen. Aber auf diese Art würde ich zehn Jahre brauchen, um genug Geld zusammenzubekommen. Eine Freundin gab mir folgenden Rat: »Du mußt jetzt einen ersten praktischen Schritt im Glauben wagen. An der Schwelle des zweiten Schrittes wird Gott stehen.«
Ich beschloß, das zu probieren, schrieb an ein Reisebüro in New York und buchte meine Überfahrt auf der »America« für den 17. Februar. Ich mußte eine Anzahlung von 25 Dollar leisten. Das war alles, was ich besaß.
In einem Weihnachtsrundbrief berichtete ich meinen Bekannten von meinen Plänen und lud sie ein, an meiner Aussendungsfeier in der First Lutheran Church am 23. Januar teilzunehmen.
Dann erfuhr ich, was Gott tun kann. Eines Tages bat mich der Gemeindepfarrer um eine Liste der Gegenstände, die ich benötigte. Am Nachmittag sah ich dann, daß Pfarrer Berg diese Liste am Schwarzen Brett des Gemeindehauses angeschlagen hatte, wo keines seiner Gemeindemitglieder sie übersehen konnte.
Nun überschlugen sich die Ereignisse. Im Kellergeschoß der Kirche sah ich, wie Männer eifrig Holzkisten zurechtzimmerten und sie vollpackten.
Studenten des Augustana College und des Seminars, die ihren Militärdienst schon abgeleistet hatten, brachten Armeedecken, ein Feldbett und einen Schlafsack. Es waren soviel Töpfe und Pfannen da, daß sie für die Ausrüstung einer kleinen Armee ausgereicht hätten. Es fiel mir schwer, einen klaren Kopf zu behalten, zumal mir infolge der Spritzen gegen Typhus und Pocken ohnehin schon schwindlig war.
Obwohl ich nun fast zu gut ausgerüstet war, hatte ich das Problem des Fahrgeldes noch nicht gelöst. Gerade als ich begann, mir ernsthaft Sorgen darum zu machen, kam auch das Geld allmählich zusammen, hauptsächlich durch kleine Gaben. Was mich stark bewegte, war, daß die größeren Gaben immer von denjenigen kamen, die selbst nicht viel hatten. Zum Beispiel wurde mir ein Scheck über fünfundzwanzig Dollar von einer der ärmsten Witwen der Gemeinde gegeben, die nur von einer kleinen Rente lebte.
Unvergeßlich ist mir der Brief eines kleinen Jungen aus einem Erziehungsheim, den ich einmal als Gemeindehelferin besucht hatte. –

Er war erst acht Jahre alt und hatte ein Auto gestohlen. – Er schrieb: »Liebes Fräulein Hult, ich wünsche Ihnen ein glückliches neues Jahr, wenn Sie auf Ihre Reise gehen. Ich gebe Ihnen diese Gabe. Hoffentlich können Sie sie gebrauchen, weil Sie ja nach Afrika gehen.« An den Brief war mit einem Klebestreifen ein Fünfzig-Cent-Stück befestigt.
Dies würde für einige Zeit das letzte Weihnachtsfest in den Vereinigten Staaten sein. Ich beschloß, es mit Verwandten in Maplehurst, der Heimat meiner Großeltern mütterlicherseits, zu verbringen.
Eines Morgens erzählte mir meine Tante von einem schwarzen Koffer, den meine Mutter im oberen Stock abgestellt habe. Sie sagte, vielleicht fände ich dort etwas, was ich für Afrika brauchen könne. Ich setzte mich neben dem Koffer auf den Boden und machte mich daran, ihn auszupacken.
Als ich hineinschaute, fühlte ich einen Kloß in meinem Hals. Ich erkannte den Inhalt als Vaters persönliche Habseligkeiten, die man in seinem Sterbezimmer in Daressalaam gefunden hatte: Es waren die letzten Briefe von uns darunter, seine Bibel, sein Gesangbuch, ja, sogar ein aus Ebenholz geschnitzter Eierbecher und ein Serviettenring, die ihm irgend jemand geschenkt haben mußte. Und hier war sein kostbarer Spazierstock! Danach fand ich einen knielangen schwarzen Mantel, ähnlich einem Prince-Albert-Mantel. Das war Vaters »Prästerock«, die Amtstracht der schwedischen Pfarrer. Er hatte sie bei so vielen wichtigen Gelegenheiten in seinem Leben getragen: bei der Ordination, bei der Aussendung als Missionar in den Sudan, bei seiner Hochzeit. Ich sah ihn im Geiste vor mir, wie er darin auf den Kanzeln der kleinen Landkirchen stand, in denen er während der langen Jahre des Verbanntseins aus Afrika als Pfarrer diente. Mir kamen Tränen in die Augen.
Ich schaute das Gewand an. Es war gut erhalten, aber wer würde es je tragen? Der Wollstoff war ausgezeichnet. Dann kam mir ein Gedanke. Ich könnte eine Jacke daraus machen und sie bei meiner Aussendungsfeier anziehen. Sie würde für mich großen symbolischen Wert besitzen.
In der zweiten Januarhälfte kamen sechs meiner Geschwister, um der Feier beizuwohnen.
Pfarrer Berg verlas einen Gruß von Mutter aus Bolivien:
»Mein Herz ist von Dankbarkeit gegen Gott erfüllt, daß er Ingrid gerufen hat, nach dem Sudan zu gehen. Mein Mann und ich haben

lange Jahre für die Menschen dort gebetet. Deshalb erfüllt es mich mit der größten Freude, daß dieses Gebet durch den Entschluß eines unserer eigenen Kinder, dorthin zu gehen, eine Antwort gefunden hat«.
Die darauffolgenden Tage waren für mich »Wundertage«, denn eine Fülle von Geschenken ergoß sich über mich. Meine Fahrkarte nach Frankreich hatte ich schon bezahlt und außerdem noch 1700 Dollar auf meinem Bankkonto stehen. Meine Koffer und Kisten waren mit weitaus mehr als den dreihundert auf der Liste aufgeführten Gegenständen vollgepackt. Kurz darauf verließ ich Rock Island mit dem Zug. Voller Bewegung schaute ich auf all die Menschen aus unserer Gemeinde, die gekommen waren, um mir Lebewohl zu sagen. Am vergangenen Sonntag hatte ich in meiner Heimatkirche der Gemeinde zum Abschied gesagt: »Es macht mich so glücklich zu wissen, daß ihr zu Hause im Gebet die Seile haltet, wenn ich nun hinausgehe.« Geradezu bildhaft sah ich nun ein langes Seil vor mir, das mit jedem Kilometer, den der Zug zurücklegte, noch länger wurde. Das Ende dieses Seiles war in guten Händen.
Auf meinem Weg in Richtung Osten machte ich in Philadelphia Zwischenstation, um meinen ältesten Bruder Paul, seine Frau Ann und ihre kleine, krausköpfige Betsy zu besuchen. Paul war im letzten Jahr auf der Temple Universität.
Er sah mich etwas besorgt an und sagte:
»Ich freue mich, daß du nach Afrika gehen kannst, Ingrid. Ich beneide dich richtig. Wie gerne würde ich auch mitkommen.« Dann fügte er hinzu: »Aber daß du allein reist, will mir nicht recht gefallen. Ich wünschte, du hättest einen Mann.«
Ich ärgerte mich etwas darüber und antwortete, ich müsse eben ohne Mann nach Frankreich und sogar nach Afrika gehen.
»Aber erwartest du etwa, daß Gott dir einen Mann vom Himmel fallen läßt?« fragte er.
Ich erinnerte ihn sanft an Mutters Rat, den sie ihren Töchtern gegeben hatte:
»Unverheiratetsein ist besser als Verheiratetsein mit dem verkehrten Mann.«
Aber durch Pauls Bemerkung kam mir ein Gespräch mit Vater wieder in den Sinn, das wir in der »Homestead« geführt hatten.
An warmen Sonntagen pflegte er sich auf seinen Feldsessel im Hof unter die große Eiche zu setzen, und wir Kinder durften uns dann

eines nach dem andern auf den kleinen afrikanischen Schemel zu seiner Seite setzen.

Eines Sonntags sprach Vater über die Jungfrauengeburt. Er benutzte die Gelegenheit, um mir das Wunder des Lebens zu erklären. Ich muß ungefähr zehn Jahre alt gewesen sein. Ich lauschte dankbar und ruhig, als meine offenen Fragen mit gleicher Offenheit beantwortet wurden.

Und dann sagte Vater: »Ingrid, du bist nicht mehr zu jung, du kannst schon anfangen, darum zu beten, daß du den richtigen Lebenspartner findest.«

Diesen Rat habe ich nie vergessen. Schon als Heranwachsende und dann auch als College-Studentin hatte ich ihn befolgt.

Natürlich war ich auch mit jungen Männern befreundet. Aber an der Schwelle zu einer tieferen Freundschaft hatte mich bis jetzt jedesmal etwas zurückgehalten:

»Halt, das ist nicht derjenige, um den du gebetet hast. Das ist nicht dein Lebensgefährte.«

Nun fing ich an, mich zu fragen, ob ich ihn jemals finden würde. Ich war schließlich schon zweiundzwanzig Jahre alt, und die meisten meiner Freundinnen waren bereits verlobt, viele schon verheiratet.

Als die Laufplanke des Dampfers »America« an Pier 61 des North River in New York am Donnerstag, dem 17. Februar 1949, hochgezogen wurde, übermannte mich die Einsamkeit. Die Kapelle spielte. Die Leute winkten von der Pier aus. Unter ihnen machte ich einen Kopf mit dunkelbraunem, krausem Haar ausfindig. Die muntere Ann war mit der kleinen Betsy nach New York gekommen, um mich zu verabschieden. Aber sie entdeckten mich nicht in der Menge.

Das Schiff setzte sich in Bewegung. Das also war der große Augenblick, auf den ich jahrelang gewartet hatte. Aber ich kannte keinen Menschen an Bord, sondern nur die Nummer meiner Kabine in der Touristenklasse. Ich würde sie schon finden, mich dann einschließen und den Tränen freien Lauf lassen. Ich ging in den langen Korridor, um sie zu suchen. Da begegnete ich einem elegant gekleideten Bellboy, der mit seiner kleinen Glocke bimmelte und meinen Namen ausrief.

Ich folgte ihm und zupfte ihn am Ärmel. Er musterte mich einen Augenblick von oben bis unten und sagte dann:

»Wer sind Sie denn bloß? Eine Filmschauspielerin oder so etwas? Ich habe hier etwas für Sie.« Seine Arme waren voller Briefe. »Und es ist noch mehr für Sie da im Büro des Zahlmeisters!«
Er schaute mich immer noch neugierig an, bis ich erklärte: »Ich bin nur eine Missionarin, die auf dem Wege nach Paris ist und von dort nach Afrika. Vielleicht haben mir diese vielen Leute geschrieben, weil heute mein Geburtstag ist.« Ich hatte ihn in dem Hin und Her der Abreise ganz vergessen.
Mir kamen die Tränen, als ich die viele Post sah. Aber jetzt waren es Tränen der Freude. Der Brief, der mir am meisten Mut machte, kam von Pfarrer Berg; er schrieb:
»Die besten Segenswünsche zum Geburtstag! Ich habe das Gefühl, daß dies der schönste und glücklichste Geburtstag Deines Lebens ist. Dein Leben ist bisher erfüllt und fruchtbar gewesen. Aber das Beste liegt noch vor Dir: Abenteuer für Christus, sie werden größer und anders sein als Deine schönsten Träume und kühnsten Erwartungen.
Ich möchte Dir ein Wort aus der Predigt des letzten Sonntags sagen. Du erinnerst Dich sicher an das Gleichnis von den Arbeitern im Weinberg (Matth. 20). Die ersten Arbeiter waren nicht zufrieden mit ihrem Lohn und fühlten sich vom Hausvater ungerecht behandelt. Aber die anderen vertrauten ihm, als er sagte: Gehet ihr auch in den Weinberg; ich will euch geben, was recht ist. Vertraue auch Du ihm, daß er Dir geben wird, was recht ist. Er wird für Dich sorgen.«
Während das Schiff mich über den Ozean trug, begleitete mich dieser Satz ständig.

Paris und ein Prinz

Paris bedeutete für mich zunächst dämmerige Wendeltreppen mit seltsamen Gerüchen, dunkle Zimmer mit roten Vorhängen, roten Bettdecken, manchmal sogar roter Tapete. Das waren jedenfalls meine ersten Eindrücke, als ich mit einigen amerikanischen Freundinnen auf Zimmersuche ging.

Meist führte uns dieses Unterfangen ins Quartier Latin mit seinen schmalen Bürgersteigen, seinen Straßen mit Kopfsteinpflaster und grauen Häusern. Ich fühlte mich in eine Novelle von Victor Hugo versetzt. Kleine Jungen sah ich mit Baskenmützen, Holzschuhen an den Füßen und Ranzen auf dem Rücken aus der Schule kommen.

Ehe ich die Vereinigten Staaten verließ, sagte mir ein Freund, daß jeder Missionar drei Haupteigenschaften haben müsse. Erstens: Anpassungsfähigkeit, zweitens: nochmals Anpassungsfähigkeit, drittes: vor allem Anpassungsfähigkeit. Ja, die brauchte ich in den folgenden Monaten!

Die letzte Adresse auf unserer Liste war nicht weit vom Jardin du Luxembourg entfernt. Eine Ärztin wohnte hier.

Das Zimmer zu ebener Erde war heller als alle, die wir gesehen hatten. Eine Glastür führte in einen kleinen Garten, in den trotz der hohen Mauern rundum mittags einige Sonnenstrahlen fielen. Der Preis war auch annehmbar, nur 3000 Franken monatlich, damals etwa 40 Mark. Wenn ich wollte, sagte sie, könnte ich meine Mahlzeiten bei ihr einnehmen. Ich beriet mich mit meinen Freundinnen, und wir kamen überein, daß dies das ideale Zimmer für mich sei. Auch war es nicht weit zur »Alliance Française«, wo meine Französischkurse stattfanden. Ich hinterlegte die erste Monatsmiete.

Ich war nie allein. Über 100 Missionare studierten hier, und die Gemeinschaft in Christus überwand alle Grenzen.

Bald entdeckte ich, daß die Universität Paris selbst ein riesiges Missionsfeld war. Hier studierten über 60000 Studenten aus vielen Ländern und verschiedenen Kulturen.

So glücklich und reich jener Sommer in Paris war, er blieb doch nicht ohne Schatten.
Eines Nachmittags, als ich aus der Schule kam, fand ich auf dem Tisch im Flur einen Brief von Eunice. Sie teilte mir mit, daß Gus, unser jetzt fünfzehnjähriger Bruder, einen schweren Unfall erlitten hatte. Es war ein dummer Jungenstreich. Gus und seine Freunde kamen im Auto von einem Jugendtreffen in der nahen Stadt Geneseo. Es war ein warmer Sommerabend. Gus saß auf dem rechten Schutzblech, ein Freund auf dem linken, während Bob, ein anderer Freund, fuhr. An einer Stelle mußte Bob einem entgegenkommenden Wagen ausweichen. Er konnte aber nicht sehen, wie nahe er sich an einem parkenden Wagen an der rechten Straßenseite befand. Sein Vorderrad streifte ihn, und Gus' Fuß wurde dazwischengeklemmt.
Gus blickte herunter und sah seinen rechten Fuß schlaff herabhängen. Er bat seine Freunde, ihn auf den Rücksitz zu legen und schnell zur Polizeistation zu fahren. Von dort wurde er ins Krankenhaus gebracht, wo der Kampf um die Rettung seines Fußes begann.
Ein Knochenspezialist wurde hinzugezogen. Da die Arterie nicht abgetrennt war, entschied er sich, nicht gleich zu amputieren. Er wollte nichts unversucht lassen, obwohl ihm seine bessere Einsicht sagte, die Hoffnung, den Fuß zu retten, stehe eins zu tausend. Die Nachricht von dem Unfall verbreitete sich schnell unter unseren Freunden. Zwei Tage später zeigte sich ein wenig Leben in dem Fuß. Er war warm. Der Blutkreislauf hatte wieder eingesetzt. »Ein Wunder«, sagte der Chirurg, »aber wir haben eine lange Behandlung vor uns. Mehrere Operationen werden noch nötig sein.« Es war nicht abzusehen, wie lange der Krankenhausaufenthalt noch dauern und Gus pflegebedürftig sein würde.
Ich legte den Brief hin und begann zu überlegen. Das sieht Eunice ähnlich, dachte ich, während ich im Flur auf und ab ging, mir erst zu schreiben, nachdem Gus außer Gefahr war.
Aber die Arztrechnungen? Sie würden sich auf Hunderte, wenn nicht Tausende von Dollars belaufen. Eine Versicherung bestand nicht. Hatte ich ein Recht, meine Ausbildung fortzusetzen, während meine Brüder und Schwestern diese Last trugen?
Mit gutem Gewissen war dies fast unmöglich. Andererseits schien es mir auch keine Lösung zu sein, in die Staaten zurückzukehren und eine Arbeit zu suchen, um mich mit meinem Verdienst an den

Kosten zu beteiligen. Denn dann müßte ich wieder ganz von vorn anfangen. Die Reise hin und zurück würde all meine Ersparnisse aufzehren. Ich würde das Vertrauen all derer mißbrauchen, die mir meine Fahrt nach Paris durch ihre Opfer ermöglicht hatten. Was würden sie denken, wenn ich wieder zu Hause auftauchte?

Ich begann von neuem meine Wanderung von einem Ende des Flurs zum anderen. Es galt, alles genau zu durchdenken. Nein, es gab wohl keine einfache Lösung bei einer so schweren Entscheidung.

Und Mutter in Bolivien: Wie mochte sie die Lage ansehen? Sie stand in einem ähnlichen Konflikt. Würde sie heimkehren? Die vier Jahre, zu denen sie sich verpflichtet hatte, waren noch nicht zur Hälfte vorüber. Als Leiterin eines Waisenhauses hatte sie sich dort unentbehrlich gemacht.

Ich wußte, daß sie sich nicht entscheiden würde, ehe sie nicht ihre Kinder gehört hatte.

Veda sprach in unser aller Namen, als sie bald darauf an Mutter schrieb:

»Ich glaube bestimmt, daß – wenn Du gesund bist – Du noch zwei weitere Jahre in Bolivien bleiben sollst. Du brauchst nicht wegen eines Deiner Kinder zurückzukommen. Ich sage das nicht, weil wir Dich leicht entbehren können. Im Gegenteil: Wir brauchen Dich nötig. Aber die, denen Du jetzt dienst, können Dich noch weniger entbehren und brauchen Dich noch nötiger.«

Ich wußte, es war auch im Sinne der Geschwister, als ich mich entschloß, meine Studien in Paris fortzusetzen. Wir alle versuchten, so gut wir konnten, finanziell zu helfen. Gus' Unfall schloß uns noch enger denn je als Familie zusammen.

Für Gus aber wurde er zu einem inneren Wendepunkt. Bis zum Augenblick seines Unfalls war er ein vielversprechender Sportler und hoffte, seine berufliche Karriere als Baseball-Spieler zu machen. Einer der Brüder meiner Mutter, der ein großer Liga-Spieler gewesen war, ermutigte ihn dazu. Nun waren Gus' Hoffnungen zerschlagen. Er mußte neue Pläne schmieden. Gus schrieb: »Ich weiß, daß Gott einen anderen Plan für mein Leben hat, und warte, daß er ihn mir zeigt.«

Die Wochen gingen dahin. Zur Weihnachtszeit bekam ich einen Brief aus Deutschland. Er war von einem jungen Pfarrer, Walter Trobisch, der als Austauschstudent ein Jahr am Augustana Seminary studiert hatte. Während dieser Zeit hatte er an meinem Aussendungsgottesdienst in Rock Island teilgenommen und sich bei dieser Gelegenheit in die Adressenliste für meinen Rundbrief eingetragen, so wußte er, wo ich wohnte.

Inzwischen war er Vikar in Ludwigshafen am Rhein geworden. Er lud mich ein, vor meiner Ausreise nach Afrika zum Jugendkreis seiner Gemeinde zu sprechen. In meiner Heimatgemeinde in Rock Island hatte er mehrmals gepredigt. Nun bat er mich um eine Art Gegendienst. Ich verlor keine Zeit und schrieb ihm ab.

Aber dann saß ich eines Abends – es war schon Februar – in unserer Französischschule für Ausländer im Geographieunterricht. Vor uns war eine Karte von Europa aufgehängt, und mein Blick schweifte während der Stunde gedankenlos darüber hin.

Plötzlich fiel mein Blick auf Ludwigshafen. Bis dahin hatte ich mir gar nicht die Mühe gemacht zu suchen, wo es liegt. Nun entdeckte ich, daß es gar nicht weit von der französischen Grenze entfernt war. Fünf Tage Fastnachtsferien standen unmittelbar bevor. Da war es mir auf einmal klar: ich sollte nach Ludwigshafen fahren. Ich fragte noch am selben Abend telegrafisch an, und am nächsten Morgen war die Antwort da: »Willkommen!«

Es war eine seltsame Reise. Ich schüttelte während der ganzen Fahrt über mich selber den Kopf. Mir war zumute wie einem, der ins Wasser springt, ohne schwimmen zu können. Mit diesem Gefühl, das mich vom Scheitel bis zur Sohle unsicher machte, stieg ich in Ludwigshafen aus dem Zug. Ich befand mich in einer grauen Industriestadt. Immer wieder fragte ich mich: Was will ich eigentlich hier? Was würde Mutter denken? Aber jetzt konnte ich nicht mehr zurück. Richtig – da war er! Ich erinnerte mich, ihm in Amerika schon begegnet zu sein. Jetzt trug er einen Motorradanzug, der ihm das Aussehen eines Tiefseetauchers gab und ihm nicht besonders gut stand – so fand ich.

Der junge Pfarrer erklärte mir, daß er in großer Eile sei, und übergab mich seinem Freund, der mich ins Pfarrhaus bringen sollte. Dieser Empfang wirkte auf mich wie eine kalte Dusche.

Erst als ich die Wohnung von Pfarrer Kreiselmaier betrat, fühlte ich mich wohler. Seine Frau nahm mich auf wie eine Tochter. Walter Trobisch aber sah ich nicht wieder bis zum übernächsten Tag.

An diesem Abend war die Jugendversammlung, bei der ich sprechen sollte. Er übersetzte meine Ansprache aus dem Englischen,

und dieses Zusammenwirken als Team fing an, uns Freude zu machen.
Am nächsten Tag fragte er mich, ob ich Angst hätte, sein Motorrad zu besteigen. Es gelang mir nicht ganz, das Zittern in meiner Stimme zu verbergen, als ich verneinte. Ich hatte mein Lebtag noch nie auf einem Motorrad gesessen. Und noch dazu im Februar bei Kälte und strömendem Regen!
Er sagte, wir führen nach Annweiler in der Pfalz. Dort sei ein Vortragsabend der Volksmission. »Haben Sie Mut?« Ich nickte schweigend.
Frau Kreiselmaier durchsuchte die Kleiderschränke ihrer Töchter nach warmen Kleidungsstücken. Ich wurde in Pullover, zwei Jakken, Skihosen, Überschuhe und Handschuhe verpackt. Mit einem Sturzhelm auf dem Kopf stieg ich – nicht auf ein blendend weißes Märchenroß – sondern auf den Soziussitz einer 350 ccm Horex!
Vor Angst brachte ich zunächst kein Wort heraus. Die Maschine machte auch solchen Lärm, daß ich ohnehin nicht verstanden worden wäre. Erst als wir die Stadt hinter uns hatten und auf der freien Landstraße waren, begann ich mich zu entspannen, ja, es fing an, mir Spaß zu machen.
»Ich finde es großartig, mit Ihnen zu fahren!« schrie ich meinem Chauffeur ins Ohr. »Ich auch«, schrie er zurück.
Als wir Speyer hinter uns hatten, ging der Regen in Graupeln über. Die Eisstückchen stachen wie tausend Nadeln ins Gesicht. Da war alle Romantik dahin. Aber um keinen Preis der Welt wäre ich wieder umgekehrt. Nach Landau begann das Glatteis, und wir rutschten mehrmals gefährlich – miteinander. Endlich, nach 80 km Fahrt, kamen wir in Annweiler an. Die Pfarrfrau übermannte das Mitleid, als sie uns zwei zitternde, durchnäßte Gestalten vor ihrer Tür stehen sah. Wir mußten uns aus den nassen Kleidern schälen, und sie brachte ein Becken mit heißem Wasser für ein Fußbad.
Ja, da saßen wir uns nun gegenüber – im Grunde einander noch völlig fremd – in Decken gehüllt, warmen Kaffee schlürfend und die Füße im gemeinsamen Becken.
Mir war es äußerst peinlich, um einen gelinden Ausdruck zu wählen. Aber Walter – ich redete ihn nach amerikanischem Brauch mit seinem Vornamen an – schien die Situation in vollen Zügen zu genießen. Er zwinkerte mir zu und sagte: »Was würden Ihre Freunde denken, wenn sie uns hier sehen könnten?« In diesem Augenblick

erscholl von draußen die Stimme des Ortsdieners, der nach lautem Klingeln unseren Vortrag am Abend ausrief und alle Einwohner dazu einlud. Während wir noch die Füße im Wasser hatten, erfuhr ich, daß die Veranstaltung in der katholischen Kirche stattfinden werde, da die evangelische bombenbeschädigt sei. Außer uns waren noch andere Mitarbeiter da, die auch sprechen sollten: eine Ärztin, ein Landwirt, ein Arbeiter und ein Studienrat. Ich sollte ein Grußwort aus Amerika überbringen.

Ein unvergeßlicher Abend. Es war so kalt in der großen Kirche mit ihrem hohen Gewölbe, daß wir die Mäntel anbehalten mußten, während wir sprachen. Wir hatten aufmerksame Zuhörer. Endlich kam Walter an die Reihe. Ich verstand kein Wort von dem, was er sagte, denn er sprach deutsch. Aber während er auf der Kanzel stand, umgeben von lauter Heiligenstatuen, von denen er sich in seinem zerschlissenen Motorradanzug mehr als deutlich abhob, durchfuhr es mich zum erstenmal, daß er vielleicht der mir bestimmte Lebensgefährte sei. Doch ich verwarf den Gedanken sofort wieder, denn Walter entsprach so ganz und gar nicht meinem erträumten Ideal eines hochgewachsenen, blonden Schweden.

Für die Nacht wurde ich im Pfarrhaus einquartiert. Es wies viele Beschädigungen auf. Da erzählte mir meine Gastgeberin, daß in dem gleichen Zimmer, in dem wir saßen, ihre einzige Tochter durch eine amerikanische Bombe getötet worden war. Wir schwiegen gemeinsam, und ich stand demütig vor dem Wunder, das sie fähig machte, mich mit solcher Liebe zu empfangen.

Viel Schlaf fand ich nicht in dieser Nacht. Die Eindrücke waren zu stark.

Auf der Heimfahrt führten wir nur alltägliche Gespräche. Am übernächsten Tag mußte ich abreisen. Wir verabredeten uns für den nächsten Mittag. Walter erschien jedoch erst um halb fünf. Ich war so enttäuscht, daß er meine Verstimmung merkte. So kam es zu unserem ersten tieferen Gespräch.

Offen sagte ich ihm, daß ich mich fühle, als würde ich von ihm wie ein preisgekröntes Hündchen umhergeführt. Er antwortete mit derselben Offenheit: »Es gibt kein Mädchen, das ich mir mehr zur Frau wünschte als dich. Aber ich kann nicht so mir nichts, dir nichts in dein so klar vorgezeichnetes Leben einbrechen. Zunächst ist klar, daß du deine Aufgabe in Afrika hast und ich meine hier.«

Am nächsten Tag brachte mich Walter zur Bahn. Alle Möglichkeiten blieben offen, als wir uns trennten.

Bei meiner Rückkehr nach Paris fand ich gute Nachrichten vor. Gus hatte Fortschritte gemacht. Es war bei einer zweiten Operation geglückt, einen Knochen einzusetzen. So bestand Aussicht, daß er eines Tages wieder werde gehen können.

Im Frühjahr 1950 erhielt ich endlich von der Alliance Française das begehrte »Diplôme Supérieur«, das mich berechtigte, in Kamerun an einer französischen Schule zu unterrichten. Die Prüfung hatte alle meine Konzentrationsfähigkeit in Anspruch genommen, und ich war urlaubsreif.

Es zog mich nach Deutschland.

Walter fand für mich ein Zimmer im Malerhaus Rumm, das von der Witwe dieses badischen Malers als Erholungsheim eingerichtet worden war. Dort in Allemühl, im Haus »Wegwarte«, entspannte ich mich ganz, erholte mich und fand mich selbst wieder. Die sanften Höhen des Odenwalds erinnerten mich an meine Heimat, die Ozarks.

Jeden Montag, wenn er frei von seinen Pflichten war, kam mein »Prinz« aus Ludwigshafen auf seinem Motorrad und besuchte mich. Bei einem dieser Besuche erzählte er mir ausführlich seine Lebensgeschichte.

Er war in Leipzig geboren, wo seine beiden Eltern als Lehrer an einer Volksschule gearbeitet hatten. Dort verlebte er eine glückliche und unbeschwerte Jugend mit seinen beiden jüngeren Geschwistern Hertha und Klaus. Gleich nach dem Abitur wurde er 1942 eingezogen und nahm bei der bespannten Infanterie am Kriege in Rußland und Italien teil.

Er war alles andere als ein Soldat und kam sich in einer Uniform wie verkleidet vor. Ob es damit zusammenhing, daß sich vom Tage seines Eintreffens an der Front an das Blatt der Geschichte gewendet hatte, sei dahingestellt. Er hatte überhaupt nur an Rückzügen teilgenommen und war dabei dreimal verwundet worden, einmal in der Schlacht um Stalingrad, dann an der Miusfront in Südrußland und zuletzt in Italien bei Bologna.

Nach der zweiten Verwundung war er in ein Lazarett nach Wien gekommen und hatte dort halboffiziell 1943 sein Theologiestudium begonnen, zeitweise fast als einziger Student der evangelischen Fakultät. Denn für dieses Studium bekam damals kein Soldat Urlaub.

Sein letzter Einsatz war im Raum Nürnberg gewesen. Er hatte sich eine Blutblase an der Ferse gelaufen und kam deshalb nicht mehr in seinen Stiefel. So hatte er sich einen Pantoffel angezogen, den Stiefel übers Gewehr gehängt und war so ins nächstgelegene Pfarrhaus gehinkt. Dort, im Pfarrhaus von Kairlindach, wurde er dann von einem großen amerikanischen Neger, einem Hünen von Gestalt und Aussehen, gefangengenommen, der ihn aufstöberte, als er, in eine Kirchengeschichte vertieft, auf dem Sofa lag. Es war übrigens der erste Neger, den Walter je in seinem Leben sah.

Die Kirchengeschichte nahm er ins Gefangenenlager Langenzenn mit. Ungewollt diente sie als eindeutiger Beweis seiner politischen Unverdächtigkeit, und schon nach drei Wochen wurde er entlassen. Walter wanderte – weil er sich geschworen hatte, sein Lebtag nicht mehr zu marschieren – zu Fuß von Nürnberg nach Leipzig und setzte dort sein Studium fort.

Doch fand er in Leipzig die Familie nicht mehr vollzählig vor. Seine Schwester Hertha war mit achtzehn Jahren in einem Arbeitsdienstlager infolge unsachgemäßer Behandlung an Diphtherie gestorben. 1947 ging Walter nach Heidelberg, wo er ein Jahr später sein erstes theologisches Examen ablegte. Danach erhielt er ein Stipendium und kam ans Augustana Seminary in Rock Island. Dort hatten wir uns dann flüchtig kennengelernt. – Bei einem seiner Besuche zeigte mir Walter einen Tagebucheintrag aus dem Jahre 1936. Angeregt durch einen estnischen Missionar der Leipziger Mission, der der Patenonkel seiner Schwester war, hatte er über den Sinn des Lebens nachgedacht. Er hatte alle Berufszweige unter der Frage geprüft, welcher wohl den Sinn des Lebens am besten erfülle. Das Ergebnis, zu dem er gekommen war, hieß: »Der Missionarsberuf gibt dem Leben den tiefsten Sinn.«

Ich war total überrascht. Da stand es schwarz auf weiß in der ungelenken Handschrift des Dreizehnjährigen mit den zackigen gotischen Buchstaben, die zu jener Zeit noch in den deutschen Schulen gelehrt wurden. Um nicht falsche Hoffnungen in mir zu wecken, hatte Walter nicht früher davon gesprochen. Auch jetzt stellte er nüchtern fest, während er das Tagebuch schloß, daß sein Aufgabenbereich, zunächst jedenfalls, in Deutschland liege.

Ich meinerseits war genauso sicher, daß mein Aufgabenfeld in Afrika war. Wieder einmal waren wir in eine Sackgasse geraten.
In dieser Zeit der Unsicherheit und Ratlosigkeit zogen wir Pfarrer Fuchs, Walters Seelsorger, ins Vertrauen. »Ein Christ«, antwortete er einfach, »ist ein Mensch, der warten kann.«
Unter der Weisung dieses Wortes stand unser Abschied. Wir gestalteten ihn so schön wie möglich. Walter hatte von seiner Wiener Studienzeit her noch gute Freunde in Österreich. So fuhren wir auf seinem Motorrad, an das ich mich inzwischen tapfer gewöhnt hatte, auf den Lichtenberg, eine Voralpenhöhe in der Nähe des Attersees, auf die damals noch kein Weg führte. Mit einer Güterseilbahn schwebten wir hinauf und verbrachten die letzten gemeinsamen Tage auf den gastfreien Höfen dieser evangelischen Bergbauern, umgeben von der überwältigenden Schönheit der Alpenlandschaft. Wir ahnten damals nicht, daß Lichtenberg eines Tages unsere Wahlheimat werden sollte.
Im Augenblick hatten wir nur die Gewißheit einer starken und tiefen Liebe. Aber es blieb offen, wann, wo und sogar ob wir uns je wiedersehen würden.
Ich kehrte nach Paris zurück und packte meine Koffer für Afrika.

Dschungelkönigin[1]

An Bord der »Banfora«, am 11. 9.

Lieber Walter!
Endlich bin ich unterwegs nach Afrika. Eben glitt unser Schiff lautlos aus dem alten Hafen von Marseille in das ruhige Wasser des Mittelmeers. Kein Wölkchen trübt den Himmel. Ich fand einen ruhigen Fleck auf Deck hinter einem Stapel von Tauen, wo ich die See im Blickfeld habe und an Dich schreiben kann.
Die Offiziere bestimmen immer und immer wieder die Position unseres Schiffes, um zu prüfen, ob wir Kurs gehalten haben in der weglosen Weite. Die Verheißung für heute fand ich in Psalm 18, 33: »Gott rüstet mich mit Kraft.« Ich brauche diese Worte, denn ich fühle mich einsam. Ich bin die einzige Amerikanerin an Bord. Fast alle anderen Passagiere sind französische Verwaltungsbeamte, die mit Frauen und Kindern reisen, um einen Posten in Französisch-Afrika zu übernehmen. Sie sind heiter gestimmt und entschlossen, die letzten vierzehn Tage zu genießen, in denen ihnen der französische Lebensstil auf dem Schiff noch ein Stück Heimat bietet.
Ehe wir uns einschifften, machte ich einen Abstecher nach Rom. Da stand ich eines Abends auch auf der Via Appia, jener Straße, über die auch der Apostel Paulus gegangen ist, ehe er in Rom sein Leben ließ. Es war für mich ein großer Augenblick. Ich glaubte, neben mir seine Stimme zu vernehmen: »Sei in jeder Weise nüchtern, sei auch bereit zu leiden . . . sei treu in deinem Dienst« (2. Tim. 4, 5).

Auf See, 23. September

Heute ist unsere letzte Nacht auf See. Morgen werden wir in Douala anlegen. Ich verspüre ein eigenartiges Gefühl, wenn ich daran den-

[1]Dieses Kapitel enthält Auszüge der Korrespondenz zwischen Walter und mir während zweier Jahre.

ke, daß ich nun dem Lande, in das Gott mich gerufen hat, so nahe bin.
Vorige Nacht habe ich von meinem Vater geträumt. Er war ganz wirklich. Du warst auch da, und wir sprachen zu dritt miteinander. Selbst noch nach dem Erwachen spürte ich seine Gegenwart und konnte kaum glauben, daß ich nur geträumt hatte.
Ich weiß nicht, warum es Gott so gut mit mir meint, warum er mir ein solches Erbe gegeben hat – so viel Glauben, Liebe, Verstehen in meiner Familie. Und nun noch dazu die Gabe Deines Vertrauens . . . Ich kann nicht verhindern, an die Zukunft zu denken, obwohl noch alles offen ist. Ist es aber deshalb verkehrt?

Douala, den 25. September

Nun sind wir schon um die ganze große Ausbuchtung der afrikanischen Küstenlinie herumgefahren und an deren tiefstem Einschnitt angekommen. Gestern zog der majestätische Kamerun-Berg vorüber, dessen Gipfel jedoch meist in Wolken gehüllt ist. Gegen vier Uhr nachmittags landeten wir im Hafen von Douala.
Die Ankunft war verwirrend durch die Fülle der neuen Eindrücke. Im Vergleich zum geordneten Gang des Lebens auf dem Schiff, schien mir alles ungeregelt und zufällig zuzugehen. Das Herandrängen der Träger, die sich um mein Gepäck rissen, das Durcheinander bei den Zollformalitäten, das wilde Fahren der Taxis – alles brauste wie eine Flutwelle über mich hin, und ich wäre am liebsten in meine Kabine zurückgekehrt, um mich in ihre Geborgenheit, Sauberkeit und Ordnung zu flüchten.
In einem alten, großen Holzhaus wurde ich untergebracht, das schon vor dem Ersten Weltkrieg von der Basler Mission erbaut worden war und jetzt der Pariser Mission gehört. Grau und wenig einladend war mein Zimmer. Draußen brach die afrikanische Nacht herein, und ich fühlte mich grenzenlos allein. Ich ging auf der Holzveranda hin und her und horchte auf die fremden neuen Laute und fürchtete mich.

Doch plötzlich wußte ich – ich war nicht allein. Jesus war da – ganz nah. Mein Herz war frei von dieser Last. Ich konnte ihn loben und ihm danken.

Ludwigshafen, 8. 10.

Liebe Dschungelkönigin!

Es war ein großes Abenteuer, mit Dir zusammen zu sein. Aber es ist wohl ein noch größeres Abenteuer, Dich ziehen zu lassen, Dir Dein eigenes Leben zu gewähren und Dich durch diese Prüfungszeit zu begleiten, in der wir beide lernen müssen, zu glauben ohne zu sehen.

Der Glaube ist ein Wagnis auf Gott. Das Leben ist ein Wagnis auf Gott. Die Liebe ist ein Wagnis auf Gott. Alles, was wir jetzt erleiden, wird Gott eines Tages benutzen. Nichts wird umsonst sein. Das lange Dunkel, das uns jetzt umgibt, wird sich eines Tages aufhellen. Diese Periode der Trennung, der gewissen Ungewißheit, des Blindfluges in der gleichen Richtung wird eines Tages unserem Zeugnis Gewicht verleihen und das Wiedersehen um so schöner machen.

Douala, den 19. Oktober

Für jedes Wort Deines letzten Briefes danke ich Dir. Ich hatte ganz vergessen, daß ich eine Dschungelkönigin bin! Das Moskitonetz über meinem Bett wurde mir plötzlich zum Baldachin über einem Thron, die üppige tropische Vegetation vor dem Fenster zum Schloßpark und das Rauschen des Regens zur Festmusik. Nun fehlt mir nur noch der Prinz, der sich mit mir an aller Schönheit freut! –

Douala, den 23. Oktober

Naß und grau ist diese Stadt. Seitdem ich hier bin, regnet es unaufhörlich. Es gibt Stunden, wo es aus den Himmeln stürzt wie ein Wasserfall. Die Dächer und Straßen glänzen vor Nässe, und den ganzen Tag herrschte ein fahles Dämmerlicht unter der tiefhängenden Wolkendecke. Fast sehnt man sich nach der Nacht, wenn die elektrische Straßenbeleuchtung angeht. Ein erleuchtetes Schaufenster ist wie eine Oase in der Eintönigkeit der grau verhangenen Stadt.

Meine Stimmung war gerade auf dem Tiefstpunkt, als ich Nachricht von Herrn Okland erhielt, daß er mich mit dem Missionslastwagen in der Hauptstadt Yaoundé abholen will. Wegen der schweren Regengüsse, die die Straßen unpassierbar gemacht haben, kann er jedoch nicht vor Ende des Monats kommen. Nach dem 300 km entfernten Yaoundé führt die einzige Eisenbahnlinie des Landes, die teilweise noch vor dem Ersten Weltkrieg unter der deutschen Kolonialherrschaft erbaut wurde. Aber die Niederschläge haben einen Erdrutsch verursacht, so daß sie zur Zeit unterbrochen ist. Neulich neckte mich jemand beim Frühstück: »Ingrid, beeile dich und mach dich fertig! Dein Zug geht nächsten Monat!« – Ja, es stimmt schon: Ein Christ ist ein Mensch, der warten kann . . .

Im Zug Douala Yaoundé, den 28. Oktober

Endlich bin ich unterwegs. Entschuldige die Schrift, aber der Zug schwankt und stößt. Zum erstenmal in meinem Leben fahre ich »erster Klasse«. Es ist der Wagen gleich hinter der Lokomotive, der diese stolze Bezeichnung trägt. An jedem Platz ist ein Tisch, und mittags werden sogar Speisen serviert. Wegen des höheren Fahrpreises wird er vor allem von Europäern benutzt oder von jener gehobenen Schicht, die man schon an der westlichen Kleidung erkennt und die gut französisch spricht. In diesem Land scheinen die Gebildeten auch gleichzeitig die Wohlhabenden zu sein.

Der Zug braucht den ganzen Tag, um die dreihundert Kilometer zurückzulegen. Mühsam und geduldig schnauft er durch viele Tunnel und über gewagte Brücken die Schneise entlang, die ihm der eingleisige Schienenstrang durch den Urwald bahnt. Rechts und links steht die grüne, undurchdringliche Wand. Dann gibt es wieder für Sekunden atemberaubende Ausblicke. Allmählich werden die Bäume schon etwas lichter, und wir klettern auf das Plateau von Yaoundé hinauf.

Von dort aus soll die Reise dann per Lastwagen weitergehen nach Norden. Nach etwa 600 km Fahrt werden wir in Garoua-Boulai den Südrand unseres Missionsfeldes erreicht haben und wahrscheinlich ein paar Tage ausruhen, ehe wir zur letzten Etappe nach Poli aufbrechen.

Garoua-Boulai, am 6. November

Die erste Station des Gebietes, für das unsere Mission verantwortlich ist, ist erreicht. Du mußt es Dir etwa 200 km breit und 700 km lang vorstellen. Zwei Drittel davon liegen südlich von der Stadt Ngaoundéré, die Du auf der Karte findest. Poli, mein Reiseziel, liegt noch 200 km nördlich davon und ist überhaupt unsere nördlichste Station.

Der Empfang hier in Garoua-Boulai war herzlich. Wie froh war ich, als nach zwei Tagen Rüttelei im Lastwagen der kleine Wegweiser zur Missionsstation am Straßenrand auftauchte. Hier ist die Schule für die Kinder der Missionare. Sie umringten unseren Wagen mit ihren Hauseltern und der Lehrerin, noch ehe ich aussteigen konnte. »Willkommen in unserer Familie« stand auf meiner Tischkarte.
Das Haus, in dem wir wohnen, ist aus getrocknetem Lehm gebaut und hat ein Strohdach. Die festgestampften Lehmböden sind mit Bambusmatten bedeckt, die weiß getünchten Wände mit Bildern geschmückt. So ist es recht wohnlich. Wir haben sogar eine Badewanne aus einem in der Mitte durchgesägten Ölbehälter, der mit weißer Emaillefarbe gestrichen wurde. Die andere Hälfte, auf eine Kiste gestellt, dient als Abwaschtisch in der Küche.
Am Sonntag sagte ich meine erste Gruß-Botschaft in der afrikanischen Kirche. Die kleine grasbedeckte Kapelle war überfüllt. Ich erzählte von meinem Vater, seiner Reise durch dieses Land und seinem Wunsch, wieder zurückzukehren. Ich sprach davon, wie es ihm verwehrt wurde und wie er starb, und daß ich nun gekommen sei, sein Werk weiterzuführen.

Garoua-Boulai, den 15. November

Gestern abend konnte ich nicht einschlafen. Etwas Unbeschreibliches lag in der Luft. Zum Glück war ich nicht allein im Zimmer. Laura Burton, unsere Krankenschwester, teilte es mit mir.
Plötzlich hörten wir Geschrei und Rufe im nahen Dorf. Ein paar Minuten später klopfte es an unsere Tür. Zwei Männer baten Laura, einen Mann zu untersuchen, den sie für tot hielten. Sie ergriff mit großer Selbstverständlichkeit, als gehörten solche nächtlichen Besuche zu ihrem Alltag, die Medikamententasche und ging mit.
Bei ihrer Rückkehr erfuhr ich, was geschehen war. Ein junger Mann, der ganz gesund zu sein schien, war plötzlich ohne jede äußerlich sichtbare Ursache tot umgefallen. Schreiende Menschen füllten die Hütte, in der er lag. Man glaubte, daß er einem Zauber zum Opfer gefallen sei. Gleichzeitig mit Laura, die den Tod feststellen sollte, hatte man nach dem Medizinmann geschickt. Dieser sollte ermitteln, durch wessen Zauber das Unglück hervorgerufen worden sei. Laura fürchtete aufgrund ihrer Erfahrung, daß noch mehrere Todesfälle folgen würden. Dies war meine erste Begegnung mit der Unheimlichkeit einer afrikanischen Nacht. Die Macht

des Dämonischen war fast handgreiflich spürbar. Furchtbar ist die Tatsache, daß es sich bei diesem Feind nicht um etwas Dingliches handelt, das zu treffen wäre. Er weicht jedem Zustoß aus und ruft dadurch das Gefühl totaler Ohnmacht hervor.

Wir trösteten uns gegenseitig damit, daß noch niemals ein Licht von der Finsternis zum Erlöschen gebracht wurde, ja, daß es um so heller leuchtet, je größer die Finsternis ist.

Wie anders ist hier alles als im Süden Kameruns, wo das Evangelium schon drei Generationen geprägt hat. Nie hätte ich gedacht, daß der Unterschied so spürbar ist.

Verschwunden sind auch die romantischen Palmen, das üppige Grün des Regenwaldes. Hier ist Steppe, dürres Land, das nach Wasser lechzt. Lebenswichtig ist, sich hier einen Sinn für Schönheit im Herzen zu bewahren; denn das Auge sieht wenig davon. Briefe bedeuten daher hier mehr als daheim. Sie sind eine große Hilfe, um das innere Gleichgewicht zu wahren.

Poli, am 16. November

Nach einer Woche Rast in Garoua-Boulai sind wir nun nach Poli aufgebrochen, wo ich bleiben werde. Wir mußten fast unser ganzes Missionsfeld in seiner Länge von Süden nach Norden durchqueren. Diese letzte Etappe der Reise war landschaftlich besonders reizvoll. Eine Autostunde hinter Ngaoundéré endete das Plateau, und die Straße führte auf halsbrecherischen Serpentinen in die Tiefe. Der Blick konnte über die weite Ebene schweifen, die sich bis hin zur Sahara erstreckt. Poli befindet sich etwa 1000 km südlich vom Tschadsee.

Jeder Hügel, jedes Dorf, das wir berührten, hatte eine besondere Bedeutung für mich, weil wir auf derselben Straße fuhren, auf der mein Vater vor zwanzig Jahren gewandert war. Du hättest den Freudentanz der Afrikaner sehen sollen, als unser vollbeladener Pick-up[2] an meinem Ziel in Poli einlief. Der erste, der mich begrüßte, war Samuel, ein Sara. Du erinnerst Dich, gerade der Stamm der Sara hatte meinem Vater so sehr am Herzen gelegen!

Er sagte immerzu: »Sanu, Sanu!«, was in Fulani zugleich Gruß und Dank bedeutet. Harriet Stovner, die mit mir in Paris studiert hatte, begrüßte mich als Mitarbeiterin.

[2] Kleiner Lastkraftwagen.

Wir lernen nun, einen Haushalt auf afrikanische Art zu führen. Das Wasser muß vom Fluß heraufgeholt, abgekocht und gefiltert werden, ehe wir es trinken können. Wir feuern mit Holz, aber ein Boy muß es einige Kilometer weit im Wald hauen und dann auf dem Kopf heimtragen. Abends müssen wir Petroleumlampen füllen und Moskitonetze spannen.

Poli, den 10. Januar

Glaubst Du wirklich, daß es wahr ist, was Du mir einmal sagtest: »Alles Getrennte findet sich wieder«? Das Erleiden der Trennung geht bei mir allmählich über in einen akuten Schmerz.
Ich verstehe so gut, wie es meinem Vater zumute gewesen sein muß, als er bei seiner Erkundungsreise durch Nigeria und Nordkamerun so lange fern von Mutter war.
Aber auch in diesem Leid gibt es etwas Schönes: Die Empfindung, sich nicht selbst genug, sondern von ganzem Herzen offen und voll Sehnsucht zu sein.

Ludwigshafen, den 10. Januar

Ich stürze mich in die Arbeit. Das macht die Trennung leichter. Du hast sicher mehr Zeit zum Nachdenken als ich, mehr Einsamkeit und Stille. Gerade deshalb scheue ich mich, das große Thema anzurühren. Mache ich es Dir leichter oder schwerer damit? Aber ich muß Dir schon gestehen, daß der leere Soziussitz mir allmählich auf die Nerven geht.
Ich bin stolz auf Dich, meine Dschungelkönigin. Es gibt hier nicht viele junge Mädchen, die sich in Deinem Alter mutterseelenallein in den afrikanischen Busch begeben würden, geschweige denn Mütter, die ihre Töchter mit zweiundzwanzig Jahren allein auf eine Weltreise gehen ließen.
So uneingeschränkt und zusammenhanglos darf man den Satz »Alles Getrennte findet sich wieder« sicher nicht stehen lassen. Dennoch enthält er eine Wahrheit. Gewiß kann Gott alles, was gegen seinen Willen getrennt und auseinandergerissen wurde, wieder vereinen. Freilich geschieht das oft auf ganz andere Weise, als wir es uns vorstellen, und zu einem anderen Zeitpunkt, als wir es uns wünschen. Was uns beide anbetrifft, so können wir uns nur an das heutige Losungswort halten: »Was bei Menschen unmöglich ist, das ist bei Gott möglich« (Luk. 18, 27).

Poli, den 6. März

Meine Zeit in Poli geht ihrem Ende entgegen. Es war eine glückliche Zeit. Ich habe die Fulanisprache erlernt und kann nun mit den Menschen sprechen. Wer nur durch ein Land reist, ohne die Sprache seiner Bewohner zu kennen, sollte eigentlich nie ein Wort über sie sagen oder schreiben. Langsam öffnen sich mir ihre Herzen, und ich erfahre ihre Freuden und Nöte. Doch je mehr ich verstehe, um so mehr Fragen tauchen auf, um so mehr erschrecke ich vor der Größe und Unermeßlichkeit unserer Aufgabe.

Mit Harriet und einem Missionars-Ehepaar unternahmen wir oft Reisen durch die umliegenden Dörfer. Diese Begegnungen mit den gespannt und geduldig lauschenden Menschen waren die Krönung meiner Zeit in Poli. Dein Tagebuch hat schon recht: Missionarin sein ist der schönste Beruf.

Nun aber fahren Johnsons auf Urlaub, und man will uns zwei ledige junge Damen doch nicht allein hier in der Wildnis lassen, 400 km von der nächsten Station entfernt. Ich soll im Waisenhaus in Meiganga mithelfen und freue mich darauf, dieselbe Arbeit verrichten zu dürfen, die Mutter in Bolivien jetzt tut.

Meiganga, den 30. März

Das letzte Kind liegt im Bett, und nun habe ich »den Weg frei«, wie man auf Fulani sagen würde, und kann Dir schreiben. Wir beherbergen hier fünfunddreißig mutterlose Kinder, die an Unterernährung gestorben wären, hätten wir sie nicht aufgenommen. In den Dörfern sind sie ja völlig auf die Muttermilch angewiesen. Beim Essen sitzen sie auf dem Erdboden um eine Schüssel mit Maismus herum, das sie mit ihren Fingern herausholen und dann in eine andere Schüssel mit Fleischsauce tauchen. Die Kleinen erinnern mich an pickende Vögel. Sie sperren fast automatisch ihre Schnäbelchen auf, wenn Nahrung in Sicht ist.

Missionsarbeit heißt nicht nur, unter einem Baum stehen und predigen. Es heißt schlichte Alltagsarbeit verrichten und den ganzen Tag lang bereit sein, seine Mitmenschen zu lieben. Aber auch diesen Dienst werde ich nicht mehr lange tun. Ich bin inzwischen gebeten worden, den Unterricht für die Kinder der Missionare zu übernehmen und werde also an den Südrand unseres Missionsfeldes nach Garoua-Boulai übersiedeln. Es wird alle Kraft kosten. Ich werde dreizehn Schüler in sechs verschiedenen Schuljahren haben. Das

heißt, daß ich täglich dreißig Fächer vorbereiten und unterrichten muß. Dennoch freue ich mich darauf, denn es ist eine Arbeit für die Zukunft.
Neulich traf eine Nachricht ein, die mich besonders bewegt hat. Man hat unserer Mission die Erlaubnis gegeben, im Gebiet von Rey Bouba, eine Station zu errichten. Da der Lamido von Rey Bouba, den mein Vater besucht hatte, sich im Ersten Weltkrieg auf die Seite der Franzosen schlug, räumten sie ihm Sonderrechte ein und versprachen, in seinem Gebiet keinen Verwaltungsposten zu errichten.
Aber nun ist der alte Lamido gestorben, und für seinen Sohn gelten die Sonderrechte nicht mehr. In dem Dorf Tcholliré wurde ein »Chef der Subdivision« stationiert, und – so geht es auch heute noch – der Kolonialverwaltung folgt getreulich die Mission auf dem Fuße. Das ist uns zwar nicht lieb, und sicher wird es eines Tages Konflikte geben. Aber sollen wir darum diese einmalige Chance ungenutzt lassen? Wie schön wäre es gewesen, wenn mein Vater dort hätte anfangen dürfen, und wenn das Evangelium die Menschen, unbelastet von Mißverständnissen und kolonialistischen Absichten, hätte erreichen können.
Aber wir können das Rad der Geschichte nicht zurückdrehen. Was uns Sorge macht, ist die Frage: Wer soll hingehen nach Tcholliré? Das ist bei allen das große Gesprächsthema. Wir haben ohnehin zu wenig Missionare, um alle vorhandenen Stationen zu besetzen. Und nun noch eine neue eröffnen? Die Tür ist offen nach Rey Bouba, aber es ist buchstäblich niemand da, der durch sie gehen kann. Was denkst Du? Ob wir zusammen dort beginnen könnten?

Ludwigshafen, den 8. Juni

Dein Brief hat mich sehr bewegt. Meine Vikariatszeit ist um, und ich habe mich entschlossen, ein »freies« Jahr ohne Gehalt zu verbringen, um so für Dienste zur Verfügung zu stehen, für die sonst niemand Zeit hat. Ich denke vor allem an Jugendlager und Freizeiten. Aber ich möchte auf diese Weise auch noch Zeit gewinnen, um zu überlegen, wo ich mich binden soll fürs Leben.
Nie ist es schwerer, die Weisung Gottes zu erkennen, als wenn man verliebt ist. Es ist, wie wenn ein Magnet die Kompaßnadel von der Richtung abbringt. Es geht nicht ohne einen Dritten als Ratgeber.
Pfarrer Fuchs riet mir neulich, die Frage einmal anders zu stellen.

Anstatt zu fragen: Warum soll ich das und das tun?, die Frage zu stellen: Warum soll ich es eigentlich nicht tun?
Ja, siehst Du, und da kam mir nun absolut kein stichhaltiger Grund, nicht zur Mission zu gehen. So habe ich an Deine Missionsleitung geschrieben. Wenn Gott es anders will, wird es klar werden.

Garoua-Boulai, den 31. August

Deine Dschungelkönigin steht hinter einer großen leeren Überseekiste, die ihr als Lehrerpult dient. Die Bänke sind aus afrikanischem Holz gezimmert. So ist diese ganze Schule zusammengebastelt. Nur die Bücher kommen aus Amerika.
Mein Kopf brummt, nachdem ich einen Stundenplan für dreißig Fächer aufgestellt habe. Für zwei Kinder im neunten Schuljahr sind auch Mathematik, Naturwissenschaften, Französisch und Geschichte dabei. Der Unterricht dauert von 8 Uhr morgens bis 5 Uhr nachmittags. Dann beginne ich die Vorbereitung für den nächsten Tag. Du kannst Dir ausrechnen, wieviel Zeit mir bleibt, um an meinen Prinzen zu schreiben.

Garoua-Boulai, den 14. Oktober

Dies ist ein Tag wie viele andere. Ich muß es mir immer wieder einreden, daß es unser heimlicher Verlobungstag sein soll. Mein Herz ist leicht – und doch schwer in Anbetracht der Tausende von Kilometern, die uns trennen.
Mittags fiel uns eine Eidechse in den Büffelbraten, so daß er ungenießbar wurde. Wir mußten uns mit Brot und Guaven als Sonntagsessen begnügen und werden den Schmaus ein andermal nachholen.
Du mußt mir versprechen, daß wir noch einmal richtig Verlobung feiern. Zur Not müssen wir sie eben nach der Hochzeit nachholen.
Abends ging ich unter den Apfelsinenbäumen spazieren und sog deren würzigen Duft ein. Das Mondlicht verwandelte die Station in ein Märchenland. Aber den dazugehörigen Märchenprinzen konnte es nicht hervorzaubern.
Als ich heimkam, sah Magda Pedersen, bei der ich wohne, mein verweintes Gesicht. Ich platzte heraus: Heute ist mein Verlobungstag! Die gute Magda, sie verstand mich! »In Dänemark«, sagte sie,

»würden wir jetzt ein Glas Wein trinken. Aber da wir keinen haben – wie wär's mit einem Glas Milch?«

Dann setzten wir uns unter unser Strohdach und feierten Verlobung bei Milch und Mondschein.

Daraufhin las ich einen Brief meiner Mutter: »Ich bin sehr glücklich an diesem 14. Oktober und erbitte Gottes Segen für Euer beider Leben. Möge er Euch bald zusammenführen, so daß Ihr miteinander die Frohe Botschaft verkündigen könnt.«

Garoua-Boulai, den 10. Januar

Vielen Dank für Deinen wunderbaren Brief. Dein Vorschlag, zur Hochzeit nach Deutschland zu kommen, nimmt mir fast den Atem. Aber: Warum nicht?

Ich kann mir vorstellen, was das für Deine Eltern bedeuten würde, vor allem weil sie ihre einzige Tochter im Kriege verloren haben. Durch unsere Heirat wird ihnen nun eine Tochter zurückgegeben.

Ja, die Ehe ist ein Wagnis, ein Sprung ins Unbekannte. Aber je mehr wir auf Gott wagen, je mehr wir uns von sicheren Ufern entfernen, um so reicher wird unser Leben, um so größer die Freude.

Auch ich fühle mich in großer Harmonie mit Dir – wie die Töne zweier entfernter Glocken zusammenstimmen und einander ergänzen.

Garoua-Boulai, den 17. Februar

Nun steht das Datum für die Hochzeit fest: der 2. Juni 1952, Deiner Mutter Geburtstag und der dreißigste Hochzeitstag Deiner Eltern. Ich habe Urlaub erhalten. Am 9. Mai ist das Schuljahr beendet, und am 11. Mai werde ich von Ngaoundéré abfliegen, dem größten Abenteuer meines Lebens entgegen: die Frau zu werden von Walter Trobisch.

Eine Hochzeit, ein Triumphbogen und eine Ruine aus Lehm

Sobald das Datum unseres Hochzeitstages feststand, kamen die Dinge in Fluß. Briefe aus Südamerika, den Vereinigten Staaten und Deutschland fanden ihren Weg in mein kleines Buschdorf.
Als erste schrieb meine Mutter aus Arica in Chile. Ihre vier Jahre in Bolivien waren um. Sie war bereits auf dem Wege nach Santiago, um von dort aus mit dem Schiff nach Nordamerika zu fahren.
Ihr letztes Jahr in La Paz war sehr einsam gewesen. Zum erstenmal in ihrem Leben war sie ohne Kinder. Mary hatte sie verlassen, um in den USA die höhere Schule zu besuchen. Ein Jahr später war ihr auch der zwölfjährige David gefolgt.
In den vergangenen vier Jahren hatte Mutter bei vielen Familienereignissen abwesend sein müssen. John und Eunice hatten geheiratet, und Paul hatte sein Studium an der Temple-Universität abgeschlossen. Als verheirateter Student mit zwei Kindern war das für ihn nicht leicht gewesen. Aber mit Hilfe seiner tapferen Frau Ann hatte er sein Ziel erreicht.
Es lohnt sich, einmal festzustellen, was in einem einzigen Monat, im Juni 1949, alles geschehen war. John beendete sein Studium an der Washington-Universität in St. Louis; ich erhielt mein Diplom in Paris; Veda schloß ihre Ausbildung als Krankenschwester im Diakonissenhaus in Omaha ab; Carl bestand die Abschlußprüfung an der Lutheroberschule; und Gus beendete das achte Schuljahr.
Veda war nach Gus' Unfall im Juli 1949 von Omaha nach Rock Island gezogen und verdiente ihren Unterhalt als Krankenschwester. Nebenbei nahm sie Kurse am Augustana College und bereitete sich auf den »Bachelor of Science« vor. Sie mietete eine Wohnung in einer Villa, um dort ein Heim für ihre jüngeren Geschwister zu schaffen.
Zunächst wohnten nur Gus und Mary bei ihr. Später kam Martha

hinzu, die ebenfalls ihre Ausbildung als Krankenschwester begann. Schließlich tauchte Carl auf, der sich am Augustana College einschrieb. Schon meinte die Hausbesitzerin, die dem nicht endenwollenden Wachstum der Mieterfamilie besorgt zusah, aufatmen zu können, als David aus Bolivien eintraf, um eine höhere Schule zu besuchen. Schließlich kam Weihnachten 1951 noch Mutter. Zum Glück war das Herz der Wirtin so groß und weit wie ihr Haus, und sie fand eine Schlafmöglichkeit für alle. Es war nun ein besonders glücklicher Umstand, daß John als Arzt der amerikanischen Armee nach Deutschland versetzt worden war. Er lebte mit seiner Frau Luise und zwei Kindern in München. Als er hörte, daß ich in Deutschland heiraten wollte, lud er Mutter ein und bezahlte ihr die Reise. Nun konnte ich erst recht den Abreisetag kaum mehr erwarten. Aber der 9. Mai kam nur langsam heran. Jetzt war erst Januar, der trockenste und heißeste Monat des Jahres. Im vorigen Sommer hatte ich eine schwere Gelbsucht gehabt, und seitdem war mir eine gewisse Müdigkeit und Lustlosigkeit geblieben. Es gab Tage, an denen ich so schwach war, daß ich kaum meinen Arm hochheben konnte. Kraftlos saß ich oft vor meinem übervollen Stundenplan. Über meinem Schreibtisch hing das Wort: »Wie dein Tag, so wird auch deine Kraft sein.« Ich las es jeden Morgen, holte tief Atem und fing mit der Arbeit an. Nach einem langen Tag im Klassenzimmer stahl ich mich oft hinunter in eine schattige Talsenke zu einer Quelle. Dort in der Frische und Kühle schöpfte ich neue Kraft. Am Abend aber kam meine reinste Freudenstunde. Ich saß an meiner kleinen, tragbaren Nähmaschine und drehte mit der Hand das Rad, um mein Brautkleid zu nähen. Jedem Stich gab ich Träume und Gebete für die Zukunft mit.

Endlich kam der Tag des Wiedersehens. Am 15. Mai saß ich im Zug Paris-Kaiserslautern, wo mich Walter erwartete. In wenigen Stunden würde ich nun nach fast zweijähriger Trennung dem Menschen begegnen, mit dem ich mein ganzes Leben teilen sollte. In meinem Herzen sang und sprang eine Melodie von unbändiger Freude, zu der eine leise Angst einen dunklen, aber dazugehörigen Kontrapunkt bildete. Als der Zug einfuhr und ich durchs Fenster blickte, verschwamm alles vor meinen Augen. Motorradanzug, offene Arme, rote Rosen. Es war ein unbeschreiblicher Augenblick. Nach einer Fahrt auf dem bekannten Trobisch-Motorrad gelangten wir spät abends zur Wohnung von Pfarrer Fuchs in Mannheim. Die Hautcreme, mit der ich als Schutz gegen den Wind mein Gesicht eingerieben hatte, war ein ausgezeichneter Staubfänger gewesen, und man glaubte mir, daß ich aus dem Schwarzen Erdteil kam.

Eine Umrißskizze von Afrika hing an der Wohnungstür. »Herzlich willkommen« war quer darüber geschrieben. Als erste schlang Mutter die Arme um mich. Vor fünf Jahren hatten wir uns zum letztenmal gesehen. Dann folgte die herzliche Umarmung meines Bruders John. Keines der anderen Geschwister konnte bei unserem Fest anwesend sein. Aber dafür waren Walters Eltern aus Mitteldeutschland gekommen. Ihre Reisepapiere waren für sie wesentlich schwerer zu erlangen gewesen als die für meine interkontinentale Reise. Dabei waren sie nur von einem Teil Deutschlands in den anderen gefahren. Vor wenigen Tagen waren wir alle noch mehrere tausend Kilometer voneinander getrennt gewesen. Und nun saßen wir uns gegenüber. Es war unfaßlich.

Mit den Unterlagen, die zur Eheschließung nötig waren, hatte Walter indessen seine liebe Not gehabt. Das Standesamt in Ludwigshafen verschlang viel Zeit, viel Geld und viel Papier. Es war aber auch ein komplizierter Fall: Meine Urkunden waren natürlich alle auf Englisch ausgestellt. Ich befand mich aber im damaligen Kamerun auf französischem Gebiet, außerdem gehörte Ludwigshafen damals noch zur französischen Besatzungszone. Wir brauchten fast für alle Papiere zwei beglaubigte Übersetzungen. Die Beamten hatten es nicht einfach mit uns.

»Ihre Frau ist also Amerikanerin.« – »Ja.« – »Wo ist sie denn geboren?« – »In Tanganyika.« – »Ist das einer der Vereinigten Staaten?« – »Nein, das liegt in Ostafrika.« – »Ist sie eine Schwarze?« – »Nein, ihre Großeltern sind ja aus Schweden nach Amerika eingewandert.« – »Ach so. Ja, wo wohnt sie denn da zur Zeit?« – »In Kamerun.« – »Wo liegt denn das nun wieder?« – »In Westafrika.« – »Wo befindet sich nun die Mutter Ihrer Braut, in Schweden, Amerika oder Afrika?« – »In Bolivien, in Südamerika.« Der Beamte seufzte. »Wie heißt sie denn?« – »Gertrude L. Hult.« – »Was heißt L.?« – Walter wußte es nicht. »Ja, dann können Sie die Heiratsgenehmigung nicht bekommen. Abkürzungen sind in Deutschland nicht erlaubt.« Es half nichts. Walter mußte extra einen Brief schreiben und fand auf diese Weise heraus, daß seine künftige Schwiegermutter »Leona« hieß – die Löwin.

Damit war das letzte Hindernis zur Eheschließung beseitigt. Am 30. Mai fand die standesamtliche Trauung in Ludwigshafen statt und am 2. Juni die kirchliche Trauung in der Christuskirche in Mannheim.

Es war ein wirklicher Festtag. Pfarrer Fuchs hielt uns die Traurede über Jesaja 12, 3: »Ihr werdet mit Freuden Wasser schöpfen aus dem Heilsbrunnen.« Beim Ringwechsel steckte er uns, wie es üblich ist, die Ringe an die rechte Hand. Als wir dann aber die Glückwünsche der vierhundert Gäste aus Frankreich, Amerika und den verschiedenen Teilen Deutschlands entgegengenommen und viele herzliche Händedrücke ausgetauscht hatten, taten uns wegen der ungewohnten Ringe die Hände weh. Später beschlossen wir, sie wieder am linken Ringfinger zu tragen, wie es nach Trauung in meinem Heimatland üblich ist.

Unser Hochzeitsempfang, der im Wartburg-Hospiz stattfand, dauerte vier Stunden und war beinahe ein Volksmissionstreffen. Zum Glück hat Walters Bruder Klaus die Traurede und alle Grußworte stenografisch festgehalten; so können wir noch heute die Grußworte und Segenswünsche unserer Freunde nachlesen.

Nie vergessen werden wir Mutters ernste Ansprache. Sie erzählte den Hochzeitsgästen, wie sie sich vor fünfunddreißig Jahren mit meinem Vater verlobt hatte unter dem Wort aus Psalm 67, 3: »Daß dein Weg kund werde unter allen Völkern«, und wie dieses Wort ihr Leben bestimmt habe. »Was wir heute hier erleben«, sagte sie, »ist auch Antwort auf unser Gebet.«

Schon zu diesem Zeitpunkt war es Walter und mir klar, daß Afrika unser Ziel sein werde. Sogar das Losungswort vom 2. Juni 1952 bestärkte uns in unserem Vorhaben: »Fürchte dich nicht, nach Ägypten hinabzuziehen. Ich will mit dir hinab nach Ägypten ziehen und will dich auch wieder heraufführen« (1. Mose 46, 3. 4).

An unserem Hochzeitstag wurde uns von neuem klar: was die Zukunft uns auch bringen mochte, wir waren nicht allein. Es war ein erfüllter Tag – voll der Früchte des Wartens.

Die Hochzeitsreise machten wir per Motorrad. Unsere Sachen packten wir in einen alten Segeltuchkoffer, den Walter einmal von einem amerikanischen Matrosen geschenkt bekommen hatte. Die Verpflegung wurde in den Satteltaschen verstaut. Übernachtet haben wir meistens bei Freunden. So reisten wir für wenig Geld durch den Schwarzwald, Frankreich und die Schweiz bis nach Arosa. Mit dem Geld mußten wir sehr haushalten, denn keiner von uns verdiente etwas. Walter war seit mehr als einem Jahr ohne Amt, und ich hatte meine Anstellung bei der Mission durch die Eheschließung verloren. Wir besaßen keinerlei Möbel und nur wenig Geschirr. Aber dafür hatten wir einen Trauschein. Das wog alles andere auf und ließ uns vertrauensvoll in die Zukunft blicken.

Da waren freilich noch viele Fragen offen. In Amerika hatte die Missionsleitung gewechselt. Das Missionsfeld in Kamerun war von der American Lutheran Church übernommen worden. Würde unsere Bewerbung angenommen werden? Aber selbst dann war es fraglich, ob Walter als Deutscher die Einreiseerlaubnis für das von Frankreich verwaltete Kamerun bekommen würde. Gerade weil es früher eine deutsche Kolonie gewesen war, waren die Franzosen in dieser Beziehung sehr ängstlich. Es lebte damals kein Deutscher in Kamerun.

Also hieß es wieder einmal warten, jedoch mit einem großen Unterschied: Nun waren wir beieinander und warteten gemeinsam. Unser Ziel war uns so gewiß, daß wir die ersten Schritte auf eigene Faust unternahmen. Das Geld langte gerade noch, um nach Paris zu fahren und die erste Monatsmiete zu bestreiten. Die Zeit in Frankreich war besonders für Walter unbedingt notwendig, damit er seine sehr spärlichen Französischkenntnisse erweiterte. So fuhren wir kurz entschlossen nach Paris und schrieben von dort an die Missionsleitung, daß wir bereits unterwegs nach Afrika seien.

Es war kein leichter Wartemonat in der dunklen und teuren Einzimmerwohnung nahe beim Place de Clichy, zumal nun das Eingewöhnen in den gemeinsamen Alltag noch hinzukam. Einmal arbeitete Walter an einer Auslegung von Galater 6 und blieb in Gedanken besonders an dem Wort hängen: »Teile allerlei Gutes.« Vor ihm lag ein Apfel. Es war kein gewöhnlicher Apfel, sondern eine übergroße, rotbackige, saftige Frucht, eines jungen Baumes einziger Ertrag, den uns ein lieber Freund geschenkt hatte. Walter schnitt ihn gedankenverloren sorgfältig in vier Teile. Ich bat um eine Kostprobe. Aber ich bekam keine Antwort. Das Thema des Teilens beschäftigte ihn so sehr, daß er alles um sich herum vergaß. Stück für Stück sah ich den Apfel verschwinden. Schließlich konnte ich meine Tränen nicht mehr zurückhalten. Verblüfft blickte Walter auf den Teller,

auf dem nur noch Kernhaus und Stiel lagen, und merkte mit Schrekken, was geschehen war.
Mitte November kam der Tag, an dem alle unsere Reserven aufgebraucht waren. Ich hatte gerade noch Geld, um die Lebensmittel für einen Tag zu kaufen, und Walter verbrauchte seine letzten zwei Fahrscheine für die Untergrundbahn, die ihn zum Französischunterricht brachte. Da gab mir, als ich vom Einkaufen heimkam, die Portiersfrau zwei Briefe. Einer war von der Missionsleitung aus Minneapolis, der andere aus einer kleinen deutschen Stadt.
Seltsam – jeder dieser beiden Briefe enthielt einen Ruf für Walter. Sie kamen mit der gleichen Post. Walter machte zuerst den Brief aus Amerika auf. Es war seine Berufung als Pfarrer der American Lutheran Church für den Dienst in Kamerun und ein Scheck, um unsere Studien zu beenden. Wir waren überwältigt von so viel Vertrauen. Die amerikanische Kirchenleitung stellte ihn an und sandte ihn in einen anderen Erdteil, ohne ihn je gesehen zu haben, nur aufgrund von Empfehlungsbriefen. Es bestätigte sich hier, was Walter in Amerika besonders beeindruckt hatte: daß man dort einem Menschen Vertrauen schenkt, bis er sich dessen unwürdig erweist. In Europa neigt man eher dazu, jedem so lange zu mißtrauen, bis er sich Vertrauen erwirbt.
Der andere Brief war ein Ruf, ein Erholungsheim in der Pfalz zu übernehmen, ein Dienst voller missionarischer Möglichkeiten, der uns eine dankbare und befriedigende Arbeit versprach.
Wir hatten schon mehrmals eine besondere Technik erprobt, die uns half, zu gemeinsamen Entscheidungen zu kommen. Zunächst ließen wir unseren Gefühlen freien Lauf und tasteten gesprächsweise den sich auftuenden Horizont ab. Wir reagierten sozusagen spontan und sprachen ohne Vorsicht alles aus, was uns in den Sinn kam, ungeordnet und ungeprüft. Dann aber nahmen wir uns Zeit – mitunter mehrere Stunden – in der jeder getrennt von dem anderen alle Für und Wider niederschrieb. Wir fanden, daß dies uns half, leichter zur Klarheit zu kommen. Schließlich lasen wir uns das Aufgeschriebene vor. Wich es entscheidend voneinander ab, dann nahmen wir das als ein Zeichen, daß die Zeit für diese spezielle Entscheidung noch nicht reif war.
Damals in Paris aber, als die zwei Briefe eintrafen, hatten wir fast wörtlich genau dasselbe aufgeschrieben. Alle Pluspunkte wiesen in Richtung Afrika.

Weihnachten aber verbrachten wir wieder in Deutschland, wo ich zum erstenmal ein deutsches Weihnachtsfest erlebte.
Dann gings wieder nach Paris zurück. Walter hörte Vorlesungen an der theologischen Fakultät der Sorbonne, während ich an einigen Kursen der Pariser Missionsgesellschaft teilnahm.
Nach halbjährigem Warten und einem langen Kampf mit der Bürokratie wurde Walter endlich das Einreisevisum für Kamerun gewährt. Man machte eine Ausnahme, weil er für eine amerikanische Mission arbeitete.
In diesem Frühjahr erfuhren wir nun auch, wo wir stationiert werden sollten: in Tcholliré im Gebiet des Lamidos von Rey Bouba. Wir sollten also tatsächlich dort arbeiten dürfen, wo mein Vater begonnen hatte und wohin er immer hatte zurückkehren wollen! In mir stritten sich Freude und Erschütterung, Begeisterung und Beschämung. Und doch lag über dieser Entscheidung eine solche Selbstverständlichkeit. Geradlinig hatte mich Gott bis hierher geführt. Geradlinig würde er mich auch weiterführen. Wir beschlossen, mit dem Motorrad von Paris nach Bordeaux zu fahren, wo wir uns einschiffen wollten. Triumphierend fuhren wir zum Abschied eine dreifache Runde um den Triumphbogen und rasten dann im Morgengrauen die Champs Elysée hinunter. Ein Tankwart fragte, wohin wir wollten. Walter antwortete, als handele es sich um einen Sonntagsausflug: »Nach Afrika.«
Die Schiffsreise von Bordeaux nach Douala war wie ein zweiwöchiger Aufenthalt in einem Kurort. Die Luft war mild und das Meer still wie ein Teich. Am ersten Jahrestag unserer Hochzeit, am 2. Juni 1953, kamen wir in Douala an.
Wie anders war Douala nun zu zweit! Der Regen störte mich nicht mehr. Auch die Bahnlinie war diesmal nicht unterbrochen. Wir ließen unsere siebzehn Gepäckstücke samt Motorrad gleich direkt vom Schiff zur Bahn transportieren und in den Gepäckwagen verladen.
Die Zugreise Douala–Yaoundé unterbrachen wir nach etwa 100 km in Libamba. Dort war ein evangelisches Gymnasium für dreihundert afrikanische Schüler und dreißig Schülerinnen. Sie wurden nach dem französischen Lehrplan unterrichtet und bereiteten sich darauf vor, genau dasselbe Abitur abzulegen, das in Frankreich verlangt wird. Da in Frankreich Deutsch Pflichtfach ist, war es auch in Libamba Pflichtfach. Wir erlebten eine Deutschstunde mit, in der

ein afrikanischer Schüler einen neun Zeilen langen Satz aus Goethes Roman »Die Leiden des jungen Werther« in fließendes Französisch übersetzte. Das war nun wirklich das Letzte, das wir erwartet hatten, als wir durch den Urwald fuhren! Wir ahnten damals noch nicht, welche Folgen dieser kurze Besuch in Libamba für unser späteres Leben haben sollte.

Von Yaoundé aus lag nun wieder dieselbe lange, rote Sandstraße vor uns, über die ich schon vor drei Jahren mit Herrn Okland gefahren war. Nach Tchollíré war es fast genausoweit wie nach Poli. Nur mußte man von der Hauptstraße Ngaoundéré–Garoua anstatt nach Westen nach Osten abzweigen. Poli würde unsere »Nachbar«-Station sein, etwa 140 km entfernt. Die Strecke, die vor uns lag, etwa so weit wie von Hamburg nach München.

Wir mieteten uns einen Lastwagen. Da er aber alle zwanzig bis dreißig Kilometer Motorschaden hatte, sandten wir ihn in Garoua-Boulai zurück und nahmen das Angebot unseres Kollegen Reubin Johnson an, uns in seinem Pick-up nach Tchollíré zu bringen. Dieser Pick-up war jedoch kleiner als der gemietete Lastwagen, und wir mußten außerdem noch meinen Eisschrank, der mit Petroleum lief, meinen Küchenherd mit Holzbrenner und mein Harmonium aufladen. Da war beim besten Willen für das Motorrad kein Platz mehr. So blieb Walter nichts anderes mehr übrig, als während der zweiten Hälfte der Reise mit dem Motorrad vorauszufahren. Ich fuhr mit Reubin im Pick-up hinterher.

Es war Juni, und die Regenzeit hatte gerade eingesetzt. Die Straße bestand aus zwei tiefen, pfützenreichen Spuren, die die schweren, überladenen Fernlaster gefurcht hatten. Walter mußte meistens in dieser Spur fahren, kam aber oft ins Rutschen, und mehr als einmal mußte ich zusehen, wie er sachte, aber unweigerlich mit seiner Horex in den Schlamm glitt und umfiel.

Wir brauchten etwa einen halben Tag für die 120 Kilometer nach Meiganga, unserer Hauptstation. Hier übernachteten wir. Als wir bereits schliefen, weckte uns Motorengeräusch. Draußen standen Cliff und Lil Michelsen aus Garoua-Boulai, die wir eben verlassen hatten. Auf unsere erstaunte Frage, warum sie gekommen seien, konnten sie zunächst nicht antworten.

Dann sagte Cliff, den ich ja schon als Jugendleiter von Minneapolis

her kannte: »Unsere kleine Priscilla starb kurz nach eurer Abreise. Wir wollen sie hier in Meiganga begraben.«
Das war unsere erste Berührung mit der Allgegenwart des Todes in Afrika. Vor wenigen Stunden noch hatte ich das herzige Kind in meinen Armen gehalten. Mit der ganzen Weisheit seiner zwei Jahre hatte es auf den Mond gezeigt und stolz auf französisch gesagt: »Lune.« Jetzt war es tot.
Wir hatten keinen Arzt, der die Todesursache hätte feststellen können. Laura, die Krankenschwester, vermutete eine Hirnhautentzündung.
Am folgenden Morgen legten wir Priscilla unter einem großen Affenbrotbaum in die afrikanische Erde.
Unser Herz war schwer, als wir weiterreisten. Ungewollt aber gestaltete sich die Fahrt, je weiter wir nach Norden kamen, zu einem Triumphzug. Viele der Dorfbewohner hatten wahrscheinlich noch nie ein Motorrad gesehen oder jedenfalls nur bei den weißbehelmten Polizisten, die den Voraustrupp des französischen Gouverneurs bildeten. Sobald also die Horex mit ihrem sonoren Klang in Hörweite kam, liefen die Menschen aus den Hütten zur Straße und bildeten Spalier. Von Dorf zu Dorf wurde ich von begeistert winkenden Menschen empfangen. Es hätte eine Königin neidisch machen können!
Die Reise sollte jedoch nicht so triumphal weitergehen. Fünfundsiebzig Kilometer vor dem Ziel mußten wir von der Hauptstraße Ngaoundéré–Garoua nach rechts abbiegen. Diese fünfundsiebzig Kilometer waren die schwierigsten und sollten unser größtes Problem bleiben während der kommenden vier Jahre in Tcholliré. Über diese Strecke mußte auch unsere Post einmal wöchentlich von einem Läufer getragen werden. Nach dem ersten Drittel kam der Bénoué, ein Nebenfluß des Niger, und jenseits des Bénoué waren es noch fünfzig Kilometer bis zum Ziel. In der Trockenzeit trocknete das Flußbett aus. Man konnte es überqueren, wenn man Matten aus starkem Sumpfgras unter die Autoräder legte, so daß sie nicht im Sand versanken. Aber in der Regenzeit war der Fluß nur im Einbaum zu passieren. Sechs Monate im Jahr schnitt uns der Bénoué praktisch von der Außenwelt ab.
In der glühenden Mittagshitze sahen wir ihn zum erstenmal. Die Regenzeit hatte bereits begonnen, und der Mattenpfad war hinweggeschwemmt. Behäbig flossen die Wasser dahin. Ich schätzte den

Fluß so breit wie den Rhein zwischen Ludwigshafen und Mannheim. Nur fehlte die Brücke, über die wir dort so oft mit unserem Motorrad gefahren waren.
Zur Überquerung stand lediglich ein Einbaum zur Verfügung, der, von einem Fährmann geschickt gelenkt, vom anderen Ufer herangepaddelt kam. Wir entschlossen uns, Reubin mit dem Pick-up und unserem Gepäck am Bénoué zurückzulassen und samt Motorrad im Einbaum überzusetzen.
Das Verladen des Motorrads war keine Kleinigkeit. Die hilfsbereiten Dorfbewohner, die herbeieilten, hatten noch niemals ein Motorrad gesehen, geschweige denn von einem zwei Meter hohen Steilufer herunter in einen schwankenden Einbaum verladen. Sie berührten es vorsichtig und ehrfurchtsvoll wie ein fremdes totes Tier. Auf dem leicht gerundeten Boden des übrigens nicht ganz wasserdichten Fahrzeugs kam die Horex nicht sicher zum Stehen. So legte sich Walter der Länge nach darauf, hielt sich an den Kanuseiten fest und versuchte, Maschine und Boot gleichzeitig zu balancieren. Völlig erschöpft erreichte er das andere Ufer.
Nun kamen die letzten 50 km. Ohne unser braves Motorrad hätten wir sie nicht geschafft. Hier begann das Herrschaftsgebiet des Lamido von Rey Bouba. Es empfing uns mit einem leichten Regen und einer schnell hereinbrechenden Nacht.
Die Straße war jetzt nur noch ein Pfad. Die Tiefe der Pfützen, die pausenlos im Scheinwerferlicht aufglänzten, konnte man nicht beurteilen. Ausweichen war unmöglich. Mehr als einmal landeten wir im Morast. Nun konnte ich selbst das Vergnügen erleben, das ich bisher nur von der Kabine des Pick-up aus beobachtet hatte. Walter schien schon daran gewöhnt zu sein.
Endlich, um Mitternacht, erreichten wir Tchollíré. Im Mondlicht lag das Dorf vor uns. Die friedlichen Strohdächer schmiegten sich an einen Berghang. Gegenüber war eine kleine Anhöhe mit dürftigem Baumbestand. Die Bevölkerung nannte sie die Elefantenhöhe. Sie war uns als das frisch abgesteckte Gelände der Missionsstation beschrieben worden.
Wir fuhren hinauf. Das Knattern des Motorrades kam vor vier halbfertigen, dachlosen Lehmwänden, die einsam in den nächtlichen Himmel ragten, zum Stillstand.
Da standen wir nun in der Nacht durchnäßt und beschmutzt vor ei-

ner Ruine aus schmierigem »Poto-Poto« und dachten an unsere dreimalige Runde um den Triumphbogen von Paris.
Ich tippte mit dem Finger gegen die Wand, die sofort nachgab, und blickte meinen Mann fragend an.
»Dies«, stellte er sachlich fest, »ist unser Wohnhaus.«

Das erste Jahr in Tcholliré

Wir waren keine Helden. Wenn wir's bis dahin noch nicht gewußt hatten – nun wußten wir es. Uns entfiel aller Mut.

Wo sollten wir schlafen?

Das Motorrad mußte doch jemand aufgeweckt haben. Gestalten tauchten aus dem Dunkel auf. Sie sprachen Fulani. Aber meine Kenntnisse, die ich mir vor drei Jahren in Poli erworben hatte, reichten nicht aus, um zu verstehen, was sie sagten. Walter verstand keine Silbe. Die Unfähigkeit, uns zu verständigen, vermehrte in uns noch das Gefühl der Verlassenheit und Ohnmacht.

Plötzlich spürten wir unseren Durst. Aber wir hatten keine Worte, um nach Wasser zu fragen.

Da wurden wir auf englisch angerufen. Eine Sturmlaterne schwankte heran. Wir erkannten unseren Kollegen Lloyd Sand mit seiner Frau. Waren sie also doch da. Wir wußten von ihrem Plan vorauszufahren, hatten aber nie mit Sicherheit in Erfahrung bringen können, ob sie es tatsächlich getan hatten. Desgleichen hatte die Sands keine Nachricht von unserer Ankunft erreicht. Die Überraschung war auf beiden Seiten groß.

Nun entdeckten wir auch eine weitere Hütte, etwas abseits, in der die Sands schliefen. Auch sie war nicht fertig, hatte aber wenigstens ein provisorisches Dach. Lloyd reichte uns einen kleinen Kanister mit abgekochtem Wasser. Wir tranken es gierig. Es schmeckte nach Rauch. Wir erfuhren, daß das nächste Wasserloch einen knappen Kilometer entfernt war, aber das Wasser war kaffeefarben und mußte nicht nur abgekocht, sondern auch gefiltert werden, ehe es genießbar war. Diese Information gab unserer Stimmung einen weiteren Dämpfer.

Die Sands standen unmittelbar vor ihrem Urlaub. Praktisch waren sie schon auf der Heimreise nach Amerika und mußten uns nach kurzer Zeit verlassen. Sie hatten nur gewartet, um uns einzuweisen und beim ersten Start behilflich zu sein.

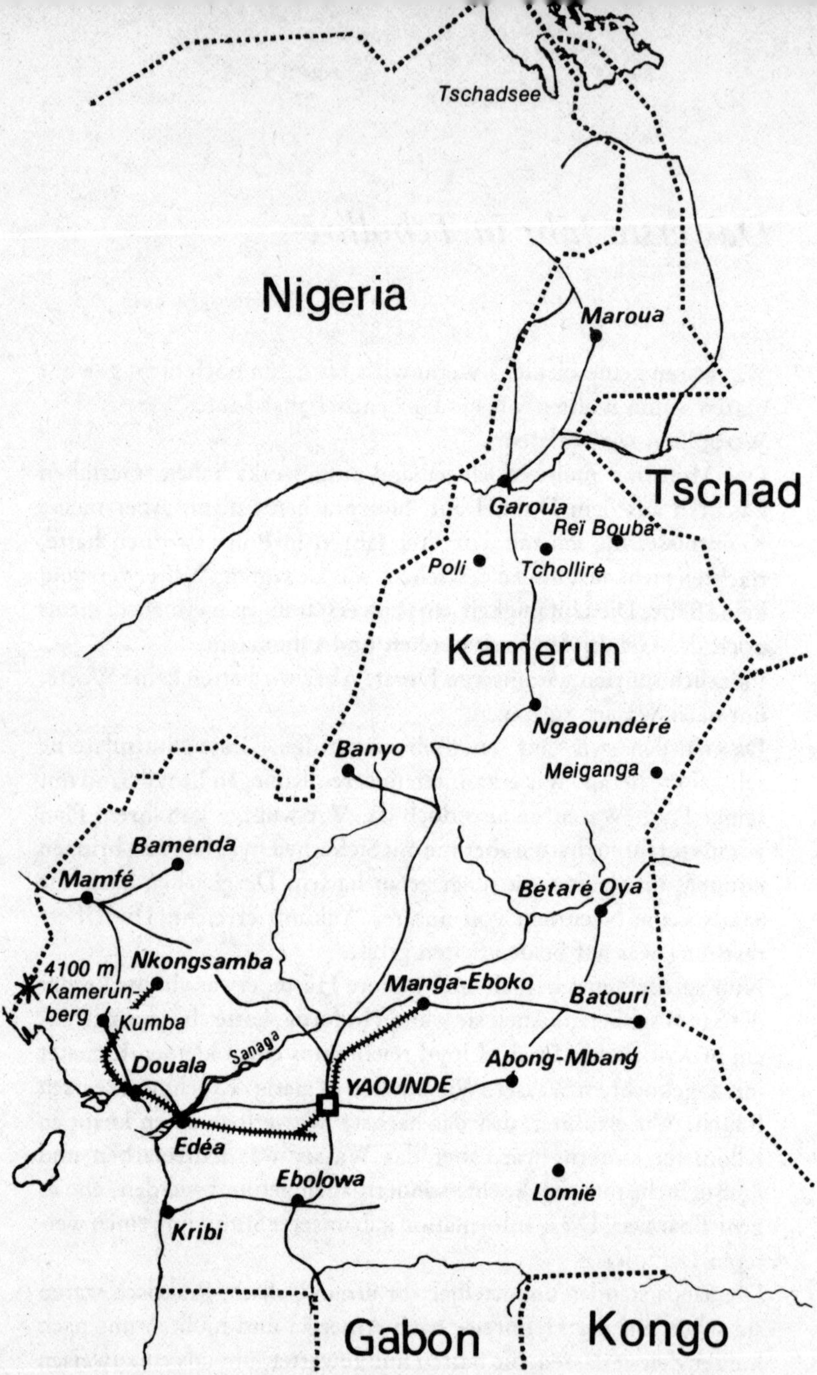

Arbeitsgebiet von Familie Trobisch

Nun begleiteten sie uns in Richtung Dorf zurück zu einem kleinen Gästehaus, das zu den Gebäuden der französischen Verwaltung gehörte. Es war eine strohgedeckte Rundhütte. In dem kahlen Raum standen zwei mit Segeltuch bespannte Feldbetten.
Wir konnten nicht einschlafen. Aus der afrikanischen Nacht kam der unheimliche Klang hämmernder Trommeln.
Beim Abwägen unserer Lage redeten wir uns gegenseitig immer mehr in eine tiefe Depression hinein. Wir kamen zu dem Schluß, daß wir hier unmöglich existieren konnten, und daß es sinnlos sei hierzubleiben. Wir kannten die Sprache nicht. Wir hatten kein Wasser, keine Lebensmittel, kein Haus. Vor allem aber befand sich unser gesamtes Hab und Gut noch auf dem Lastwagen am jenseitigen Ufer des Bénoué. Wie sollte man Küchenherd und Eisschrank in dem kleinen Boot herübertransportieren?
Nein, hier gab es nur eins: Umkehren. Gewiß, es würde eine Niederlage sein, aber wir mußten sie einstecken. Wir mußten eben einfach zugeben, daß wir dieser Anforderung nicht gewachsen waren, daß wir nicht genug Mut hatten und uns der Glaube fehlte. Unser Entschluß stand fest: Am nächsten Morgen würden wir zum Fluß zurückkehren und mit Reubin wieder nach Meiganga fahren.
Die Sands waren nicht schlecht erstaunt, als wir am nächsten Morgen wieder abzogen, aber sie legten uns nichts in den Weg.
Wir mieteten einen Lastwagen von dem französischen Verwaltungsoffizier. Sein offizieller Titel war »Chef de Subdivision«, aber im Dorf war er unter dem Namen »Der Kommandant« bekannt. Er meinte, wir brauchten den Laster, um unseren Hausrat vom Fluß zu holen. Aber wir hatten im stillen vor, ihn leer wieder zurückzusenden. Das Motorrad luden wir hinten darauf.
Als wir jedoch zum Fluß zurückkamen, erlebten wir eine große Überraschung. Der Lastwagen am gegenüberliegenden Ufer war leer. Hingegen waren die meisten unserer Kisten und Kasten am diesseitigen Ufer aufgestapelt. Eben schwankten Kühlschrank und Küchenofen auf dem Einbaum heran. Unbegreiflich, wie Reubin es fertigbrachte, mit Hilfe der afrikanischen Fährleute alles in das winzige Kanu zu verladen.
Bestürzt erkannten wir, daß uns nun der Rückweg abgeschnitten war! Wollten wir jetzt wieder nach Meiganga fahren, hätten wir alles in umgekehrter Richtung wieder übersetzen müssen. Das reizte uns jedoch genausowenig wie ein Bleiben in Tchollíré.

Es war fast wie beim Volk Israel nach dem Durchzug durch das Rote Meer: Gott hatte den Rückweg abgeschnitten. Er zwang uns, auf der anderen Seite weiterzuwandern. Dieses Zwingen gegen unseren Willen war ein Symbol. Es war vielleicht das tiefste Geheimnis all der Jahre, die folgten. Wenn ich heute im Rückblick über diese Jahre einen Satz schreiben sollte, so wäre es der: Alles, was geschah, ist letzten Endes nicht durch uns, sondern trotz uns geschehen. Zunächst aber waren wir noch keineswegs zum »Weiterwandern auf der anderen Seite« bereit. Eben kam Reubin mit der letzten Ladung Kisten über den Fluß. Wir sahen seinen weißen Sonnenhelm in dem Einbaum leuchten.
Im Schatten eines Baumes schütteten wir Reubin unser Herz aus. Er hörte uns geduldig und verstehend zu wie ein weiser älterer Bruder. Als wir zu Ende waren, begann er zu reden. Er erinnerte uns an die vielen Jahre, in denen dieses Gebiet verschlossen gewesen war, und an unsere große Verantwortung, an die Tausende von Menschen, die mit Beten und Hoffen hinter uns standen.
Dann fuhr Reubin mit Walter im Lastwagen nach Tchollirė zurück, um sich selbst ein Bild von der Situation zu machen.
Während ich auf ihre Rückkehr wartete, dachte ich an das harte Leben meiner Vorfahren, die aus Schweden in die schneeverwehten Prärien Nebraskas eingewandert waren. Und ich dachte an meinen Vater. Was war Tchollirė gegen das, was er durchgestanden hatte?
Endlich hörte ich wieder das Geräusch des Lastwagens. Ein Blick in Walters Gesicht genügte. Ich wußte, daß wir einer Meinung waren. Wir blieben. An den folgenden Tagen hatten wir wenig Zeit zu Selbstmitleid. Reubin half uns noch, das Gepäck heranzuschaffen, und verabschiedete sich dann. Herr und Frau Sand folgten ihm kurze Zeit später.
Die Fertigstellung des Hauses war natürlich unser erstes Vorhaben. Es hatte einen quadratischen Grundriß, etwa fünf Meter lang und breit. Beim Bau waren wir völlig auf die afrikanischen Arbeiter angewiesen. Nur sie wußten, wie man aus dem zur Verfügung stehenden Material ein Haus baut. Durch sie bekamen wir auch unseren Sprachunterricht und hatten gleichzeitig den ersten Kontakt mit den Menschen dieses Landes. Später bauten wir noch ein größeres Haus mit zwei Räumen und eine Hütte daneben als Küchengebäude. Das erste Haus diente dann als Gästehaus.
Die Bauarbeiten leitete ein Mann namens Haldu, der wie jeder echte

Handwerker ein Künstler war. Er war groß und stattlich. Zur Arbeit kam er in einem langen weißen Gewand und einem roten Fez. Beides legte er unter einem Baum ab und machte sich dann mit bloßem Oberkörper ans Werk.
Die Wände waren 30 cm dick. Ein Lehmbrei, der mit Füßen gestampft wurde, diente als Bindung für die roh behauenen Sandsteine. Die Mauer wuchs so etwa fünfzehn Zentimeter pro Tag. Jede Schicht mußte erst trocknen, bevor eine neue hinzugefügt werden konnte. Regnete es aber, dann fiel es mit lautem Klatschen von Haldus Mauern, und die Arbeit von mehreren Tagen mußte wiederholt werden.
Der Grasweber hieß Wai und war ebenfalls ein Meister seines Faches. Er erschien jeden Tag in einem halblangen Obergewand, das er selbst gewebt und mit eigenem Indigo gefärbt hatte. Ein breitkrempiger Strohhut von beinahe einem Meter Durchmesser schützte ihn vor der Sonne.
Durch Wai lernten wir die verschiedenen Grasarten kennen. Für jeden Zweck war nur eine bestimmte Sorte geeignet. Ein hohes Sumpfgras wurde benutzt, um die Matte zu weben, die als Unterlage für das Dachgras auf das Bambusgebälk gelegt wurde, das durch ein Reisiggeflecht auf den Lehmwänden verankert war.
Als diese Arbeit vollendet war, schickte Wai seine Leute wieder aus, um starkes ausgedörrtes Feldgras für das Dach zu schneiden. Sie sahen aus wie wandelnde Strohpuppen, als sie es auf dem Kopf in großen Bündeln herbeischleppten. Ein anderes Gras wiederum wurde als Bindfaden verwandt, um die Halme miteinander zu verknüpfen, so daß sie dann in Schichten auf das Dach gelegt werden konnten. Zum Schluß wurde eine riesige zusammengerollte Matte über die Spitze des Giebels gelegt, nach beiden Seiten ausgebreitet und sorgfältig befestigt. Sie sollte verhindern, daß der Wind das Dach abhebt, von dem behauptet wurde, daß es zehn Jahre halte.
Nach der Abreise der Familie Sand waren wir völlig auf uns selbst gestellt. Jeder Tag brachte neue Abenteuer und Geduldsproben.
Eines Morgens stand ein alter Mann in einem zerlumpten Gewand vor dem Haus. Er wartete, bis ich nach dem Frühstück aus dem Hause trat. Die Begrüßung machte mir weiter keine Schwierigkeiten, denn alles, was ich auf seine vielen Fragen zu antworten hatte, war das Wort »jam«; es bedeutet eine Bejahung und Bestätigung der rhetorischen Frage.

Das erste Heim von Walter und Ingrid Trobisch in Tchollíré. Letzte Arbeit am Grasdach.

Der erste Gottesdienst in der neuen Kapelle in Tchollíré.

Geht es dir gut? – »Jam« –
Hast du gut geschlafen? – »Jam« –
Geht es deinem Mann gut? – »Jam« –
Geht es deinem Haus gut? – »Jam« –
Geht es eurem Garten gut? – »Jam« –
Auf alles Fragen war »Jam« die erwartete Antwort. Eine negative Erwiderung hätte er als Beleidigung Allahs empfunden. Selbst ein Sterbender würde, nach seinem Befinden gefragt, immer noch antworten: »Jam,«
Nach der Begrüßung begann der alte Mann zu reden. Da konnte ich ihm nicht mehr folgen. Ich hatte das Gefühl, daß er etwas Bestimmtes wolle, konnte aber beim besten Willen nicht herausbekommen, was es sei. Schließlich bedeutete ich ihm, er müsse warten, bis ich besser Fulani gelernt habe.
Am Abend saß er immer noch da. Ich schickte Toma, unseren Küchenhelfer, hinaus. Auf dessen Frage gab er zur Antwort, Madame habe gesagt, er solle warten, bis sie Fulani gelernt habe, und nun warte er eben.
Bald wurde uns klar, warum die Anhöhe, auf der unser Haus stand, der »Elefantenhügel« hieß. Elefanten waren regelmäßig unsere nächtlichen Besucher. Der Boden zitterte, wenn sie vorbeistampften. Sie zogen kleine Bäume mit den Wurzeln aus dem Boden und kauten gelassen schmatzend deren Wurzeln. Die Afrikaner beruhigten uns, daß Elefanten nie ein Haus angreifen, und tatsächlich fühlten wir uns auch bald im Haus vor ihnen sicher und wachten schließlich nicht einmal mehr auf, wenn sie kamen. Sie brachten uns sogar etwas Nützliches mit: Unser Gärtner brauchte nicht weit zu gehen, wenn er Dünger suchte für die Tomaten, den Mais und die Bohnen.
Sobald wir im Haus wohnten, wurde das Leben erträglicher. Ein Haus ist ein Haus, auch wenn es noch so einfach ist. Es war angenehm kühl darin während der heißen Jahreszeit. Die dicke Lehmwand und das Grasdach boten guten Schutz gegen die Sonne. Freilich war es noch ein hartes Stück Arbeit, Rahmen zu zimmern für die großen, aber leider nicht rechtwinkligen Öffnungen, die Haldu als Fenster und Türen gelassen hatte. So sehr wir uns auch mühten, das Haus paßte nie um die Rahmen. Als Türen verwendeten wir die Sperrholzseiten der Kiste, in der der Kühlschrank gewesen war. Die

Fensterrahmen bespannten wir mit Fliegendraht, den bereits Herr Sand vorsorglich mitgebracht hatte.
Wir verlernten bald »Das kann ich nicht« zu sagen, und Walter, dem es von jeher leichter gefallen war, eine Predigt zu machen, als einen Nagel gerade in die Wand zu schlagen, wurde geradezu ein Allroundman.
Dann kam der Tag, an dem Haldu ankündigte, er wolle jetzt der Hauswand innen und außen den letzten Schliff geben. Zuerst schälte er die Rinde eines bestimmten Baumes ab, riß sie in Streifen und legte sie 24 Stunden ins Wasser. Das ergab eine schleimige klebrige Masse. Dann suchte er kleine Erdhäufchen, die die Exkremente des Erdwurms enthielten, vermischte sie mit dem Rindenbrei und strich den so entstandenen »Zement« mit der bloßen Hand in langen geschmeidigen Bewegungen auf die Wände. Tatsächlich wurden sie nach dem Trocknen glatt und glänzend und so hart, daß man einen Nagel hineinschlagen konnte. Die Außenwände widerstanden dem Regen erstaunlich gut. –
Gewöhnlich kamen die Arbeiter gegen sechs Uhr, wenn die Sonne aufging. Eines Morgens aber blieben sie aus. Erst gegen acht kam Wai, aufgeregt und verwirrt.
»Mbaroga don, Mbaroga don«, stieß er hervor.
Das Wort war uns neu. Wir hatten es nie gehört. Nur ein Verb »mbara« kannten wir, was »töten« hieß. Wir waren besorgt.
Wai haspelte weiter in Fulani. Aus den Stichworten, die wir verstanden, reimten wir uns zusammen, daß ein Mann und eine Frau getötet worden seien, und daß der »Mbaroga« sie halb aufgefressen habe. Der Kommandant habe befohlen, ihn zu jagen. Deshalb sei niemand zur Arbeit gekommen.
Wer also war der »Mbaroga«?
In der Annahme, es handele sich um ein wildes Tier, holten wir ein englisches Wörterbuch mit Illustrationen. Ohne zu Zögern zeigte Wai auf einen Löwen. Ein menschentötender Löwe ging um!
Walter sprang auf sein Motorrad und fuhr zum Kommandanten. Nun erfuhr er, was geschehen war. Ein Ehepaar hatte die Nacht in einer Grashütte verbracht, um sein Hirsefeld zu bewachen. Wenn Affen oder Elefanten kamen, schlugen sie auf Blechdosen, um die Eindringlinge zu vertreiben. Bei diesen Tieren genügte es zum Schutz. Wir hatten das Klappern oft genug gehört in der Nacht. Der Löwe jedoch mußte sich bedroht gefühlt haben und hatte angegrif-

fen. Das Unglück hatte sich übrigens nur wenige hundert Meter von unserem Haus zugetragen. Wir hatten ahnungslos hinter unseren Fliegendrahtfenstern geschlafen. Nun aber wurde uns anders zumute; denn der Löwe war noch frei.
Den ganzen Tag lang durchkämmten Jäger den Busch, aber sie konnten ihm nicht auf die Spur kommen. Eine unheimliche Spannung lag in der Luft. Es war zu erwarten, daß er in der folgenden Nacht zurückkehrte. Ein Löwe, der einmal Menschenblut geleckt hat, steht wie unter einem Zwang.
Als die Nacht hereinbrach, stellten sich siebzehn Menschen aus dem Dorf ein, um in unserem winzigen Vorratshaus zu übernachten. Sie hatten gehört, daß Walter eine Schrotflinte besaß. Wir ließen ihnen diese psychische Beruhigung, obwohl wir wußten, daß wir nur eine völlig unzulängliche Waffe gegen einen Löwen besaßen. Dagegen betrachteten wir mit Sorge unsere fünf großen Schlafzimmerfenster. Sie waren für den Durchzug einer frischen Brise in den heißen Tropennächten bestimmt, aber nicht für den Einzug eines Löwen. Ein Tatzenhieb hätte genügt, um den Fliegendraht zu zerreißen. Läden hatten wir nicht.
Wir schliefen unruhig, das Gewehr und ein Beil in Reichweite für den äußersten Notfall. Gegen Mitternacht weckten uns Schreie aus der Richtung des Dorfes. Nun war es mit dem Schlaf vorbei. Der Löwe mußte wieder da sein. Wir lauschten in die Nacht. Klagetöne kamen aus dem Dorf. Dann herrschte wieder eine unheimliche Stille, die nur manchmal vom Brüllen des Löwen unterbrochen wurde.
Am Morgen hörten wir, was geschehen war: Er war durch eine Grastür in eine Hütte mitten im Dorf eingebrochen und hatte weitere vier Menschen getötet. Ein kleines Mädchen von acht Jahren kauerte in der Ecke. Als der Mbaroga auf ihre hilflose Großmutter losspringen wollte, schlug sie von hinten mit einem Maismesser auf ihn ein. Daraufhin ergriff der Löwe die Flucht.
Nun schickte der Lamido ein ganzes Heer von Jägern, außerdem Soldaten mit Gewehren aus der Stadt Garoua. Frauen und Kindern wurde erlaubt, hinter der hohen Mauer der Residenz zu übernachten, die der Lamido anläßlich seiner offiziellen Besuche in Tcholliré benutzte. Zwar forderte die Bestie in der dritten Nacht keine neuen Opfer. Wir hörten lediglich das Brüllen des umherschweifenden Räubers in der Ferne, aber erlegt wurde er immer noch nicht.

Lamido Rey Bouba vor seinem Palast mit seinem Dolmetscher.

Die Spannung war nun auf dem Höhepunkt. Beim Abendessen bemerkten wir, daß Toma sein Buschmesser, ein sogenanntes »coupcoup«, am Gürtel trug. Er traute sich nicht, die zehn Schritte von der Küche zum Haus ohne Waffe zurückzulegen.

Wieder wurden wir in der folgenden Nacht von Schreien geweckt. Wir erschraken zunächst, erkannten aber bald, daß dies andere Schreie waren. Es mußten Freudenschreie sein. Sie wollten kein Ende nehmen. Kein Zweifel: Der Mbaroga war tot!

Am nächsten Morgen gingen wir ins Dorf und sahen uns den Kadaver an. Es war eine Löwin. Man hatte sie mit dem Scheinwerferlicht eines Lastwagens geblendet und dann vom Lastwagen aus erlegt. Ein Jäger zeigte uns eine alte Narbe am Fuß. Das Tier war verwundet gewesen. –

Nun waren schon sechs Wochen vergangen seit unserer Ankunft in Tchollíré. Langweilig war es uns gewiß nicht geworden. Wir hatten ein kleines Haus gebaut, hatten Fortschritte gemacht im Fulani und sogar den Bau einer einfachen Kapelle begonnen. Den Lamido jedoch hatten wir noch nicht zu Gesicht bekommen. Er residierte in dem vierzig Kilometer entfernten Ort Rey Bouba, von dem das ganze Territorium seinen Namen hatte.

Die Gelegenheit, ihn kennenzulernen, ergab sich bald. Der Kommandant sandte uns eine Einladung für die Feier des 14. Juli, dem Nationalfeiertag Frankreichs. Unten auf der Einladung hatte der Kommandant handschriftlich notiert: »Le Lamido sera présent.« Das bedeutete, daß der Häuptling selbst nach Tchollíré kam. So konnten wir auf eine Audienz hoffen.

Es war durchaus nicht entschieden, wie er sich zu uns stellen würde. Zwar hatte er sein Einverständnis zur Errichtung einer Missionsstation gegeben, aber – war er sich wirklich über alle Konsequenzen im klaren? Sein Großvater und Vater hatten den Ruf der Grausamkeit gehabt. Würde dieser Ruf sich bei ihm bestätigen?

Der Glanz des Festes mit seiner Farbenpracht an diesem entlegenen Fleck der Erde übertraf alle unsere Erwartungen. Die Festversammlung fand auf dem freien Platz vor dem Verwaltungsgebäude statt. Zusammen mit dem Kommandanten erhielten wir einen Ehrenplatz zur Rechten des Lamido.

Die Reiterei eröffnete die Vorführungen. Die lanzenbewehrten Reiter mit ihren Panzerhemden aus Eisen und ihren federgeschmückten Helmen sahen aus wie mittelalterliche Ritter. Die Pferde waren mit bunten Überhängen aus schwerem Brokat geschmückt. In scharfem Galopp sprengten sie auf uns zu, rissen kurz vor unseren Plätzen die Pferde hoch, machten kehrt und wiederholten den Ritt in immer neuen Gruppierungen.

Dann kamen die Bogenschützen an die Reihe, deren braune Haut prächtig harmonierte mit dem tiefen, satten Rot ihrer Gewänder. Sie trugen Leopardenfelle mit langen, baumelnden Schwänzen um die Schultern und führten einen wirbelnden Tanz auf. Die Trommler und Trompeter waren ganz in Weiß gekleidet. Sie standen verteilt in der Menge, die rings den Schauplatz umgab, und aus der die kunterbunten Gewänder der Männer sich von dem schreienden Gelb der Frauenkleider abhoben. Den Hintergrund bildete die Bergkette, deren saftiges Grün in der Morgensonne leuchtete. Jenseits dieser Bergkette lag die uns bis dahin bekannte Welt wie ein fernes, unerreichbares Land. Dies hier, vor unseren Augen, war eine kleine Welt für sich.

Über die Farbensymphonie hinweg aber brauste die Musik, übersetzte die lauten Farben in nicht minder laute Töne und steigerte durch ihren tanzenden, zuckenden Rhythmus die Festfreude derart, daß sie sich in langgezogenen, schrillen Jauchzern, vor allem aus der Kehle der Frauen, immer wieder Luft machen mußte.

Vier große, faßartige Trommeln gaben den Grundrhythmus an. Sie wurden je von einem kleineren Mann auf dem Kopf getragen und von einem größeren, der hinter ihm stand, geschlagen. Hörner mit einer klagenden Zweitonmelodie fielen ein, wurden in Abständen vom Chor blecherner Fanfaren übertönt. Zu allem gaben Xylophone aus hohlen Kürbissen verschiedener Größen eine klimpernde Begleitung. Ein Solotänzer mit einer Mandoline spielte sich jetzt in die Mitte und drehte sich immer schneller und wilder um sich selbst. Beifall und Zurufe aus der Menge und immer wieder die ohrenbetäubenden, durchdringenden Schreie der Frauen feuerten ihn an.

Dann folgte ein ritueller Kriegstanz. Die Tänzer stellten sich in sechs Reihen auf, drei auf jeder Seite, einander zugewandt. Die getanzte Schlacht wogte vor unseren Augen hin und her im Rhythmus der Musik. In der ersten Reihe duckten sich Speerwerfer hinter ihre Schilde und imitierten Speerwürfe gegen einen unsichtbaren Feind. Jedem Krieger folgte ein Lärmmacher auf dem Fuße mit rasselnden Kastagnetten und Hörnern, um den Gegner zu schrecken und den

Mut des Kriegers anzufachen – eine Funktion, die in unserer Gesellschaft vom Propagandaministerium übernommen wird. Im Abstand folgte die »Artillerie« der Bogenschützen, mit schwarzroten Köchern auf dem Rücken, Pfeil und Bogen im Anschlag. Die Leopardenfelle über ihren Schultern schwänzelten und schwangen im Rhythmus ihrer Bewegungen.

Auf ein Zeichen des Lamido hörte der Festlärm plötzlich auf, es war mit einem Schlage totenstill. Dann aber erhob sich der Riese, und der Lärm brauste wieder auf wie das Brüllen der See. Für seine Untertanen verkörperte dieser unnahbare verschleierte Mann, der über zwei Meter groß war, beinahe unbegrenzte Macht. Wir begriffen, daß diese mächtige Vaterfigur bei den Menschen, die ihr auf Gedeih und Verderb ausgeliefert waren, sicher eine Rolle spielte in den Vorstellungen, die sie sich von einem höchsten Wesen machten. Uns ging langsam auf, was es bedeutete, hier unsere Botschaft zu verkündigen. Am nächsten Tag hatten wir unsere erste Audienz. Wir waren unsicher und ängstlich gespannt. Viel hing von dieser Unterredung ab.

Sklaven, die nur mit Lendenschürzen bekleidet waren, geleiteten uns durch einen dunklen Gang, der in einen mit weißen Kieselsteinen belegten Vorplatz mündete. Das plötzliche Weiß in der grellen Sonne blendete uns derart, daß wir zunächst den Lamido, der auf der anderen Seite vor seiner Empfangshütte aufrecht stand, gar nicht sahen.

Auch er war ganz in Weiß gekleidet und trug einen Turban um den Kopf, der auch sein Gesicht verhüllte, so daß nur die Augen sichtbar waren.

»Jabbama!« sagte er. »Willkommen!«

»Min njabi« war unsere Antwort. »Wir nehmen an.« Es waren Stühle für uns aufgestellt. Er selbst setzte sich vor uns auf einen Teppich auf dem Boden. Dann klatschte er in die Hände, und ein Dolmetscher kam auf allen vieren herangekrochen, den Oberkörper entblößt, mit abgewandtem Blick. Die Untertanen des Lamido durften ihm nie direkt ins Gesicht sehen.

Nun konnte das Gespräch beginnen.

»Seid ihr gut angekommen aus eurem Land?« fragte der Lamido auf Fulani. Omaru, der Dolmetscher, wiederholte uns die Frage auf französisch, obwohl wir sie verstanden hatten. Aber das gehörte

zum Zeremoniell. Man spricht auch möglichst nicht direkt zu einer Autoritätsperson.
So antworteten wir auf französisch, zu Omaru gewandt. Jedesmal, ehe er unsere Antwort übersetzte, murmelte er die Höflichkeitsformel: »Allah barkidinima, Baba« – (Allah segne dich, großer Vater). Dann fuhr er fort: »Monsieur ist gut aus seinem Lande angekommen.«
»Können Sie sagen, was einem Kranken fehlt?« kam unvermittelt die nächste Frage. Wieder war Omarus Einleitung auf Walters Antwort: »Allah barkidinima, Baba. Monsieur sagt, manchmal weiß er es und manchmal nicht.«
Mit der nächsten Frage wandte sich der Lamido an mich: »Warum sind eure Kinder soviel gesünder als die unseren? Ich habe gehört, sie sterben nicht so schnell.« – Später erfuhren wir, daß der Lamido einen persönlichen Grund für diese Frage hatte. Trotz seiner zahlreichen Frauen hatte er nur drei Söhne. Der älteste war unlängst im Alter von fünfzehn Jahren nach kurzer Krankheit verstorben.
»Allah barkidinima, Baba«, antwortete Omaru, »Madame sagt, es kommt daher, daß weiße Kinder vorsichtiger ernährt werden. Die Milch wird abgekocht und in Afrika sogar das Wasser.«
»Womit ernährt ihr eure Kleinkinder?« wollte er wissen. So nahm das Gespräch seinen Fortgang. Er nahm sich unbegrenzt Zeit für uns. Das konnte nur ein gutes Zeichen sein. Es herrschte völlige Stille. Niemand unterbrach uns, vor allem kein Telefon, wie das so oft der Fall ist, wenn man einen offiziellen Besuch in Europa macht. Der langsame Ablauf des Gesprächs durch die Übersetzungszeremonie gab jedem Zeit, über Frage und Antwort gemächlich nachzudenken. Wir empfanden es als wohltuend.
Schließlich war die Atmosphäre so, daß ich ihm zwanglos vom Besuch meines Vaters bei seinem Vater vor mehr als zwanzig Jahren erzählen konnte. Ich beschrieb diesen Besuch in allen Einzelheiten, wie ich sie im Tagebuch meines Vaters gelesen hatte. Der Lamido war sichtlich beeindruckt.
Schließlich sagte er, als wollte er uns wie seinen Kindern einen Segen erteilen: »Ihr habt das Wort Gottes. Daher habt ihr auch die Kraft Gottes. Hört nicht auf, darin zu lernen und zu lesen!«
Wir wollten uns schon zurückziehen. Aber da rückte er noch mit einem Wunsch heraus. Er mußte das Geräusch des Motorrades gehört haben, als wir ankamen. Nun war er neugierig. Er hatte noch

nie ein solches Fahrzeug gesehen. Walter ging hinaus und startete die Horex mit ihrem sonoren Klang. In der engen Durchfahrt hallte es gewaltig und eindrucksvoll. Als Walter auf dem Kieselhof drei Runden fuhr, erhob sich der Lamido, vergaß alle seine Würde und gab schmatzende Laute des Erstaunens von sich. Er nannte das Gefährt »Tututu«, womit ein neues Fulaniwort geschaffen war.
Aber wie konnten wir nun beide darauf sitzen? Das mußten wir nun auch noch demonstrieren. Ich kletterte auf den Sozius, und wir machten zu seinem Entzücken noch einige weitere Runden. Dann kam der feierliche Austausch von Geschenken. Unter den unseren war eine Schweizer Spieluhr. Als er den Deckel öffnete, klingelten die Glöckchen: »Mein Vater ist ein Appenzeller, frißt den Käse mit dem Teller.« Der große Sultan klatschte wie ein Kind in die Hände. Wir erhielten wertvolle Grasmatten, die in Rey Bouba gewebt worden waren und die wir gern auf den hartgestampften Erdfußboden in unserem Hause legten.
Erleichtert verließen wir den »Palast«. In diesem totalen Staat hing für unsere Arbeit viel, wenn nicht alles davon ab, ob der Lamido unser Freund oder Feind war. Aber nun war der erste Kontakt hergestellt, und er war positiv gewesen. Eindeutig war klargeworden, daß man von uns praktische, vor allem medizinische Hilfe erwartete. Hier war die Tür. Wir beschlossen, sie zu nutzen. –
Eines Tages drückte sich Haldu am Hauseingang herum. Schließlich faßte er Mut und bat mich um Medikamente für seine Frau. Ich fragte, was ihr fehle. Aus seiner Beschreibung schloß ich, daß sie ein Geschwür am Bein hatte.
»Aber warum kommt sie nicht selbst hierher?« fragte ich. – »Sie hat Angst«, antwortete er. Tatsächlich war bisher keine Frau zur Station gekommen.
»Würde sie sich auch fürchten, wenn ich mit dir zu ihr ginge?« – »Ich weiß es nicht.«
Es kam also auf einen Versuch an. Ich nahm meine Medikamententasche und folgte Haldu über die Felder. Er führte mich nicht zu seinem Wohnhaus im Dorf, sondern zu einer Gartenhütte.
In dem rauchigen Innern saßen zwei Frauen, beide offensichtlich Haldus Frauen. Er rief die eine heraus. Sie erschien hinkend. Ihr rechtes Bein war mit einem Bananenblatt bedeckt, um die Fliegen von der Wunde abzuhalten. Auf meine Bitte hin nahm sie es weg und enthüllte ein eitriges Geschwür, so groß wie ein Handteller.

Ich reinigte es mit einem Desinfektionsmittel, streute etwas antiseptischen Puder auf die Wunde und legte einen sauberen Verband an. Während der nächsten Tage besuchte ich sie noch zweimal. Jedesmal gewann ich etwas mehr Vertrauen.

Als ich das dritte Mal bei ihr war, um ihren Verband zu wechseln, lud ich sie auf die Missionsstation ein. Tatsächlich: Zwei Tage später klopfte sie an unsere Küchentür. Toma sprach freundlich mit ihr und rief mich. Sie lächelte scheu und zeigte mir ihr Bein: Das Geschwür war geheilt.

Nun führte ich sie durch unser Haus. Ich zeigte ihr, wo wir aßen und wo wir schliefen. Sie folgte schüchtern und sagte nichts. Ein kleiner, brauner Teddybär interessierte sie am meisten. Sie sprang zurück, als ich ihn bewegte und so tat, als könne er sprechen. »Yonki don ma?« war ihre Frage. (Ist da Leben drin?)

Ich versicherte ihr, daß es nur ein Spielzeug sei, merkte aber, daß sie nicht überzeugt war. Ein paar Tage später kam sie mit ihrer Schwester wieder, um ihr unser »Baby« zu zeigen. Sie hatte sogar Erdnüsse als Geschenk für den Teddy mitgebracht.

Von da an kamen öfter Frauen zur Station. Bandagen und ein Teddybär hatten geholfen, ihre Furcht zu überwinden.

Eines Morgens kam ein Mann gelaufen und bat uns aufgeregt und dringend, sofort zu einer Gruppe von Hütten zu kommen, die einige hundert Meter von der Missionsstation entfernt lagen. Während wir ihm eilig folgten, erzählte er uns, daß seine Frau gerade ein kleines Mädchen bekommen hatte.

»Aber es schreit nicht!« berichtete der Vater verzweifelt.

Wir warfen uns ratlose Blicke zu. Was konnten wir für ein Baby tun, das nicht schrie? In unserem Hause hatte ich ein Handbuch für Geburtshilfe. Es stammte noch aus der Zeit, als ich als Gasthörerin an einem Hebammenkurs teilgenommen hatte. Aber jetzt war es zu spät, um es zu holen. Ich vermutete, daß es sich um ein totgeborenes, vielleicht syphilitisches Kind handle, denn das kam öfter vor.

Vor einer der Hütten standen mehrere Frauen. Ja, da war das Kind! Eine alte Frau hielt das scheinbar leblose Körperchen an den Beinen hoch, den Kopf nach unten, und spritzte ihm von oben Wasser in die Nase, das sie im Munde vorgewärmt hatte. Die junge Mutter weinte herzzerreißend.

Ich betrachtete das Baby aus einiger Entfernung und sagte zu Walter: »Das ist nichts als ein Häufchen Unglück!«

Der kleine Körper war über und über mit Fruchtschmiere bedeckt. Die Nabelschnur baumelte lose herab. Da war wohl kein Leben mehr darin. Ich betastete vorsichtig den Leib. Er war kalt. Aber da: Plötzlich spürte ich einen winzigen Herzschlag! Das Kind war nicht tot, aber es konnte vor Schleim nicht atmen!

Nun handelten wir so schnell wir konnten. Eine Frau gab uns ein Tuch. Wir wickelten das Baby hinein und rannten zu unserem Hause zurück. Mit einer Ohrenspritze begannen wir den Schleim aus Nase und Hals des Babys zu entfernen. Dann versuchten wir es mit künstlicher Atmung. Zunächst schien es hoffnungslos. Aber bald wurden wir belohnt durch einen sanften, kätzchenhaften Schrei.

Schnell band ich die Nabelschnur ab und wickelte das kleine Mädchen in eine warme Decke. Walter schnitt einen Pappkarton zurecht und legte eine Wärmflasche hinein. Ich wusch indessen das Kind und entdeckte, nachdem es sauber war, kein »Häufchen Unglück«, sondern ein wirklich schönes kleines Mädchen.

Eine halbe Stunde später brachten wir die Kleine, die nun munter schrie, zur Hütte zurück. Die Mutter war bereits dabei, ihre Hütte auszukehren. Sie hielt inne und sah uns an. Ihr Gesicht war eine einzige große Frage. Sie blickte in den Karton und sah, wie sich ihr Kind bewegte. Da entrang sich ihr ein erschütternder Freudenschrei, und sie umarmte mich. Damit war das Eis endgültig gebrochen. Von Hütte zu Hütte, von Dorf zu Dorf verbreitete sich die Nachricht, daß Monsieur und Madame tote Babys lebendig machen konnten. Unser medizinischer Ruf war damit gesichert, ja, fast zu gut gesichert, wie die kommenden Wochen zeigen sollten. Walter mußte noch oft als »Hebamme« ins Dorf eilen. Aber nicht immer war es so leicht zu helfen. Meistens wurden wir zu spät gerufen, nachdem alle anderen Mittel versagt hatten. –

Der Tag, an dem Sambo und Dumba erschienen, war ein entscheidender Einschnitt in unserer Arbeit. Es waren zwei zwölfjährige Buben, die 60 km zu Fuß gegangen waren. Sie hatten in ihrem Dorf von der Errichtung einer Missionsstation gehört und sich aufgemacht. »Wir wollen zur Schule gehen und den Weg Gottes lernen«, sagten sie schlicht.

Bald hatten wir ein Dutzend Jungen, die jeden Nachmittag zum Unterricht kamen. Walter lehrte die Anfänger nach der Methode von Frank Laubach lesen und schreiben. Als Tafel benutzte er die glatte Lehmwand unseres Hauses. Ich arbeitete mit den Fortgeschrittenen.

Wir hatten Bibelteile in Fulani zur Verfügung. Was für eine Veränderung bemerkte ich bei den Jungen, als sie entdeckten, daß sie lesen und schreiben konnten! Fülle trat an die Stelle der Leere, Zielbewußtheit an die Stelle der Ziellosigkeit, Wahrheit an die Stelle des Aberglaubens.

Jeden Sonntag versammelten sich fünfundzwanzig bis dreißig Leute aus dem Dorf in unserer kleinen rundhüttenartigen Kapelle. Sie saßen auf kleinen Holzblöcken. Für seine erste Predigt in Fulani benutzte Walter den kürzesten Text, den er fand: »Jesus sprach: Folget mir nach!« Die Predigt war genau sechsunddreißig Worte lang und dauerte mittels mehrerer Wiederholungen zwei Minuten. Am nächsten Sonntag hatte sich die Zuhörerschaft verdoppelt. Ob trotz oder wegen der Kürze der Predigt, bleibe dahingestellt. Eins war sicher: Die Leute wollten etwas hören.

An den Preis jedoch, den die Verkündigung des Evangeliums oft fordert, wurden wir wieder erinnert, als uns ein Telegramm von Cliff und Lil Michelson erreichte. Es brachte die traurige Nachricht, daß ihr kleiner Sohn Mark im Alter von acht Monaten gestorben war. Nur neun Wochen, nachdem sie ihre kleine Priscilla in die afrikanische Erde gelegt hatten, begruben sie nun Mark neben ihr. – Was wollte Gott uns damit sagen? Vielleicht das: Hinter eurer Arbeit steht ein letzter Ernst. Es geht dabei auf Leben und Tod.

Die Zahl der Heilung suchenden Kranken nahm nun derart zu, daß unsere Vormittage voll damit ausgefüllt waren, sie zu versorgen. Noch vor dem Frühstück kamen sie, und wenn wir aus dem Haus traten, saßen dreißig bis vierzig vor der Tür. Sie kamen aus den umliegenden Dörfern, oft aber von noch weiter her.

Es war unmöglich, sie zu enttäuschen und wieder fortzuschicken. Mit unseren medizinischen Elementarkenntnissen und einer Portion gesundem Menschenverstand versuchten wir zu helfen, so gut wir konnten. Unser Missionsarzt, der 270 km entfernt in Ngaoundéré stationiert war, schickte uns per Post Arzneien mit genauen Anweisungen. Er machte uns Mut, indem er schrieb: »Neunzig Prozent der Patienten, denen Ihr nicht helfen könnt, kann ich auch nicht helfen.« Dieses Vertrauen nahm uns manche Zaghaftigkeit.

Die erste Arbeit am Morgen war, die Patienten in Gruppen aufzuteilen, je nach den Beschwerden, die sie äußerten. Diejenigen, die behaupteten, sie hätten »ein Huhn im Bauch«, bekamen zunächst einmal eine gute Dosis Wurmmedizin. Die Augenkranken und die Ohrenkranken kamen in eine Gruppe für sich, möglichst so, daß sie einander nicht sehen konnten. Denn wenn einer sah, daß ein anderer was bekam, was er selbst nicht erhielt, gab er vor, die gleichen Beschwerden zu haben. Es war eine Freude zu sehen, was selbst ein kleiner Spritzer aus einer Tube mit antibiotischer Augensalbe tun konnte!

Diejenigen, die über Geschlechtskrankheiten klagten, bildeten eine weitere Gruppe. Sie war nicht die kleinste. Wir registrierten sie sorgfältig, denn sie mußten ja öfter wiederkommen, möglichst mit Frau oder Frauen. Besonders polygamen Männern war es schwer, begreiflich zu machen, daß wir ja auch ihre Frauen behandeln müßten, wenn es einen Sinn haben sollte.

Schließlich kam die Gruppe der Zahnkranken. Walter hatte in Ludwigshafen als Vikar bei einer Wirtin gewohnt, deren Schwiegersohn Dentist war. Dieser hatte ihm einige Anleitungen gegeben. Eine Karlsruher Firma hatte ihm dann eine Grundausrüstung gestiftet. Sie enthielt außer einem Satz Zangen auch eine Bohrmaschine mit Fußbetrieb. Dies Instrument sollte später noch eine strategische Bedeutung für unsere Arbeit erhalten.

Das große Ereignis der Woche war die Ankunft des Postsacks. Eines Tages brachte uns ein Brief von Veda die Nachricht von ihrem Aussendungsgottesdienst. Sie hatte sich entschlossen, nach Tanganyika zu gehen, »um dort weiterzuarbeiten, wo ihr Vater aufgehört hatte«. So faßte der Zeitungsausschnitt, den sie beilegte, ihr persönliches Zeugnis zusammen.

Ihre Aussendung war übrigens ein besonderer Tag in unserer Familiengeschichte. Alle fünf Brüder kamen bei dieser Gelegenheit zum ersten Male wieder zusammen. Mutter, die aus Südamerika auf Urlaub war, konnte ebenfalls dabeisein. Außer mir fehlte nur Eunice, die in Pakistan war und mit ihrem Mann Vince Pushtu studierte.

Mehrere Wochen später kam ein Brief von Veda aus Daressalaam. Genau zehn Jahre nach Vaters Tod war sie dort gelandet. Sie war das erste Familienglied, das sein Grab besuchen konnte. Ihr Brief aus Afrika ließ sie uns so nah erscheinen. Dabei waren wir viereinhalbtausend Kilometer voneinander entfernt!

Weihnachten stand vor der Tür. Ich wollte so gern einen Adventskranz haben. Aber immergrüne Bäume gab es nicht. So nahm ich

Walter Trobisch verbindet die Brandwunden eines Dorfhäuptlings, dessen Frauen besorgt zuschauen.

schließlich einen alten Wasserschlauch, verklammerte die Enden zu einem Ring und umwickelte ihn fein säuberlich mit einer Mullbinde aus einem Spendenpaket. Die vier roten Kerzen, jede für einen Adventssonntag, verankerte ich mit großen Stopfnadeln. Es sah gar nicht so übel aus. Als wir die erste Kerze anzündeten und schweigend ihr Flackern beobachteten, wurde sie uns zum Symbol des ersten Lichtes, das in Tchollire glomm. Wir waren in der einzigartigen Lage, die Weihnachtsbotschaft unter Menschen zu verkünden, die sie noch nie gehört hatten. Das brachte uns auf den Gedanken, einen ersten Vorstoß nach Rey Bouba, dem Sitz des Lamido, zu wagen. Die Trockenzeit hatte bereits begonnen, und die Flüsse waren so weit zurückgegangen, daß wir mit dem Motorrad bis auf 10 km an den Ort heranfahren konnten. Wir meldeten uns durch einen Boten an und wurden willkommen geheißen.
Berittene Wächter erwarteten uns am Fluß Rey. Sie hatten Pferde mit, und wir mußten aufsitzen. So ritten wir hoch zu Roß in die mittelalterlich anmutende Stadt ein.
Der Empfang beim Lamido war noch feierlicher und förmlicher als in Tchollire. Eine fünf Meter hohe Mauer umgab sein Anwesen. Wieder wurden wir durch einen dunklen Gang in einen hellen Hof geleitet. Diesmal saß der Lamido mit gekreuzten Beinen auf einem Thron: ein messingnes Bettgestell, mit einem orientalischen Teppich belegt.
Wir hatten Flanellbilder mit und begannen die Weihnachtsgeschichte zu erzählen und zu illustrieren. Er hörte zu wie ein Junge bei einer Abenteuergeschichte. Mehrmals unterbrach er uns und stellte Fragen über das Kind in der Krippe, den »Almasehu«, den Messias, den er auch aus dem Koran kannte.
Am Schluß befahl er kurz und bündig: »Ich möchte, daß ihre diese Geschichte allen Leuten, die in Rey Bouba wohnen, erzählt.« In unserem Beisein gab er Anordnungen.
Wir waren überrascht. Er war Moslem wie seine Ratgeber. Was mochte ihn bewegen, uns diese Chance in die Hand zu spielen? Wir wußten es nicht. Immerhin steht die Jungfrauengeburt des Messias auch im Koran. Er hatte wohl keinen Widerspruch empfunden. Wie dem auch sei, wir dachten: »Allah barkidinima, Baba« – und fingen an.
Als wir aus dem Palast traten, strömten die Würdenträger der Stadt bereits zum Versammlungsplatz. Ernst und feierlich, in langen,

Walter Trobisch mit Kindern in Rey Bouba.
Auf der Heimreise mit dem Geschenk des Lamido

weißen Gewändern, nahmen sie auf dem Boden Platz. Frauen waren nicht unter den Zuhörern.
Während wir unter freiem Himmel bei strahlendem Sonnenschein – es mochten an die vierzig Grad im Schatten sein – nun die Weihnachtsgeschichte zum zweiten Male erzählten, ging uns selber erst auf, wie spannend sie eigentlich ist: der Weg nach Bethlehem – die Suche nach einer Herberge und deren Verweigerung – die Hirten auf dem Felde – und dann das Kind in der Krippe!
Für die Zuhörer, die uns jedes Wort von den Lippen sogen, war es, als berichteten wir von einem kürzlichen Ereignis. Die Flanellbilder wirkten wie ein Dokumentarfilm oder eine Fernsehreportage. Am Ende gab es viel dankbares Händeschütteln und manches persönliche Gespräch.
Nun rüsteten wir uns für die Heimfahrt. Da sahen wir, daß neben unserem geparkten Motorrad ein schönes arabisches Pferd stand. Ein Bote des Lamido hielt es am Zaum, trat vor und überbrachte uns folgende Botschaft:
»Vor dreißig Jahren besuchte der Vater von Madame den Vater des Lamido. Damals bekam Madames Vater ein Pferd zum Geschenk. Der Lamido möchte nicht hinter seinem Vater zurückstehen. Er schenkt euch dieses Pferd. Außerdem läßt er ein Exemplar seines heiligen Buches, des Koran, überreichen als Erinnerung an diesen Tag!«
Wir nahmen den Koran dankbar an. Das unerwartete Geschenk eines Pferdes jedoch setzte uns in nicht geringe Verlegenheit. So wenig wie Walter auf der Universität als Hebamme ausgebildet worden war, so wenig hatte er dort etwas über Pferdehaltung gelernt. Andererseits war uns klar, daß der Lamido uns eine hohe Ehre erwiesen hatte – und nicht nur uns, sondern auch meinem und seinem Vater. Wir hätten den Lamido tief verletzt, wenn wir die Gabe verweigert hätten.
So sandten wir ihm eine herzliche Dankesbotschaft und ließen uns unser Pferd am nächsten Tag auf die Station bringen. Wir nannten es »Sedaku« – Zeugnis. Aus dem Dorf kamen Besucher in hellen Scharen, um uns zu diesem großzügigen Geschenk des Lamido zu gratulieren. »Sedaku« gewann uns viele Freunde, denn es bezeugte allen auf sichtbare Weise, daß der Sultan uns als Freunde betrachtete.
Am Heiligabend war uns zunächst gar nicht weihnachtlich zumute. Es fehlten uns Winterlandschaft, Glocken und Weihnachtslieder.

Aber dann dachten wir an den ersten Heiligen Abend, an dem es alles das auch nicht gegeben hatte. Wir rückten unsere Stühle vor das Haus und blickten hinein in die Schönheit der afrikanischen Nacht. Der Abendstern über der höchsten Bergspitze leuchtete so hell, als wäre er der Stern von Bethlehem.
Während das Hämmern der Trommeln vom Dorf heraufklang, hörten wir im Herzen den Chor der Engel mit seiner Botschaft, die um uns herum noch kaum ein Mensch vernommen hatte.

Zwischen den Fronten

Was ich bisher berichtet habe, mag anmuten, als wären wir nur durch offene Türen gegangen, und als wäre es ein Kinderspiel, die Botschaft von Jesus Christus unter den Moslems zu verbreiten. Das erste Jahr war auch tatsächlich ein Jahr der offenen Türen gewesen, und wir fragten uns später oft, ob wir sie auch genügend genutzt hatten.

Weihnachten war nun vorüber, und die Passionszeit begann. Sobald wir die Botschaft vom Kreuz sagten, schieden sich die Geister. Ja, es war, als ob von dem Augenblick an, wo wir das Kreuz verkündeten, wir es auch selber mittragen mußten. Das kommende Jahr sollte uns manchen Kampf und manches Leid bringen.

Wie ein Vorbote erreichte uns kurz nach Weihnachten die Todesnachricht von Johns Frau. John wollte sich gerade als Kinderarzt in Denver, Colorado, niederlassen. Nun war er mit seinen drei Kindern, der vierjährigen Margaret, der zweijährigen Eleanor und dem sechs Monate alten Daniel allein.

Mutter, die ihren Urlaub schon hinter sich hatte und bereits ihre Rückkehr nach Bolivien vorbereitete, nahm sofort das nächste Flugzeug nach Denver. Eine Woche später erhielten wir einen Brief von ihr:

»John hatte Tränen in den Augen, als ich ankam. Aber er war ruhig. Ich spüre, wie er täglich darum ringt, es aus Gottes Hand anzunehmen, daß seine Luise ihm so früh genommen wurde. Ich kann ihm nur still zur Seite stehen; mir ist ganz klar, daß mein Platz jetzt hier ist und nicht in Bolivien.«

So war Mutter. Sie war immer da, wo sie am nötigsten gebraucht wurde. Ja, bald klang aus ihren Briefen sogar eine Art Befriedigung darüber, daß sie einmal wieder Hausfrau und Mutter sein durfte, ohne dabei gleichzeitig noch ans Geldverdienen denken zu müssen.

John ging durch ein tiefes Tal. Aber nach einigen Monaten berich-

tete uns Mutter, daß er sich mit dem Gedanken trage, als Arzt nach Tanganyika zu gehen. Bald darauf schrieb er selbst:
»Die Weisung kam ganz klar. Seitdem habe ich einen inneren Frieden und eine Freude gewonnen, die ich vorher nie kannte. Die glänzenden Möglichkeiten und attraktiven Angebote einer ärztlichen Praxis hier in Denver bedeuten für mich nichts mehr. Viele Fragen sind noch offen. Vor allem die, wer für die Kinder sorgen soll. Aber wenn Gott mich ruft, wird er auch hier einen Weg wissen.«
Das Leid war ihm zum Ruf geworden. Diese Erfahrung sollte auch uns beschieden sein in den kommenden Jahren in Tcholliré – uns und manchen unserer afrikanischen Freunde.
Ein neues Wachstum der Gemeinde bereitete sich vor. Es begann mit einem Todesfall, der wie ein Samenkorn wirkte. Joseph, ein Angestellter bei der Verwaltung, verunglückte tödlich mit dem Fahrzeug des Kommandanten. Er war in der Stadt Garoua getauft worden und einer der wenigen Christen gewesen, die wir in Tcholliré vorfanden. Treu war er jeden Sonntag zum Gottesdienst gekommen.
Sein Begräbnis wurde unbeabsichtigt zu einem Zeugnis für das ganze Dorf. Die kleine Gemeinde stand um das Grab – und sang. Wir hatten uns gar nicht recht klargemacht, daß das etwas Außergewöhnliches sei. Aber dieses Singen angesichts des Todes anstatt Totentanz und Wehklage ließ das ganze Dorf aufhorchen und weckte ein großes Fragen.
Der Gottesdienstbesuch verdoppelte sich. Jetzt saßen mehr außerhalb der Kapelle als darin. So wurde der Wunsch nach einem größeren »sudu Allah« (Haus Gottes) laut. Die Dorfbewohner schleppten auf eigene Initiative Steine, Gras und Bambusstangen herbei. Immer wieder traten sie mit der Bitte an uns heran, doch Versammlungen im Dorf abzuhalten. Das hatten wir bisher noch nicht gewagt, einmal, weil unser Fulani noch zu dürftig war, zum andern, um die Moslems nicht zu verärgern. Nun aber konnten wir nicht widerstehen.
Wir suchten uns dazu einen schattigen Baum auf einem freien Platz; denn der Himmel behielt jetzt bis in den April hinein sein hartes, glattes Blau, ohne daß auch nur ein Wölkchen zu sehen war. Unter den Zuhörern war ein alter Mann, der mit seinen Frauen aus einem Anwesen auf der anderen Seite des Platzes kam. Zahlreiche Kinder folgten ihnen und sangen besonders freudig mit.

Wenige Tage später brannte es im Dorf. Das kam jetzt in der Trokkenzeit öfter vor. Man säuberte die Felder durch Brand. Kilometerlange hohe Feuerfronten entstanden, schreckten uns des Nachts oft mit ihrem Prasseln aus dem Schlaf und hinterließen eine verdorrte Landschaft mit totem Gelb und einem schwarzen verbrannten Boden. Manchmal griff solch ein Feuer auf eine Ortschaft über. In wenigen Minuten konnte sie abbrennen; denn die Anwesen, die mehrere Strohhütten umfaßten, waren von einem mannshohen Graszaun umgeben, und wenn der einmal Feuer fing, war es schwer, dem Brand Einhalt zu gebieten.
Als Walter das Feuer von der Station aus sah, fuhr er sofort mit dem Motorrad hinunter. Tatsächlich: Das Anwesen des alten Mannes, der uns so wißbegierig zugehört hatte, stand in Flammen. Fünf von den zehn Hütten waren schon abgebrannt, und nun drohte das Feuer auf den Zaun überzugreifen. Die Menschenmenge, die sich versammelt hatte, sah apathisch zu. Walter forderte sie auf, den Zaun niederzureißen, aber niemand reagierte.
So hängte er sich schließlich in einem Akt der Verzweiflung mit seinem ganzen Gewicht an den bereits brennenden Zaun. Das Beispiel wirkte. Jetzt sprangen einige hinzu und halfen ihm. Krachend fiel der Zaun nieder. Bei dem Sturz schlug sich Walter das Knie etwas auf. Aber jetzt konnte das Feuer leicht ausgetreten werden. Die Gefahr war abgewehrt.
Der alte Mann trat aus der Menge heraus und fiel Walter vor dem ganzen Dorf um den Hals.
Toma hatte die Szene beobachtet. Nach der Rückkehr auf die Station erkundigte sich Walter bei ihm, wer denn der Mann gewesen sei.
Toma strahlte: »Das war dein größter Gegner, Monsieur. Es war der ›Mallum‹, der mohammedanische Priester von Tcholliré!«
Am nächsten Morgen machte der Mallum seinen ersten Besuch auf der Missionsstation. Er brachte zwei Hühner zum Geschenk, um sich für die Hilfe zu bedanken. Am meisten hatte ihn beeindruckt, daß Walter dabei ein paar Tropfen Blut verloren hatte.
Doch nun erwies sich mein Mann als ein guter Geschäftsmann. Er behauptete, daß man mit zwei Hühnern für sein Blut nicht bezahlen könne. Mit keiner Anzahl von Hühnern, die der Mallum bot, gab sich Walter zufrieden. Schließlich nannte er seinen Preis: »Ich möchte einen von deinen Söhnen in meiner Schule haben.«

Zu unserer Überraschung ging der Mallum sofort darauf ein. Ja, er schien geradezu stolz zu sein. Bereits am nächsten Nachmittag erschien der siebenjährige Belaji zum Unterricht.
Wir ahnten jedoch nicht, wie sich gerade durch diese Vorgänge die ersten Wolken zusammenzogen, und wie genau jeder Schritt nach vorn, den wir in unserer Arbeit taten, beobachtet wurde.
Ein solcher Schritt nach vorn war auch die Einweihung des »sudu Allah«. Es hatte keine Wände, und die Grenze zwischen drinnen und draußen konnte sehr weitherzig gezogen werden. Es bestand nur aus einem vierzehn Meter langen Grasdach, von starken Baumstämmen getragen. Es kostete genau 60 DM, und die Akustik war besser als in mancher Kathedrale Europas, die Millionen gekostet hat.
Zur Einweihung erschienen über zweihundert Menschen. Darunter war auch der Mallum mit allen vier Frauen. Als Walter am Ende zu freiem Gebet aufforderte, erhob auch er sich, streckte die Arme gen Himmel und sprach ein arabisches Gebet.
Die Arbeit wuchs, und wir brauchten Hilfe. Wie dankbar waren wir, als uns die Missionskonferenz einen erfahrenen Pfarrer, André Garba, und einen jungen Katecheten, Paul Darman, zur Verfügung stellte! Sie waren beide vom Stamm der Gbaya, der das Gebiet um Meiganga herum bewohnt. Aber sie sprachen gutes Fulani. Wir ahnten nicht, daß Paul eines Tages der Präsident der lutherischen Kirche von Kamerun werden sollte. In der Krisenzeit, die nun folgte, standen uns die beiden treu zur Seite und »litten mit als gute Streiter Jesu Christi«.
Die Krise begann mitten in der Gemeinde. Eines Tages stürzte Paul in unser Wohnhaus und meldete atemlos: »Sie sind alle fort. Die Station ist verlassen!«
Wir blickten zum Fenster hinaus. Tatsächlich, da zogen sie. Im Gänsemarsch, mit ihren Bündeln auf dem Kopf, bewegte sich ein Zug die Straße zum Dorf hinunter. Sogar unser treuer Toma war dabei.
»Warum?« – Paul zuckte die Achseln. André Garba riet uns, einen Versuch zu machen, sie aufzuhalten, ehe sie das Dorf erreichten. Es konnte sich ja nur um ein Mißverständnis handeln.
Walter trat das Motorrad an, und André kletterte auf den Soziussitz. Sie überholten den Zug und stellten sich ihnen in den Weg. Unwillig hielten die Leute an, waren aber nicht zu einem Gespräch

bereit. André Garba mußte seine ganze Überredungskunst aufbieten, bis sie ihre Matten vom Kopf nahmen.

»Sagt mir offen, was los ist«, bat Walter.

»Es hat keinen Zweck, länger in der Mission zu bleiben.«

»Was hat keinen Zweck?«

»Es hat keinen Zweck, länger in der Mission zu bleiben und den Weg Gottes zu gehen. Siehst du die Berge?« Mit einer Armbewegung deutete er auf die Bergkette im Westen. »Unsere Sünden sind so hoch wie jene Berge da. Wir können nicht darüber hinwegsteigen. Der Weg Gottes ist zu schwer.«

Langsam begriff Walter, was geschehen war. Brav hatten sie bisher die Zehn Gebote auswendig gelernt. Aber nun hatten ihnen Paul und André abends am Feuer klargemacht, was es bedeutete, sie zu befolgen. Da war das Wissen vom Kopf ins Herz gefallen, und sie waren erschrocken. Mutig hatten sie die Konsequenzen gezogen: Es gab nur eine Alternative – sie mußten die Missionsstation verlassen.

Diese Flucht war also eine Frucht. Walter beneidete diese Menschen fast um ihr Erschrecken, das wir, die wir uns bereits an unsere Sündhaftigkeit gewöhnt haben, so selten noch erleben.

Er bat sie, sich am Straßenrand niederzulassen und setzte sich zu ihnen. Dort, in jenem Straßengraben zwischen der Missionsstation und dem heidnischen Dorf, wurde nun eine entscheidende seelsorgerliche Schlacht geschlagen. Zum erstenmal konnte Walter ihnen klarmachen, was es bedeutete, daß Jesus Christus am Kreuz für uns gestorben ist.

Langsam und nachdenklich kehrten sie gegen Abend in ihre Häuser auf der Missionsstation zurück.

Es kam die heißeste Zeit des Jahres: Februar und März. Das Thermometer kletterte jeden Tag bis auf vierzig Grad im Schatten. Das Schlimmste war, daß es auch nachts nicht mehr abkühlte und wir uns schlaflos hin und her wälzten. Manchmal schütteten wir zwei Eimer Wasser auf den Boden. Sie waren in einer halben Stunde aufgetrocknet. Als wir einmal den französischen Kommandanten als Gast zum Abendessen hatten, tranken wir zu dritt während der Mahlzeit acht Liter Wasser. Man hatte überhaupt immer Durst. Nur in dem Augenblick, wo man trank, verließ einen das Durstgefühl für wenige Sekunden. In dieser Zeit kam Musa zu uns. Er sagte, sein Vater sei ein Sklave des Lamido gewesen. Vor kurzem sei er ge-

storben. Nun mache der Lamido auf ihn Besitzrecht geltend und wolle ihn nach Rey Bouba holen. Hier auf der Missionsstation sei sein einziger Zufluchtsort.
Musa war ein sechzehnjähriger Junge. Wir nahmen ihn gern auf, schon allein deshalb, weil er mit Pferden umgehen konnte. Walter suchte schon lange einen guten Pferdeboy für Sedaku. Musa nahm mit großem Interesse am Gemeindeleben teil und war einer der Interessiertesten am Taufunterricht, den Walter nun regelmäßig zu halten begonnen hatte.
Der Kontakt zum Mallum vertiefte sich in der Folgezeit immer mehr. Sein Sohn Belaji wurde Walters Fulanilehrer. Er sprach ein ausgezeichnetes Fulani, und Walter ging mit ihm jeden Samstag seine Predigt durch. Mitunter erschien dazu auch der Mallum selbst, da er seinem Sohn in nichts nachstehen wollte.

Eines Tages bat er Walter – ein Zeichen höchsten Vertrauens –, ihm einen Zahn zu ziehen. Das war nun freilich eine strategische Operation. Immerhin, Walter wollte es versuchen. Gehorsam nahm der mohammedanische Priester auf einem Feldstuhl vor dem deutschen Theologen Platz, der in seinem Leben noch nie einen Zahn gezogen hatte, und öffnete den Mund. Yaya, einer der jungen Männer, die am Taufunterricht teilnahmen, stand daneben und hielt ein Glas mit abgekochtem und gefiltertem Wasser zum Nachspülen. Walter untersuchte das Gebiß. Es waren nicht viel Zähne übrig, und der schmerzende Zahn war bereits sehr locker. Es konnte also nicht allzuschwer sein. Mittels einer Spritze gelang es, den Nerv zu betäuben. Ein kurzer Ruck – und Walter hielt den Zahn in der Zange. Der Mallum war begeistert.
Von dem Tage an waren die beiden Freunde und betrachteten sich als Kollegen in Sachen Theologie. Walter hatte indessen auch den Namen »Monsieur Allah« erhalten in Analogie zu dem Lehrer an der neugegründeten französischen Volksschule, der »Monsieur Ecole« genannt wurde, und dem Baumwollpflanzer, der »Monsieur Cotton« hieß.
Die erste theologische Frage, die der Mallum an Walter richtete, hatte mit dem Hausbrand zu tun: Er, der Mallum, sei doch der Mann Gottes in Tcholliré. Warum also habe Allah sein Haus nicht beschützt? Walter erzählte ihm zur Antwort die Geschichte Hiobs; das führte ihn in immer tieferes Fragen. Bei dieser Gelegenheit ent-

deckte Walter übrigens auch, daß der Mallum von den arabischen Gebeten, die er auswendig gelernt hatte, kein Wort verstand. Aber er war ein nachdenkender, suchender Mann.

Indessen war es Mai geworden, und der Regen hatte wieder eingesetzt. Da bat Yaya, Walter möge ihn in sein Heimatdorf Sasa begleiten. Er sei verheiratet, aber die Eltern seiner jungen Frau erlaubten ihr nicht, nach Tchollíré zu kommen. Er hingegen wolle nicht zurückkehren, bis er getauft sei. Walter solle persönlich mit seinen Schwiegereltern reden.

So kam es zur Reise nach Sasa. Walter beschreibt sie in seinem Tagebuch folgendermaßen:

»Es gießt in Strömen, als wir am Nachmittag des zweiten Tages Sasa erreichen. 80 km Fußmarsch liegen hinter uns. Es ging über unzählige Flüsse; mein Pferd Sedaku hat sich glänzend bewährt. Lange konnte ich freilich nicht aufsitzen, da der afrikanische Sattel zu unbequem war. Aber durch die Furten der Flüsse trug mich Sedaku, ohne zu scheuen. Musa führte es sachkundig am Zaum.

Die Nacht haben wir im Busch unter den Sternen des offenen Himmels verbracht. Nun sind wir da: zehn Afrikaner, mein Pferd Sedaku und ich. Wir sind müde und naß.

Der Dorfhäuptling muß erst aus dem Garten geholt werden. Er ist etwas verlegen, weil er sich nicht vorher umziehen konnte. Ich versuche, mich so ›unweiß‹ wie möglich zu benehmen, mit anderen Worten: freundlich zu sein, leise zu sprechen, nichts zu verlangen, niemand zur Eile anzutreiben und Geduld zu haben, kurz – alles zu tun, was von einem weißen Mann nicht erwartet wird. Es ist gar nicht so einfach.

Schließlich werde ich in eine Rundhütte geführt, in der ich mein Feldbett aufschlagen kann. Sie ist noch rauchig und hatte offensichtlich vorher als Küche gedient. Am Abend werde ich in eine größere Hütte gerufen, um die Ältesten zu begrüßen. Wir kommen überein, am nächsten Morgen in aller Frühe, ehe die Dorfbewohner aufs Feld gehen, eine Versammlung abzuhalten.

Tatsächlich: in der Morgendämmerung ertönt ein Gong, die Felge eines Autorades, an die einer mit einem Stück Eisen schlägt. Als ich die Versammlungshütte betrete, ist sie bereits bis auf den letzten Quadratzentimeter besetzt. Die Frauen haben ihre Kinder mit Tüchern auf dem Rücken festgebunden. Nur der Häuptling thront auf einem wackeligen Stuhl.

Wir beginnen mit einem Lied. Meine afrikanischen Begleiter stekken ihre Nasen tief in die mitgebrachten Liederbücher, um zu zeigen, daß sie bereits lesen können, obwohl sie diese Lieder längst auswendig wissen.
Ich erzähle das Gleichnis vom verlorenen Sohn. Sie hören interessiert zu. Die Verlockung einer großen Stadt in einem fernen Land, das Verlassen des Heimatdorfes, um besser zu leben – ja, das verstanden sie wohl. Als ich ausmale, wie der Sohn sein Geld in wenigen Tagen durchbringt, antworten sie mit einem wissenden Lächeln, aus dem Erfahrung spricht. Aber darüber können sie sich nicht genug wundern, daß die Schweine auf dem Bild, das ich mitgebracht hatte, aus einem Trog fraßen. Angesichts dieses unerhörten Luxus' wirkte es unglaubhaft, daß der Sohn wirklich am Ende war.
Schließlich der Ruf: Gott wartet auf euch, ihr Leute von Sasa, wie der Vater auf seinen Sohn wartet!
Als ich aufhöre, fängt unerwartet der Häuptling zu reden an. Er wiederholt noch einmal Wort für Wort meine ganze Predigt und unterstreicht mit seiner Autorität den Ruf am Ende.
Dann fordere ich Yaya auf, ein Gebet zu sprechen. Das verursacht eine Unruhe. Ich hatte vergessen, daß diese Leute noch nie gebetet hatten. Yaya begreift die Situation sofort und gibt Anweisungen. Köpfe werden gebeugt und Hände gefaltet. Nur die Frauen kichern noch und erklären sich gegenseitig, wie sie es machen sollen. Endlich wird Ruhe, und Yaya spricht ein schlichtes Gebet.
Nach der Versammlung stellt er mir seine junge Frau vor. Sie sagt überhaupt nichts, sondern blickt scheu zur Seite.
Das Gespräch mit ihren Eltern dauert nicht lang. Sie sind schnell bereit, sie ziehen zu lassen, als ich ihnen verspreche, ihre Tochter zu beschützen. Damit kommt nun das erste Ehepaar auf die Station. Zuversichtlich treten wir am nächsten Tag die Rückreise an.« – Soweit Walters Tagebuch.
Vielleicht hatte er sich mit der Reise nach Sasa zu weit vorgewagt. Jedenfalls begann sich sofort nach seiner Rückkehr spürbar etwas in der Atmosphäre zu ändern. An sich war dies ja kein Wunder. Das ständige Wachsen der Gemeinde und der zunehmende Besucherstrom aus den umliegenden Dörfern mußten die Opposition wachrufen. Der Lamido hatte die Durchschlagskraft des Evangeliums unterschätzt.

Natürlich hatten wir mit Widerstand gerechnet. Aber die Art, in der er sich zeigte, überraschte uns und machte uns zu schaffen. Nirgends zeigte sich offene Feindschaft. Wir konnten nur aus bestimmten Vorgängen unsere Schlüsse ziehen.
Immer häufiger erschienen Männer mit einem roten Käppchen auf der Station. Sie waren die offiziellen Läufer des Lamido. Hinter ihnen stand seine Autorität. Unsere treuesten Helfer wurden plötzlich abberufen und zu irgendwelchen Arbeiten in weit entfernte Dörfer »versetzt«. Die Gottesdienstbesucher wurden auf dem Weg zur Station belästigt und manchmal unter Vorwänden aufgehalten. Das Schlimmste aber war, daß Menschen, die sich treu zur Gemeinde gehalten hatten, plötzlich verschwanden. Sie gingen ins Dorf und kamen nie wieder. Alle Nachfrage blieb vergeblich. Niemand wußte, wo sie waren.
Auch unser Freund, der Kommandant, hatte gewechselt. Sein Nachfolger stand unserer Arbeit betont zurückhaltend gegenüber. Als Walter wegen des Verschwindens von Menschen bei ihm vorstellig wurde, zuckte er nur die Achseln. Das sei Sache des Lamido. Da mische er sich nicht hinein.
Walter ließ nicht locker und ging bis zum Lamido. Dieser war wie immer außerordentlich freundlich. Aber was die verschwundenen Gemeindeglieder anbelangte, gab er vor, keine Ahnung zu haben. Er erkundigte sich über die Reise nach Sasa und teilte Walter dann kurz und bündig mit, daß er wünsche, in Zukunft über solche Reisen vorher informiert zu werden.
Walter war sehr bedrückt, als er von dieser Unterredung heimkam. War dies ein Reiseverbot? Es klang fast so. Aber ein klares Verbot war es auch wieder nicht. Es war ein merkwürdiges Zwischending wie so viele Dinge in Rey Bouba. Möglicherweise war es dem Lamido unangenehm, daß Walter durch Sedaku in Orte seines Reiches vordrang, in die er selbst nicht kommen konnte und in denen er nie gewesen war.
Wie dem auch sei, es stand fest, daß wir mit unserer Arbeit wie Jesus zwischen die Fronten geraten waren, zwischen Pilatus, den Vertreter der ausländischen Besatzungsmacht, und Herodes, den einheimischen König. Wir wurden zwischen beiden hin- und hergespielt.
Derjenige, der zunächst davon am meisten betroffen wurde, war Musa. Der Lamido hatte herausgefunden, wo er sich aufhielt, und

verlangte ihn zurück. Die Begründung war: »Der Vater Musas ist das Kind meines Vaters gewesen. Folglich ist Musa mein Kind.«
»Kind« bedeutete in solch einem Zusammenhang Sklave. Das hatten wir längst gelernt. Sklaverei war offiziell verboten, auf dem Papier. Aber die französische Verwaltung drückte beide Augen zu. Ihr war viel an der Freundschaft mit den einheimischen Häuptlingen gelegen, die sie brauchte, um das Land zu regieren.
Musa weinte herzzerreißend, als er die Nachricht erfuhr. »Sie werden mich schlagen und ins Gefängnis werfen, weil ich auf der Mission lebte«, schluchzte er. Wir waren in einem schweren Konflikt. Musa nicht herausgeben hieße, dem Lamido offen den Krieg erklären. Dann würde uns wahrscheinlich auch die französische Verwaltung die Erlaubnis zum Weiterarbeiten entziehen. Durften wir das junge Pflänzlein, die Gemeinde, schon dem Sturm der Verfolgung aussetzen? Durften wir sie allein lassen? Bisher war ja noch nicht ein einziger getauft!
Wir dachten an den Sklaven Onesimus, den Paulus auch zu seinem Sklavenhalter Philemon zurücksandte. Aber Philemon war Christ, der Lamido nicht. Es war eine schwere Entscheidung. Schließlich entschlossen wir uns, Musa dem Lamido zurückzubringen.
Wir versuchten, ihn mit der Geschichte von Joseph zu trösten, der von seinen Brüdern in die Sklaverei verkauft wurde und der dann erlebt hatte, wie sich dadurch Gottes Plan in seinem Leben verwirklichte. Diese Geschichte sollte Musa trösten, aber sie klagte uns gleichzeitig an. Wir kamen uns vor wie jene Brüder, die ihn verkauften um eines billigen Friedens willen.
Walter brachte Musa persönlich zum Palast des Lamido. Sie wurden nicht miteinander empfangen. Der Lamido zeigte sich sehr befriedigt und versprach Walter, Musa nicht zu mißhandeln, ein Versprechen, das er auch hielt. Dann schloß sich das schwere Tor hinter Musa. Er trug nur eine kurze Hose. Alle seine Kleider, auch sein Geld, hatte er bei uns gelassen. »Sie nehmen es mir doch weg«, hatte er gesagt.
Später gelang es ihm zu entfliehen. Zu Fuß legte er die 300 km nach Ngaoundéré zurück, das außerhalb von Rey Bouba liegt. Dort wurde er dann auch getauft. Wir hatten ihn im Stich gelassen. Gott nicht.

In der Folgezeit zogen wir es vor, vor allem auf der Station zu arbeiten, und konzentrierten uns ganz auf den Unterricht. Weihnachten konnte die erste Gruppe getauft werden. Es waren zwölf Männer und zwei Frauen. Toma war darunter und auch Yaya. Der Mallum, der sich merkwürdigerweise durch keine Feindschaft hatte beirren lassen, war auch gekommen. Hinterher gab es Reisessen für die ganze Gemeinde.

Mit Freuden sahen wir, wie sich das Verhältnis Yayas zu seiner Frau vertiefte. Auf dem Heimweg von Sasa hatten sie kein Wort miteinander gesprochen. Yaya war ganz vorn im Zuge marschiert und seine Frau am andern Ende. Aber nun gingen sie doch schon manchmal nebeneinander, wenn sie ins Dorf kamen, und faßten sich sogar an der Hand. Sonst liefen Ehepaare hier gewöhnlich mit fünf Metern Abstand hintereinander: der Mann voraus – und die Frau mit den Lasten auf dem Kopf hinterher.

Das kommende Jahr 1955 brachte uns in allen Spannungen zwei freudige Ereignisse. Im April stieß das Ehepaar Johnson zu uns, und im August wurde unser erstes Kind geboren.

Ernest Johnson war ein Berufsschullehrer, der in Tcholliré auf ausdrücklichen Wunsch des Lamido eine Handwerkerschule errichten sollte. Seine Frau Helen aber war Krankenschwester. Das bedeutete für uns eine große Entlastung. Freilich ging's zunächst wieder ans Bauen. Ein Schulgebäude mußte errichtet werden und eine Station für ambulante Behandlung. Doch diese Arbeit leitete Ernest nun fachkundig, und Walter konnte sich mehr den seelsorgerlichen Aufgaben widmen.

Die Wartezeit auf mein erstes Kind ging schnell vorbei. Unseren alten, aus Weiden geflochtenen Reisekorb richtete ich als Kinderbettchen her. Den Deckel ersetzte ich durch ein Moskitonetz, die Innenseiten fütterte ich mit weichem Musselin. Eine alte Decke wurde zur Matratze. Damit war alles bereit für den künftigen Besitzer!

Am 20. August brachten Ernie und Helen uns in ihrem kleinen Pick-up zum Fluß. Auf der anderen Seite wartete unser Missionsarzt mit seinem Auto. Es war jetzt der Höhepunkt der Regenzeit, und der Fluß war angeschwollen. Dazu kam, daß der Einbaum leck war. Dennoch stiegen wir ein. Die Ruderer stopften mit Messern alte Lappen in die Risse. Schon stand der Reisekorb 15 cm tief im Wasser. Obwohl alle Insassen eifrig schöpften, stieg das Wasser im Boot ständig. Gerade noch rechtzeitig erreichten wir das gegenüberliegende Ufer.

Die siebenstündige Fahrt zum neuerrichteten Missionskrankenhaus in Ngaoundéré war ein Wettlauf mit einem Gewittersturm.
Kein Wunder, daß nach der aufregenden und anstrengenden Reise das Kind auch nicht mehr lange auf sich warten ließ. Schon am Tage nach der Ankunft meldeten sich die Wehen – Walter hielt meine Hand –, und wir erlebten diese große Stunde gemeinsam. Dann lag sie in ihrem Reisekorb, unsere älteste Tochter, Katrin Herta.
Als wir wieder nach Tchollíré zurückkehrten, gab es einen kleinen Menschenauflauf. Viele hatten noch nie ein weißes Baby gesehen. Sie bewunderten seine Größe und wurden nicht fertig, Bemerkungen zu machen über seine wohlgeformte Nase, die bei afrikanischen Kindern oft ganz plattgedrückt ist.
Pfarrer André Garba taufte das Kind. Auch der Mallum wohnte mit seinen Frauen der Taufe bei. Viele brachten Erdnüsse und andere Gartenfrüchte als Geschenke. Selbst der Lamido sandte neunzig Eier, von denen sogar über die Hälfte noch gut waren. Er erbat sich einen Besuch seines jüngsten Untertanen, und Kathryn erwies sich dabei als ein Botschafter des guten Willens.
Überhaupt öffnete das Kind neue Türen. Die Frauen hatten mich doch bisher nicht ganz für voll genommen, vor allem nicht, wenn ich ihnen Ratschläge geben wollte für die Zeit der Schwangerschaft und für die Geburt. Woher sollte ich auch etwas davon verstehen, ehe ich nicht selbst ein Kind hatte?
Sie hatten ja die merkwürdigsten Vorstellungen. Zum Beispiel gaben sie einer Mutter während der Wehen nie etwas zu trinken. Sie meinten, das Kind bekomme dann Wasser in die Nase und ertrinke. Man zwingt die Mutter, aufrecht zu sitzen. Eine andere Frau stemmt sich mit dem Rücken gegen sie. Einmal hatten wir erlebt, wie eine fünfzehnjährige Mutter, bei der die Wehen besonders lange dauerten, an Erschöpfung starb.
Solche Erlebnisse brachten Helen und mich dazu, Aufklärungskurse für die Frauen abzuhalten. Als sie anhand von Bildern sahen, daß das Kind im Mutterleib mit dem Kopf nach unten liegt, waren sie starr vor Staunen. Auch die Beziehung zwischen Menstruation und Empfängnis war für sie eine Entdeckung. Die Monatsbeschwerden hatten sie sich so erklärt, daß ein Hühnchen im Unterleib kratze. Auch glaubten sie, daß die Schmerzen bei der Geburt vom Kind verursacht seien, das die Nabelschnur zerreißen wolle.
Der Aberglauben stellte sich uns entgegen als eine weitere Front.

Katrin Trobisch begrüßt das jüngste Kind des Mallum.
Der Mallum (links) bringt dem neuen weißen Baby seine Geschenke.

Zum Beispiel war man überzeugt, daß Zwillinge Unglück bedeuten. Deshalb ließen sie oft das Zweitgeborene sterben.
Als wir wieder einmal hörten, daß Zwillinge geboren waren, ging ich mit Helen ins Dorf, um die Mutter zu beglückwünschen. Sie bat uns, den beiden Mädchen einen Namen zu geben. Das geschah öfter. Es war offensichtlich eine Art Prestige damit verbunden, wenn ein Weißer das Kind benannt hatte. Wir nannten die Zwillinge Maria und Martha. Aber der Vater war pessimistisch: »Jemand aus der Familie wird sterben. Es ist besser, wenn eins der Kinder stirbt.«
Bald sahen wir, daß Martha, die Erstgeborene, die Begünstigte war. Sie bekam immer zuerst die Brust. Für Maria war dann meist nicht mehr viel übrig. Sie magerte zusehends ab. Schließlich wurde sie krank, und die Mutter brachte sie uns mit Symptomen, die auf Lungenentzündung deuteten. Ich bereitete im Haus eine Penicillinspritze vor, dann rief ich die Mutter herein. Sie kam, und das Kind erhielt die Spritze. Als ich ihm aber hinterher ins Gesicht sah, merkte ich, daß es nicht Maria, sondern Martha war. Die Mutter hatte kein schlechtes Gewissen wegen ihres Betrugs. Martha kam eben in allem zuerst, auch beim Penicillin.
Als Maria wieder gesund war, fragte ich die Mutter, ob sie sie nicht auf der Station unter meiner Obhut lassen wollte. Aber sie schüttelte traurig den Kopf. »Maria ist nicht mein Kind«, sagte sie. »Ich bin eine Sklavin. Der Lamido gab mich dem Mann, von dem ich diese Kinder habe. Deshalb gehören die Kinder dem Lamido. Jeden Tag kann mich der Lamido einem andern Mann zur Frau geben.«
Wahrscheinlich hatte auch Musas Geschichte einen ähnlichen Hintergrund. Ja, wir lebten tatsächlich in einem totalitären Staat!
Als sich nun herausstellte, daß Ndiya schwanger war, bestanden wir darauf, daß sie das Kind auf der Missionsstation zur Welt bringe. Wir wollten Yayas Frau und Kind nicht unnötiger Gefahr aussetzen. Freilich ahnten wir nicht, welche Verantwortung wir damit auf uns luden.

Es verging keine Woche, ohne daß nicht eine Abordnung von Ndiyas Familie aus Sasa erschien, um die werdende Mutter nach Hause zu holen. Die Begründung war, daß sie ein Huhn schlachten und das Blut über den Erdnußgarten sprenkeln müsse, weil dies die Affen abhalte. Aber Yaya hielt zu uns, und Ndiya blieb.
Auch Yaya riskierte viel. Wenn Ndiya bei der Geburt starb, würde

man ihm die Schuld geben und ihn zur Strafe drei Tage mit der Leiche in eine Hütte sperren. Außerdem müßte er eine hohe Geldstrafe bezahlen. Darüber hinaus aber stand die Zukunft unserer ganzen Arbeit auf dem Spiel. Es war eine Kraftprobe.

Ndiya erwartete ihr Kind, »wenn die Hirsehalme sich beugen und reif zur Ernte sind«. Das war Anfang Dezember.

Kurz vorher erschien Yayas Mutter, die sich als eine Art Hebamme ausgab. Ndiya riet uns, um des lieben Friedens willen wenigstens ihre Schwiegermutter bei der Geburt dabeisein zu lassen. Wir stimmten dem Kompromiß zu, ahnten aber nicht, daß sich auf diese Weise die Geburt zu einem Dreikampf der Hebammen gestalten sollte.

Als es so weit war, betrat die afrikanische Hebamme splitternackt, nur mit einer Perlenschnur um die Lenden, den Schauplatz des Kampfes. Ich band ihr eine schneeweiße Schürze um. Es war ein einzigartiger Anblick. Daneben stand die schlanke Helen mit der Schwesternhaube über dem langen blonden Haar. In der halbdunklen Hütte stöhnte Ndiya in den Wehen.

Die Schwiegermutter rieb zunächst ihre eigenen Hände und Arme mit Petroleum ein. »Die bösen Geister hassen diesen Geruch«, erklärte sie. »Es ist der Geruch des weißen Mannes.« Dabei massierte sie Ndiyas Leib mit Erdnußöl und stieß sie ab und zu kräftig in den Rücken, »damit das Kind sich loßreißt und schneller kommt«.

Helen und ich ergriffen Gegenmaßnahmen. Wir breiteten eine saubere Matte unter Ndiya und wuschen sie ab. Nur schwer konnten wir die Hebamme dazu überreden, ihre Hände mit Seife und Wasser zu waschen. Schließlich tat sie es, weil auch diese Dinge den Geruch des weißen Mannes an sich hätten. Als die Wehen öfter kamen, ohne daß das Köpfchen erschien, verlor die Hebamme die Geduld. Sie ergriff einen schmutzigen Lappen und preßte ihn Ndiya als Knebel in den Mund. Ndiya, die ohnehin schon einer Ohnmacht nahe war, begann zu würgen.

»Was machst du da?« schrie Helen. »Ich zwinge das Kind mit Gewalt heraus«, war die Antwort.

Buchstäblich mit körperlicher Gewalt gelang es Helen und mir, Yayas Mutter von Ndiya wegzuziehen. Aber da war sie schon wieder. Jetzt trug sie eine schmierige Masse aus Baumrinde auf, um das Einreißen bei der Geburt zu verhindern.

Endlich erschien der Kopf und wenige Sekunden später auch der

Ndiya mit Maria, dem ersten Kind, das auf der Missionsstation in Tchollíré geboren wurde.

Körper. Es war ein Mädchen. Helen schätzte sein Gewicht auf etwas mehr als vier Pfund. Nun wurde der Vater hereingerufen. Feierlich nahm er sein Messer heraus und schnitzte nach Anweisung seiner Mutter ein Stück Bambus zurecht, das er aus dem Dach zog. Sie beschrieb damit dreimal einen Kreis in der Luft und trennte dann die Nabelschnur ab. Helen band sie ab, sterilisierte sie und zog das Baby an, das kleine kätzchenhafte Schreie von sich gab. Ich kümmerte mich um Ndiya und bettete sie sauber.
Viel erschöpfter als nach Katrins Geburt sank ich ins Bett. Walter ging eine Viertelstunde später hinunter zur Hütte, um Ndiya zu beglückwünschen. Zu seiner Überraschung fand er die Hütte leer.
»Wo ist Ndiya?« fragte er entsetzt. Yayas Mutter sah ihn verblüfft an. »Natürlich ist sie unten am Fluß, um zu baden.«
Mutter und Kind aber überlebten die Strapaze. Seitdem kamen öfter Frauen zur Entbindung auf die Station.
Wieder feierten wir Weihnachten. Der Gottesdienst war überfüllt. Auch der Mallum, unser treuer Freund, war wieder erschienen. Ernest hatte einen Projektor mitgebracht, der sich an eine Autobatterie anschließen ließ. So hatten wir die technische Möglichkeit, Farblichtbilder zu zeigen, die die Weihnachtsgeschichte illustrierten.
Walter fragte den Mallum, ob wir am Abend ins Dorf kommen und die Farblichtbilder auf dem Platz vor seinem Hause vorführen dürften. Er war sofort damit einverstanden.
Da ging Walter noch einen Schritt weiter. Er bat ihn, die Versammlung doch selbst am Ende des Gottesdienstes bekanntzugeben und jedermann dazu einzuladen.
Dies geschah. Kaum war das letzte Lied verklungen, erhob sich der mohammedanische Priester und verkündete, daß jeder, der nun die Weihnachtsgeschichte mit eigenen Augen sehen wollte, am Abend mit Einbruch der Dunkelheit sich vor seinem Haus versammeln sollte.
Als wir hinunterkamen, war der ganze Platz weiß von Menschen. Kopf an Kopf saßen die Moslems in ihren langen weißen Gewändern. Wir mußten an das Wort Jesu denken: »Das Feld ist weiß zur Ernte.«
Es müssen weit über tausend gewesen sein. Dies war das einzige Mal, daß wir die Bevölkerung Tchollirés geschlossen erreichten. Weil der Mallum persönlich eingeladen hatte, war jedermann ohne Bedenken erschienen. Wir fanden kaum einen Platz, um den Bild-

schirm aufzubauen und das Auto zu parken. Die einzige Möglichkeit war, den Bildschirm vor einem Graszaun aufzustellen, der den Platz begrenzte. Es war ein halbzerfallener Zaun, der ein leeres Grundstück umgab.
Dieses leere Grundstück aber war die Moschee von Tcholliré. So kann es nicht wundernehmen, daß die Moslems unsere Veranstaltung als einen direkten Angriff auf ihre Religion auffaßten.
Schon während des Vortrags setzten sich einige bewaffnete Leibwächter des Lamido zwischen Bildschirm und Zaun. Kaum hatten wir den Platz verlassen, wurde der Mallum abgeführt und nach Rey Bouba gebracht. Auch Belaji erschien von dem Tage an nicht mehr zum Unterricht.
Wir machten uns Sorge um unseren Freund. Letzten Endes war es ja unsere Schuld, daß wir ihn in diese Lage gebracht hatten.
Nun bewährte es sich, daß er vier Frauen hatte. Eine von ihnen war blind. Sie übernahm die Zubereitung der Nahrung, denn es war Sitte, daß die Familienangehörigen für Strafgefangene selbst sorgen mußten. Eine zweite Frau zog nach Rey Bouba und blieb dort, um so weit wie möglich direkte Verbindung mit ihrem Mann zu halten. Eine andere übernahm die Botengänge mit der Nahrung zwischen Tcholliré und Rey Bouba, und die letzte kam regelmäßig abends nach Einbruch der Dunkelheit herauf zur Missionsstation und brachte uns die neuesten Nachrichten vom Ergehen ihres Mannes.
Er hatte vierzig Peitschenhiebe erhalten, was die übliche geringste Strafe war. Dann ging es ihm aber nicht schlecht. Er mußte einfach im Innenhof des Palastes sitzen. Was mochte in ihm vorgehen? Wir konnten nur für ihn beten.

Während dieser Zeit klopfte es in einer stockdunklen Nacht an unsere Tür. Es mußte kurz vor Mitternacht sein, und wir waren schon zu Bett gegangen. Wir erschraken.
»Wer ist da?«
»Yimbe Lamido on«, war die Antwort. Boten des Lamido! Was sollte das bedeuten? Vorsichtig trat Walter mit der Taschenlampe nach draußen. Sie waren schwer bepackt mit – Geschenken! Vier große Behälter mit wildem Honig, einen Sack Reis für unsere Helfer und etwa zehn Hühner brachten sie mit. Wir bedankten uns, gaben jedem ein Stück Seife, die wir für solche Zwecke bereithielten, und

ließen sie wieder ziehen. Lautlos, wie sie gekommen waren, verschwanden sie in der sternlosen Nacht.
Wie sollten wir uns das zusammenreimen? Es gab nur eine Erklärung: Der Lamido wollte uns zu verstehen geben, daß er auf die Herausforderung vom Weihnachtsabend so hatte reagieren müssen, um sein Gesicht als Moslem zu wahren, daß er uns aber persönlich zugetan blieb. Langsam begriffen wir die Doppelrolle, zu der er gezwungen war.
Kurz darauf wurde der Mallum wieder freigelassen. Durch eine seiner Frauen ließ er uns Grüße zukommen und bat um eine Unterredung mit Walter. Aber er wagte nicht, sich wieder zur Station zu begeben. Als Treffpunkt schlug er eine Grashütte vor, die weit vom Dorf und von der Missionsstation entfernt, sozusagen im neutralen Niemandsland lag.
Der Mallum erschien in alten Arbeitskleidern mit einem Grasbündel auf dem Kopf, so daß niemand Verdacht schöpfen konnte. In jener Hütte im Niemandsland kam es nun zu einem denkwürdigen Gespräch, ähnlich jenem Gespräch damals im Straßengraben zwischen Station und Dorf. Vielleicht müssen alle entscheidenden Gespräche zwischen den Fronten geführt werden.
Walter wollte ihn um Verzeihung bitten, aber er wehrte ab. Alles habe so kommen müssen. Es sei der Wille Allahs gewesen. Er habe während der drei Wochen seiner Gefangenschaft viel Zeit zum Nachdenken gehabt. Ihm sei nun endlich der Unterschied aufgegangen zwischen dem Glauben von Monsieur und dem Glauben der »Leute des Korans«, wie er sich ausdrückte.
Wer an den Koran glaubt, der fühle sich von Gott verlassen, wenn ihm etwas Böses widerfahre. Aber wer dem Almasehu folge, von dem Monsieur so viel gesprochen habe, der spüre, daß Gott ihn auch im Leid nicht verlasse. So sei Gott bei ihm gewesen, als sein Haus abbrannte, wie er bei Hiob war. Auch als er gefangengenommen und geschlagen wurde, habe er sich nicht verlassen gefühlt.
Walter war tief bewegt. Er zog ein Neues Testament heraus und las ihm die Geschichte von der Gefangennahme und Geißelung Jesu vor. Dann beschrieb er kurz Jesu Tod am Kreuz. Der Mallum hörte ihm schweigend zu, während draußen schnell die Dämmerung hereinbrach. Walter schloß mit einem kurzen Gebet. Zu seinem Erstaunen faltete auch der Mallum die Hände. Als Walter geendet hatte, begann auch er zu beten. Aber es war nicht eines seiner ihm un-

verständlichen arabischen Gebete. Es waren Worte in Fulani, die er zögernd fand.
Ja, erklärte er danach, er habe Musa im Innenhof des Lamido gefunden, und dieser habe ihm das beigebracht.
Und der Lamido selbst?
»Monsieur, mache dir keine Sorgen, er ist dein Freund und auch mein Freund. Er hat mir zum Abschied ein schönes weißes Gewand geschenkt, das schönste, das ich je besaß.«
Walter sah ihm noch lange nach, als er mit seinem Grasbündel auf dem Kopf in die Nacht verschwand. Wir sollten ihn nie wieder sehen, denn wenige Monate später starb er.

Urlaub in Deutschland und Amerika

Die Zeit unseres ersten Urlaubs kam heran. Der Abschied von Tcholliré wurde uns nicht leicht. Zuviel war geschehen seit jenem ersten deprimierenden Ankunftstag. Aber wir konnten beruhigt ziehen. Die Arbeit lag in guten Händen. Ernest und Helen Johnson hatten sich ausgezeichnet eingearbeitet. Außerdem wurde Pfarrer Ellingboe mit seiner Frau in Kürze erwartet.

Walters Eltern warteten ungeduldig darauf, ihr erstes Enkelkind, unsere fast einjährige Katrin, kennenzulernen. Wir planten, zuerst sie zu besuchen und danach nach Amerika zu reisen. Seit fast acht Jahren hatte ich meine Familie und Freunde dort nicht gesehen.

Dank des Flugzeuges schafften wir den Übergang vom heißglühenden Fort Lamy am Rande der Sahara ins kühle, angenehme Frankfurt/Main in einem Tag. Ruhige Wochen im Odenwald heilten unsere angegriffenen Nerven. Stundenlang saßen wir an einem Abhang und genossen die Natur im Herbstschmuck.

Walters Mutter hatte einen Paß von der DDR bekommen, damit sie uns besuchen konnte. Sie und Klein-Katrin wurden bald gute Freunde. Eines Morgens brachten wir die beiden an den Interzonenzug nach Leipzig. Wir wußten Katrin im Hause ihrer Großeltern gut aufgehoben, während Walter auf Reisen ging zu Vorträgen in verschiedenen Gemeinden und ich im Diakonissenhaus in Mannheim die Geburt unseres zweiten Kindes erwartete. Zwei Monate später tat unser Daniel Martin – nach seinen beiden Großvätern genannt – seinen ersten Schrei.

Weihnachten wollten wir bei Walters Eltern in Leipzig verleben, denn die Bestimmungen waren etwas gelockert, und wir bekamen einen Interzonenpaß. Aber die Suez-Krise war auf dem Höhepunkt, und der Aufstand in Ungarn wütete immer noch. Sollten wir die Gelegenheit ausnützen?

Wir fuhren trotzdem und erlebten fünf erstaunliche Wochen, er-

staunlich besonders für mich durch die Haltung der Leute, die ich kennenlernte: Freunde von Walter und seinen Eltern. Ich habe niemand klagen hören, obwohl mancher Grund dazu gewesen wäre. Ihr fröhlicher, ansteckender Glaube vertiefte sich nur unter den Schwierigkeiten, die sie durchzustehen hatten.
Auch an Daniels Großvater Ralph D. Hult brachte der Aufenthalt in Leipzig eine Erinnerung. Wir verlebten einen schönen Nachmittag bei Missionsdirektor Ihmels von der Leipziger Mission, den mein Vater 1926 auf der Heimfahrt von Tanganyika besucht hatte. Direktor Ihmels erinnerte sich noch gut an Vater.
Die Weihnachtstage waren nur allzubald vorüber. Es war Zeit, nach Westdeutschland zurückzukehren. An einem kalten, schneereichen Januartag bereiteten wir unsere Reise vor. Wir packten unsere beiden Kinderlein gut ein. Als Walter die Koffer hinuntertrug zu den beiden Taxen vor dem Haus, blieb ich ein paar Augenblicke zurück. Ich warf einen wehmütigen Blick auf die Zimmer, wo wir so glückliche Wochen verlebt hatten, die Räume, wo Walter aufgewachsen war. Gedankenschwer schloß ich die Türen hinter mir. Ein unbestimmtes Gefühl sagte mir, daß sie nun für immer geschlossen waren. Ich sollte sie niemals wieder durchschreiten, höchstens in der Erinnerung.
In Bremerhaven schifften wir uns Ende Januar auf der »America« ein zur Fahrt über den Atlantik.
Kräne rumpelten und Winden quietschten, als wir eines Morgens wach wurden. Über Nacht hatte die »America« in Southampton angelegt. Walter und ich waren voller Erwartung. Nach einem langen Aufenthalt in Pakistan reiste Eunice mit ihrem Mann Vince und ihrer Familie jetzt zurück nach Hause auf Heimaturlaub, und wir wollten sie hier treffen. Wir sahen zu, wie die Passagiere der Touristenklasse an Bord gingen, aber es war niemand dabei, den ich kannte. In wenigen Minuten würde die Gangway hochgezogen werden.
Doch halt! Ich meinte, da hätte ich einen flüchtigen Augenblick lang zwei kleine Mädchen gesehen, wie sie die Gangway hinauftrotteten. Eines von ihnen hatte leuchtend rotes Haar. Ob das vielleicht Ann war, Eunices und Vinces Älteste? Und die andere Edith, die blonde Vierjährige? Und jetzt sah ich auch Eunice mit der zweijährigen Ruth an der Hand. Ich lief zu ihr hin, und dann lagen wir uns in den Armen. Die Stewards sahen sich erstaunt an: Solche Wieder-

sehensszenen gab es, wenn man vom Schiff kam – aber nicht, wenn man an Bord ging! Als nächster kam Vince, mit einem breiten Lächeln unter seiner persischen Lammfellmütze, das jüngste Baby auf dem Arm. Die kleine Alice sei am 1. Januar geboren worden, erzählten sie mir.

Am liebsten hätten wir gleich auf Deck miteinander »Lobe den Herren!« gesungen. Aber ein Steward nahm die Familie Will mit, um ihr eine Kabine anzuweisen.

Walter wandte sich mir zu: »Ingrid, deine Schwester ist schön. Und so ruhig und ausgeglichen! Man meint, sie sei auf dem Weg in ein Konzert und nicht auf einer Reise um die halbe Welt mit einem zwei Wochen alten Baby – nicht zu reden von den drei anderen Kindern!«

Die fünf Tage der Überfahrt waren durchaus nicht lang genug, um einander all das zu erzählen, was wir in acht Jahren der Trennung erlebt hatten. Wie sehr wünschte ich, mein Vater hätte unsere Unterhaltungen hören können!

Wir waren gerade dabei, unser Gepäck durch den Zoll zu lancieren, als wir Carl erblickten. Welch eine Freude, diesen großgewachsenen Bruder nach so langer Zeit wiederzusehen! In der Zwischenzeit hatte er sein Studium an der Luther Academy und dann am Augustana College beendet und zwei Jahre Militärdienst im Intelligence Corps hinter sich gebracht. Er lachte, als wir uns trafen.

»Heute morgen«, sagte er, »fragte ich meinen Chef, ob ich einen Tag freihaben könnte, um hierherzukommen und die »America« einlaufen zu sehen. Ich erzählte ihm, meine beiden Schwestern seien mit ihren Familien darauf, eine käme aus Pakistan und die andere mitten aus Afrika. Mein Chef sagte ja; aber er meinte auch, eine so komplizierte Ausrede hätte ich mir nicht auszudenken brauchen.«

Carl arbeitete zur Zeit in einem New Yorker Büro. Aber wir spürten bald, daß die Büroarbeit, die er jetzt tat, ihn nicht befriedigte. In seiner Freizeit nahm er Gesangsstunden. Carl war mit einer vollen, weichen Tenorstimme begabt. Schon als Kind hatte er beim Kühemelken leidenschaftlich gern gesungen. Wir fragten ihn, ob er daran denke, sich hauptberuflich zum Sänger ausbilden zu lassen. Er zögerte. Aber dann schüttelte er den Kopf. Hinter dieser unbestimmten Geste spürten wir sein Problem. Es war dies das Problem von manchen meiner Brüder. Sie wollten sich ihres Vaters würdig erwei-

Mutter Hult mit ihren fünf Töchtern, Ingrid, Veda, Eunice, Martha und Mary bei der Wiedersehensfeier in der Homestead, April 1963.

Die fünf Brüder Hult vor Johns Aussendung nach Tanganyika und Carls Ausreise nach Korea: David, Paul, John, Carl und Gustav.

Die fünf Trobischkinder Ruth, Stephan, David, Daniel und Katrin auf der Homestead in Springfield, Missouri.

sen und doch ihren eigenen Weg finden. Es war wohl leichter für die Töchter, einen solchen Vater zu haben als für die Söhne.
Eine Menge Post wartete auf uns, als wir in New York eintrafen. Ganz unten unter dem großen Stapel fanden wir ein vier Tage altes Telegramm aus Leipzig. Ich las es schnell; mein Herz klopfte, und ohne ein Wort gab ich es weiter an Walter. Der Text lautete: »Vater starb Samstagabend an einem Herzschlag. Mutter.«
Wenige Tage nach unserer Abreise war Walters Vater heimgegangen. An seinem Todestag befanden wir uns mitten auf dem Atlantischen Ozean. Wir waren tief bewegt. Nun war Walters Mutter ganz allein hinter dem Eisernen Vorhang.
In unseren Schmerz mischte sich jedoch eine große Dankbarkeit dafür, daß Gott uns dieses Wiedersehen geschenkt hatte.
Noch ein paar Minuten, und der Schnellzug würde in St. Paul einfahren. Meine Finger waren mir im Weg, als ich Kathy ihren Anorak anzog und Danny in alle seine Decken einwickelte.
Der Zug hielt. Vom Bahnsteig her schien eine Gruppe uns zu winken. Dann sah ich Mutter, unter Tränen lächelnd. Aber wer war der lange junge Mann neben ihr, mindestens 1,85 groß? Wahrhaftig, es war mein »kleiner« Bruder David! Er war jetzt neunzehn Jahre alt. Und neben ihm stand, blond und lieblich, die einundzwanzigjährige Mary. Vor zehn Jahren, ehe sie mit Mutter nach Bolivien reisten, hatte ich sie zum letztenmal gesehen. Jetzt erst wurde mir bewußt, was zehn Jahre Trennung bedeuten.
Während wir vor einem schönen Haus in St. Paul vorfuhren, erklärte uns Mutter, dies sei unser Heim. Es war uns vom Missionsrat für unseren Urlaub zugeteilt worden. Drinnen glaubten wir unseren Augen kaum trauen zu dürfen. Die Böden waren mit Teppichen ausgelegt, und es gab eine moderne Küche, ein Bad, einen geräumigen Keller – der Gegensatz zu Tchollire hätte kaum größer sein können.
Es machte uns Geschwistern Spaß, sich gegenseitig von neuem kennenzulernen, ganz besonders aber, die neuen Familienmitglieder zu erleben. Da gab es neue Nichten und Neffen, neue angeheiratete Brüder und Schwestern, und jeder paßte in den Familienkreis. Was für entfernte Orte der Welt waren hier vertreten! Borneo zum Beispiel durch ein lebhaftes, warmherziges Mädchen, Adeline, das dort kürzlich einen Aufenthalt als Missionslehrerin beendet hatte.
Vor sechs Monaten hatte Adeline schon alles für die Rückkehr vor-

bereitet und hatte sogar ihr großes Gepäck schon eingeschifft. Ihr Flug war für Ende August reserviert gewesen. Kurz vor ihrer Abreise nahm sie bei einer Konferenz in St. Paul an einer Podiumsdiskussion teil über das Thema »Persönliche Anpassungsprobleme des Missionars«. Ein weiteres Mitglied der Diskussionsgruppe war ein gewisser Dr. John Hult, dessen baldige Abreise nach Tanganyika bevorstand.

Dort wurden die beiden über den Diskussionstisch hinweg miteinander bekannt. Es dauerte nicht lange, bis sie entdeckten, daß sie auch persönlich Anpassungsprobleme hatten.

Vor drei Jahren hatte sich John entschieden, nach Tanganyika zu gehen. Er beendete seine Zeit als Assistenzarzt im Kinderkrankenhaus von Denver bald nach Louises Tod. Aber dann stellte er fest, daß er sowohl in Chirurgie als auch in allgemeiner Praxis mehr Erfahrung brauchte. Daher zogen er und Mutter mit den drei Kindern in die Holzindustriestadt Cloquet im nördlichen Minnesota. Dort arbeitete er Seite an Seite mit unserem Onkel, Dr. Einar Norberg, der mit Vater auf der unglücklichen »Zamzam« gewesen war. John blieb zwei Jahre lang in Cloquet und sammelte wertvolle Erfahrungen. Schließlich kam der Tag, an dem er dem Missionsrat mitteilen konnte, er sei bereit für den Außendienst.

Mutter hatte versprochen, mit ihm zu gehen, um für die Kinder zu sorgen. Aber heimlich hatte sie gehofft, daß John das Mädchen finden werde, das ihm Frau und treue Gefährtin und seinen drei Kindern Mutter sein könnte. Nach dem Ende der Missionskonferenz hatte John eines Abends eine Verabredung mit dem Mädchen aus Borneo. Es war nur eine Woche vor ihrer Abreise, und der Missionsrat hatte schon ihre Flugkarte gekauft. Es lag John nicht, schnelle Entscheidungen zu treffen. Aber an jenem Abend traf er eine. Es war schon spät, als er Mutter anrief und sagte:

»Mutter, setz' den Kaffeetopf auf. Ich bin in ein paar Minuten mit Adeline zu Hause. Wir müssen dir etwas erzählen.«

Als sie kurz darauf ankamen, sagte er ihr: Adeline hat sich einverstanden erklärt, ihren Namen von Lundquist in Hult und ihr Reiseziel Borneo in Tanganyika umzuändern.

Innerhalb von drei Wochen heirateten die beiden, und wir gaben in unserem Haus ein Abschiedsessen für sie, bevor sie mit ihren Kindern abfuhren (Margret, jetzt acht, Elly, sechs, und dem vierjährigen Danny). John war auf dem Weg zurück dorthin, wo er geboren

war, in das Land, in dem er seines Vaters Grab finden würde. Außerdem würde er dort auch Veda treffen.
Eines Abends begleitete ich meine Schwester Mary, um mir in der großen Central Lutheran Church den bekannten Concordia College Chor in Minneapolis anzuhören. Die Sänger waren gerade von ihrer alljährlichen Tournee zurück. Ich saß auf der überfüllten Empore, achtete aber nur auf einen der Sänger in den blauen Talaren, einen großen blonden jungen Mann unter den Tenören. Sollte dies tatsächlich derselbe Bruder Gus sein, den ich zuletzt in Rock Island gesehen hatte, als er noch ein Freshman, d. h. in der ersten Klasse der High School, gewesen war? Der Unfall, durch den er beinahe seinen Fuß verloren hatte, war nur ein paar Monate später geschehen. Ich beobachtete ihn genau, als er nach dem Konzert mit den anderen hinausging. Nur wer es wußte, konnte erkennen, daß er den einen Fuß ein klein wenig nachzog.

In Leipzig hatte Walter mir sein Elternhaus und die Umgebung gezeigt, wo er als Kind gelebt hatte. Jetzt war ich an der Reihe, mich zu revanchieren. Wir planten eine Fahrt zur »Homestead«. Wir wollten über Moline nach Springfield fahren, um meine dritte Schwester Martha und ihre Familie kennenzulernen. Martha hatte vor zwei Jahren am Hochzeitstag unserer Eltern Max Wiemken geheiratet. In Moline empfanden Walter und ich sofort verwandtschaftliche Beziehungen zu diesem unserem neuen Bruder. Max war warm und herzlich, echt in seinem Glauben und zuverlässig. Er arbeitete bei der Bell Telephone Company und hatte eine Schwäche sowohl für Pizza als auch für Golf. Sie hatten beide einen kleinen Sohn, der nur ein paar Monate älter war als unser Danny. Die Ähnlichkeit zwischen beiden Vettern war bemerkenswert.
Als nächstes fuhren wir nach St. Louis und dann nach Springfield. Es war jetzt Mai, und auf dem Lande stand der Frühling in höchster Blüte. Wir konnten verstehen, was mein Vater empfunden hatte, als er das erstemal dem Charme der Ozarks erlegen war. Es ist sicher schwer, einen Ort zu finden, der sich mit der ruhigen Schönheit und einladenden Frische dieser Missouri-Hügellandschaft messen kann.

An einem milden Spätnachmittag bogen wir in die bekannte, von Ahornbäumen gesäumte Auffahrt ein. Die Luft duftete süß vom Geruch wilder Holzapfelblüten. Es war kaum zu glauben. Tatsächlich: Da stand es noch, das kleine Haus aus Feldsteinen, in dem ich aufgewachsen war und in dem wir Vater empfangen hatten, als er von der »Zamzam« heimkehrte. Hier waren die Wände, die ich mit John tapeziert hatte, hier die Küche, in der Veda hantiert hatte, als Mutter so krank war.

Und was war das? Am anderen Ende des Grundstückes erhob sich ein kleines Gemeindehaus, das auch als Gottesdienstraum diente. Pfarrer Carlson, der das Anwesen jetzt verwaltete, hatte eine kleine Gemeinde gesammelt. Auch dieser Traum meines Vaters war also wahr geworden!

Wir waren nicht nur zum Ausruhen in die »Homestead« gekommen, sondern auch, um die Ruhe für eine Entscheidung über unsere Zukunft zu finden. Wir streiften durch die Hügellandschaft und verbrachten Stunden in stiller Meditation mit der Bitte an Gott, uns seinen Weg und Plan zu zeigen.

Wollte er wirklich, daß wir zurück nach Afrika gingen? Wir wußten es beide: Eine solche Berufung ist nicht etwas, das man auf Lebenszeit in der Tasche hat. Man hat sie nur so lange, als man sich wirklich berufen fühlt. Man muß sie immer wieder neu erfahren.

Beinahe jede Woche bekamen wir Briefe von der Gemeinde, die wir zurückgelassen hatten. Viele der Briefschreiber hatten von uns Lesen und Schreiben gelernt, und wir wußten, wieviel Mühe es für sie bedeutete, ein paar einfache Zeilen zu Papier zu bringen. Die Gemeinde hatte erfahren, daß Walters Vater gestorben war. Es war bewegend zu lesen, wie diese Christen, die erst vor so kurzer Zeit zum Glauben gekommen waren, nun versuchten, ihren ehemaligen Seelsorger zu trösten.

Yaya schrieb: »Ich grüße Dich mit Deiner Frau und Deinen Kindern. Auch meine Frau und mein Kind sind gesund. Ich hörte, daß Dein Vater starb, und danke Gott, daß er ihn im Himmel aufgenommen hat. Monsieur Ellingboe will mich als Evangelist unter die Duru senden. Aber es ist nicht Monsieur, der mich sendet, sondern Gott. – Komme bald wieder! Ich muß mit Dir reden!«

Ein anderer schrieb: »Es tut mir leid, daß Du Deinen Vater verloren hast. Aber so ist der liebe Gott, und wir haben kein Recht, mit ihm herumzustreiten, der Tag und Nacht über uns wacht, und der uns in diese Welt gesandt hat. Ich bin gern auf der Station. Der Pastor zeigt uns das Wort Gottes, und Mr. Johnson gibt uns Eisen zum Werkzeugmachen.«

Solche Briefe zogen uns mit aller Macht wieder nach Afrika, und wir entschlossen uns, im Herbst dorthin zurückzukehren.

Die Schulen und Universitäten hatten Ferien, als Gus uns mit seiner jungen Frau Maria Mykannen besuchen kam. Sie stammte aus einer finnischen Familie, war eine ausgebildete Krankenschwester und arbeitete weiter in ihrem Beruf, damit Gus sein Studium fortsetzen konnte.

Gus und Maria hofften, Missionare im heimatlichen amerikanischen Missionsfeld zu werden. Beide wollten gerne unter den amerikanischen Indianern arbeiten. Maria hatte schon einige Zeit als Krankenschwester am Red Lake Indian Reservation Hospital zugebracht.

Der Höhepunkt dieses Sommers in Amerika war Mutters Aussendungs- oder besser Wiederaussendungs-Gottesdienst. Jetzt, da John und seine Familie nach Tanganyika gefahren und Mutters Hände frei waren, wollte sie nach Bolivien zurückkehren.

An einem warmen Sonntagabend im Juli versammelten wir uns alle in der Trinity Church in Mineapolis. Anwesend waren Max und Martha, Gus und Maria, Vince und Eunice, David und Mary sowie Walter und ich. Mutter war nun achtundfünfzig Jahre alt. Als sie vor zehn Jahren zum erstenmal nach Bolivien fuhr, war sie gerade Großmutter geworden. Inzwischen hatte sie vierzehn Enkel. Auch das sei, so meinte sie in ihrem Grußwort an die Gemeinde, kein Entschuldigungsgrund, wenn Gott ruft.

Es war ein grauer, windiger Morgen, als wir Mutter zum Flugplatz brachten. Wir wollten ihr noch ein Abschiedsessen geben, aber sie hatte abgelehnt. Mein ältester Bruder Paul, der Standort-Manager der Frontier Airlines in Tuscon, Arizona, war, hatte Mutter einen Freiflug nach Miami besorgt. Das Fahrgeld von dort nach La Paz hatte sie sich selbst zusammengespart.

Die Motoren des Flugzeuges brummten auf. Als sie ihren Fensterplatz einnahm, erhaschte ich noch einmal ihr Gesicht: eingerahmt von weißem Haar, war es geprägt von Milde und Entschlossenheit.

Walter sagte zu mir: »Ingrid, deine Mutter ist eine großartige Frau.«

Großartig, ja, das war das richtige Wort, obwohl sie selbst die letzte gewesen wäre, die das zugegeben hätte.

Zwei wagemutige Großmütter

Einen Monat nach Mutters Abreise packten Walter und ich unsere Sachen und begannen mit unseren zwei kleinen Kindern die lange Reise mit Bahn, Schiff und Flugzeug zurück nach Afrika.
Wir kamen nicht mehr nach Tchollié zurück, das durch Pastor Ellingboe und seine Frau sowie Ernie und Helen Johnson gut versorgt war. Wir waren an das Kameruner Christliche Gymnasium versetzt worden, an die Schule, die wir auf unserer ersten Afrikareise besucht hatten. Sie war von der Protestantischen Mission gegründet worden, um begabten jungen Afrikanern höhere Schulbildung zu vermitteln. Walter sollte Deutsch und Religion lehren und als Schulpfarrer Dienst tun.
Vorher wollten wir aber noch einen Besuch in Tcholliré machen. So flogen wir von Norden nach Kamerun ein. Von Paris aus ging es im Direktflug nach Fort Lamy am Tschadsee. Dort stiegen wir in ein kleineres Flugzeug um, das uns nach Garoua brachte, wo uns Ernest Johnson abholte.
Pfarrer Ellingboe hatte begossen, was wir gepflanzt hatten. In beglückender Weise hatte er die Arbeit weitergeführt, und die Gemeinde in Tcholliré war gewachsen. Sie verwaltete sich nun selbst. Viele von denen, die Walter vor zwei Jahren getauft hatte, waren auf anderen Dörfern als Katecheten stationiert. Sie wurden von den Kollekten der Stammgemeinde in Tcholliré bezahlt. Das Geld bewahrten sie in einem großen Benzinfaß auf, das zu zwei Drittel mit Steinen gefüllt war. Es war ein sehenswürdiger Geldschrank.
Ernest Johnsons Handwerkerschule hatte viele Jungen aus Rey Bouba angezogen, und es gab manches neue Gesicht auf der Station. Bis tief in die Nacht hinein sangen diese Schüler in ihren Hütten die neugelernten Choräle.
Der Mallum war gestorben. Aber Ndiya kam bald, um uns zu begrüßen. Sie trug die kleine Maria auf dem Arm, die kräftig und gesund aussah. Doch wo war Yaya? Als wir Ndiya nach ihm fragten,

zuckte sie nur die Achseln und schwieg. Wir erfuhren, daß er sich eine zweite Frau genommen hatte und exkommuniziert worden sei.
Das war uns völlig unverständlich, um so mehr, als wir beobachtet hatten, daß seit jener Reise nach Sasa zwischen beiden Ehegatten eine tiefe, persönliche Beziehung entstanden war. Auch gab es keinen Zweifel, daß Yaya Christ war und bleiben wollte. Nun, da die beiden ein gesundes Kind hatten, mußte doch ihr Glück vollkommen sein! Walter beschloß, der Sache nachzugehen und schickte Toma ins Dorf, um Yaya zu holen.
Am Abend kam er. Walter verbrachte die halbe Nacht mit ihm. Er ließ nicht locker, bis er den wahren Grund erfahren hatte.
»Du hast doch Ndiya noch lieb?« Yaya lächelte verloren. Ja, so denkt ein Europäer. Als ob das damit etwas zu tun hätte!
»Ich liebe aber auch mein Kind.«
Walter verstand nicht. »Gerade um deines Kindes willen müßtest du deiner Frau treu bleiben.« Die Schwierigkeit war, daß es für »treu« kein wirkliches Wort in Fulani gab, keines, das genau den Sinn traf. Der Satz ging an Yaya vorbei.
»Und wenn Maria stirbt?« war seine Gegenfrage. »Warum soll sie denn sterben?«
»Weil Ndiya sie nicht mehr stillen kann, wenn sie mit einem Bauch geht, ehe Maria zu laufen beginnt. Deshalb ist es in unserem Stamm Sitte, die Frau zwei Jahre nach der Geburt zu schonen.«
Das also war der Grund! Diese Sitte setzte natürlich voraus, daß ein Mann mehrere Frauen hatte. So gesehen war die Vielehe also eine Art Empfängnisregelung. Daran hatte Walter noch nie gedacht.
Er sah Yaya an: »Ich danke dir, daß du offen mit mir sprichst.«
Es war tatsächlich so, daß die Kleinkinder in Rey Bouba ausschließlich auf die Muttermilch angewiesen waren. Ganz abgesehen davon, daß die Fulani ihre Kühe kaum molken, trank man keine Milch und gab sie erst recht nicht kleinen Kindern. Trockenmilch, mit der wir uns ausgeholfen hatten, hätte Yaya in Garoua kaufen können. Aber sie war viel zu teuer.
Und nun wurde dieser treue Christ vom Abendmahl ausgeschlossen als Strafe, weil er sich eine zweite Frau nahm. Als ob dadurch das Stillproblem für sein Kind gelöst würde!
Aber so war es allgemein üblich: Ein polygamer Mann durfte nicht

getauft werden, und wer sich als Christ eine zweite Frau nahm, wurde vom Abendmahl ausgeschlossen.
Als Begründung hatte uns ein alter Missionar einmal gesagt: »Polygamie ist permanenter Ehebruch.« So ist zu verstehen, daß die afrikanische Gesellschaft das, was die Mission über die Ehe lehrt, vielfach nur negativ empfindet. Man verbot die Vielehe, aber gab keine positiven Eheratschläge, wie unter den gegebenen Umständen eine Einehe gelebt werden könne. Über intime Probleme sprach man im allgemeinen nicht mit Afrikanern.
Yaya war völlig überrascht, als Walter mit ihm offen darüber sprach. Er hatte gar nicht gewußt, daß Weiße auch solche Probleme kannten.
Für uns aber wurde dieses Nachtgespräch zu einem Schlüsselerlebnis. Wir ahnten freilich nicht, wie intensiv wir uns noch in Libamba mit Ehefragen würden beschäftigen müssen.
Nach wenigen Tagen brachen wir von Tcholliré nach Libamba auf. Die 1100 km lange Strecke bis Yaoundé legten wir mit dem Flugzeug zurück. Die letzten 100 km von dort aus konnten wir mit dem Zug reisen.
Libamba war ganz anders als Tcholliré. Hier war der Urwald »das grüne Gefängnis«, wie es die Franzosen nennen, wo die mächtigen Kronen seiner riesigen Bäume so ineinander verflochten waren, daß der Himmel verdeckt wurde. Rund herum war der Dschungel; ein undurchdringbares Dickicht barg dunkle Geheimnisse.
Unser größter Feind war die Feuchtigkeit. Oft regnete es tagelang. Die Regenmenge betrug vier Meter im Jahr.
Wir mußten Pergamentpapier unter die Klappe jedes unbenutzten Briefumschlages und zwischen die Briefmarkenbogen legen. Wir seiften die Schubladen ein, weil sie sich sonst nicht aufziehen ließen. Unsere Schuhe wurden grün vor Schimmel, wenn wir sie nicht täglich anzogen, unsere Kleider auf den Bügeln bekamen häßliche Flecken. Salz in einem offenen Näpfchen wurde über Nacht zu Wasser. Selbst unsere Kissen verloren nie ihren muffigen, tropischen Geruch.
Hier hatten wir Schüler vor uns, die einmal die »Elite« eines Entwicklungslandes sein würden: Die zukünftigen Lehrer, Rechtsanwälte, Ärzte und Pastoren, ja selbst politische Führer. Viele von ihnen würden später in Europa oder Amerika studieren. Wir machten uns keine besonderen Hoffnungen. Wir waren uns klar, daß die

meisten von ihnen nicht hier waren, um Christen zu werden oder dem Reiche Gottes mit dem zu dienen, was sie lernten.
Lange ehe unser erstes Jahr vorüber war und wir die einzelnen Schüler kannten, wurden wir uns der Aufgabe bewußt, daß wir diesen intelligenten jungen Afrikanern die wirkliche Macht Jesu Christi zeigen sollten, dessen Botschaft nicht im Herrschen besteht, sondern im Dienen.
Und wir selbst lebten nicht mehr in der Einsamkeit, sondern waren Mitglieder eines internationalen Kollegiums. Wir benutzten die Gelegenheit, Meinungen und Ideen auszutauschen.
Auch bewohnten wir jetzt nicht mehr ein Haus aus Lehm, sondern eines aus Metall. Vor zehn Jahren hatte die Mission einige fertige Metallhäuser als zeitweilige Wohnungen für die Lehrerschaft erworben. Sie wurden heute noch benutzt. Sie hatten in der amerikanischen Afrika-Armee als Krankenhäuser für Geisteskranke gedient und besaßen allerhand ungewöhnliche Eigenschaften.
Unseres stand auf Pfosten, um die Feuchtigkeit abzuhalten. Innen war alles aus Metall, außer hölzernen Fußböden und Türen. In den Türen waren kleine Glasfensterchen, durch die man die Insassen beobachten konnte. Sie erwiesen sich als recht nützlich, um ein Auge auf unsere Kinder zu werfen. Die Decken waren niedrig und bestanden aus festem Maschendraht: Jede Unterhaltung an einem Ende des Hauses konnte leicht am anderen mitgehört werden. Schöner war die lange überdachte Veranda an der Rückseite, wo die Kinder spielen konnten und wo bei Regenwetter die Wäsche zum Trocknen aufgehängt wurde.
Es war schwierig, aus diesem Haus ein Heim zu gestalten. Aber gerade diese Aufgabe reizte mich bei meiner Ankunft. Ich fing mit den Fenstern an, es waren nur Öffnungen, in die grober, grüner Fliegendraht geklemmt war. Auf dem Eingeborenenmarkt fand ich einen Ballen Stoff mit grünem und braunem Muster, das gerade meinen Wünschen entsprach. Ich machte daraus Gardinen für die Schlafzimmer. Für das Wohnzimmer färbte ich ein großes Stück handgewebten Stoff aus Rey Bouba, säumte es und hängte es auf. Wir schmückten die Wände mit den Matten, die uns der Lamido geschenkt hatte. Dann hängten wir die Kuckucksuhr auf und den Messing-Gong, der in Tchollire unsere erste Kirchenglocke gewesen war. Ich fand Holzkisten, strich sie an und stellte sie ins Kinder-

zimmer für die Spielsachen. Bambus-Jalousien kamen in Walters Arbeitszimmer. Viele Kisten wurden zu Bücherregalen.

Einer unserer Freunde schrieb uns damals begeistert von seiner neuen Wohnung in Kalifornien, sie sei »modern dänisch möbliert mit orientalischen Kleinigkeiten«. Walter antwortete ihm, daß unser Heim altertümlich presbyterianisch möbliert sei (die Möbel waren vor mehreren Jahrzehnten modern und hatten in der Gewerbeschule der Presbyterianischen Mission gestanden) mit afrikanischen Kleinigkeiten. Aber wir waren glücklich in diesem Heim. Für die nächsten sechs Jahre sollte es eine Friedensinsel inmitten aller Stürme um uns herum sein.

In Libamba mußten wir uns auch an allerlei neue, ungewohnte Geräusche gewöhnen. Wir lauschten nicht mehr auf das Trampeln der Elefantenfüße, die alle kleinen Bäume bei unserem Haus entwurzelten. Dafür warteten wir zweimal täglich auf das Schnauben der Züge und ihre schrillen Pfiffe, wenn sie einen halben Kilometer entfernt vorbeiratterten auf ihrer Fahrt zwischen der Hafenstadt Douala und der Hauptstadt Yaoundé; oder auf das laute Surren des Dieselmotors, der jeden Abend von sechs bis zehn Uhr Strom für die Arbeitszimmer und Lehrerwohnungen erzeugte, oder auf das Stampfen der Pumpe, die das Wasser, das wir brauchten, vom Fluß heraufholte, oder auf den unermüdlichen Raupenschlepper, der beim Straßenbau Bäume niederlegte und den Boden einebnete, um aus dem Urwald ein schönes Gelände zu machen.

Eines Morgens fanden wir in unserem Briefkasten einen Brief mit Mutters bekannter Handschrift. Aber diesmal war er in Apolo in Bolivien abgestempelt anstatt in La Paz. Ich riß den Umschlag auf und las: »Wie Ihr seht, bin ich jetzt in Apolo. Es ist eine einsame Station, eingebettet in niedere Büsche am Ostabhang der Anden und liegt 1500 m hoch. (Das ist 3500 m niedriger als La Paz, wo ich bisher war.) Melba Kittelsen, die gerade so alt ist wie Du, Ingrid, ist hier bei mir stationiert. Wir arbeiten gut zusammen. Sie hält die Predigt bei unseren wöchentlichen Gottesdiensten, während ich die Orgel spiele und das Singen leite. Sie beaufsichtigt die Arbeiter, die zur Zeit einen Maultierstall für uns bauen, und ich besorge den Haushalt.

Unsere einzige Verbindung mit der Außenwelt ist das wöchentliche Postflugzeug aus La Paz. Aber wenn das Wetter im Gebirge ungünstig ist, bleibt es einfach weg.

Vorige Woche machten Melba und ich unsere erste Maultierreise nach Tananpaya. Das ist eine der Stationen auf der anderen Seite des Bergrückens, wo wir eine Schule und eine kleine Gemeinde haben, die wir möglichst einmal monatlich besuchen. Jede Reise ist eine Drei-Tage-Expedition. Zuerst hatte ich ein bißchen Angst, denn es ist immerhin einige Jahre her, daß ich auf einem Maulesel übers Gebirge geritten bin, aber ich kam bald darüber hinweg.
Ich bin glücklich, daß ich Fotos von Euch allen habe. Sie stehen auf meinem Frisiertisch, der aus einer Holzkiste gemacht ist. Mit einem Brett darauf und einem blauen Vorhang dient sie mir sogar als Bücherregal . . .«
Walter und ich lasen ihren Brief laut. Das war charakteristisch für Mutter, auf einem rüttelnden Maulesel über steiniges Gebirge zu reiten, ohne sich etwas dabei zu denken, obwohl in einigen Monaten ihr 60. Geburtstag war.
Ihr Brief erinnerte mich an ein Erlebnis von ihrer ersten Reise nach Bolivien. Sie war glücklich in La Paz angekommen. Damals konnte man von der Autostraße zur Coaba-Farm, wo das Waisenhaus lag, nur kommen, wenn man zu Fuß ging oder auf einem Maulesel ritt. Die Entfernung betrug etwa vier bis fünf Kilometer. Die Mission sandte ein Telegramm an die Coaba-Farm und bat, am nächsten Tag drei bis vier Maulesel an der Autostraße bereitzustellen, um Mutter und ihre Mitarbeiterin Violet Anderson abzuholen.
Irgendwie wurde die Nachricht falsch ausgerichtet. Die guten Leute auf der Farm waren nicht wenig erstaunt, als sie erfuhren, daß sie vierzig Maulesel bereithalten sollten zur Ankunft von Frau Hult. Die Missionsleute schickten Boten in alle Richtungen, um recht viele entbehrliche Maulesel aufzutreiben. Mutter zweifelte, ob sie überhaupt auf einem Maulesel den steilen Gebirgspfad abwärts reiten könne. Um so mehr kann man sich ihr Erstaunen vorstellen, als sie sah, daß mehr als dreißig solcher Biester auf sie warteten.
Ihr Unternehmungsgeist – sie war immer bereit für die schwierigsten Unternehmungen –, vereint mit ihrem Interesse für Menschen, machte sie schnell bei allen beliebt. Sehr bald schon hatte sie einen neuen Namen. Nicht nur die Waisen, auch die Eingeborenen und die Mitarbeiter nannten sie alle »Mamita« (Mütterchen). Der Missionsdirektor hat mir einmal gesagt: »Das Erstaunlichste bei Ihrer Mutter ist ihre Fähigkeit, sich überall anzupassen.«
Und gerade das war nötig während ihres Aufenthalts in Bolivien.

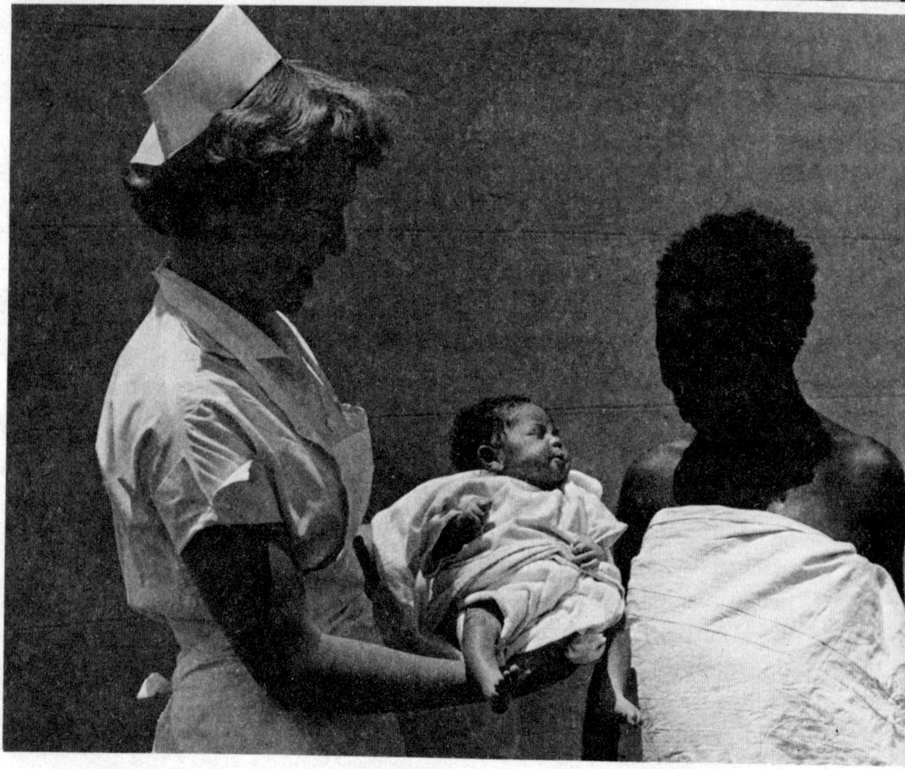

Walter Trobisch mit Schülern in Libamba
Hebamme Veda Hult zeigt einer leprakranken Mutter ihr gesundes Baby in Iambi, Tanganyika.

Sie war erst »Mutter« im Waisenhaus, später Lehrerin in der Waisenschule, wo sie Spanisch in der dritten, vierten, fünften und sechsten Klasse lehrte.
Unser Alltag wurde eines Tages durch eine freudige Nachricht unterbrochen. Veda, die ihren ersten Urlaub in Amerika verlebt hatte, schrieb, sie wolle uns auf ihrer Rückreise nach Tanganyika besuchen. Frohgemut bereiteten wir ihre Ankunft vor. Walter wollte mit dem anderthalbjährigen Danny zu Hause bleiben, während ich mit Katrin, die nun fast drei Jahre alt war, im Zug die 70 km nach Yaoundé fahren und Veda am dortigen Flughafen abholen wollte. Wir schliefen eine Nacht bei Freunden in Yaoundé. Am folgenden Morgen fuhren wir zum Flughafen und sahen gerade das Flugzeug aus Douala zur Landung ansetzen. Ich strengte meine Augen an, um Veda gleich mit dem ersten Blick zu erspähen. Die Fluggäste kamen den Laufsteg herunter, aber Veda war nicht unter ihnen.
Ich war sehr enttäuscht. Ich erkundigte mich und erfuhr, daß das Flugzeug von Paris sich verspätet und dadurch den Anschluß an diese Maschine verpaßt hatte. Wir mußten also nochmals vierundzwanzig Stunden auf die nächste warten.

Pünktlich waren wir am nächsten Morgen zur Stelle. Immer noch keine Veda! Jetzt wurde ich aber doch unruhig. Schon die ganze Nacht hatte ich das Gefühl, daß ihr etwas zugestoßen war.
Da rief mich der Lautsprecher zur Auskunft. Die Nachricht für mich lautete: Fräulein Hult konnte das Flugzeug nicht benutzen. Sie ist in Douala im Krankenhaus.
Zum Glück war gerade einer unserer Lehrer in Yaoundé; Katrin und ich konnten mit ihm nach Libamba zurückfahren, wenn wir sofort dazu bereit waren. Ich nahm an. Zu Hause besprach ich alles mit Walter, und wir entschieden, daß er mit dem Nachtzug nach Douala fahren sollte, um seiner unglücklichen Schwägerin zu helfen. Er fuhr die Nacht durch im überfüllten Dritter-Klasse-Wagen und hatte nur die Wahl zwischen einem Stehplatz auf der Plattform oder einem Sitzplatz auf seinem Koffer. Aber er kam am nächsten Morgen gut in Douala an.
Hier ist Vedas Geschichte, wie sie sie in ihr Tagebuch schrieb:
»Während des Nachtflugs von Paris nach Douala bekam ich heftiges Nasenbluten. In der Nacht, als ich allein im Hotel in Douala lag, wurde es immer schlimmer. Ich konnte es nicht stillen und rief um

Hilfe. Es gab eine ganz schöne Aufregung im Hotel, ehe ein Arzt kam und ich ins Krankenhaus gebracht wurde.
Ich weiß nicht, ob ich je so glücklich war als in dem Augenblick, da Walter in mein Krankenzimmer in Douala trat. Endlich konnte ich mit meinem französischen Arzt reden – durch einen Dolmetscher.
Eine Luftreise war in dem Zustand für mich ausgeschlossen. Aber mit Walters Hilfe konnte ich mit der Eisenbahn nach Libamba fahren, wo ich Ingrid, Katrin und Danny traf.
So wurde aus dem geplanten Besuch von zwei Wochen in Kamerun ein Aufenthalt von zwei Monaten. So lange dauerte es, bis ich körperlich wieder auf der Höhe war und die ärztliche Erlaubnis bekam, die Reise mit dem Flugzeug fortzusetzen. Infolge dieser Verzögerung konnte ich noch meinen neuen Neffen am 18. August begrüßen: David Johannes Trobisch.«

Es war ein besonderer Glücksumstand für mich, meine Schwester als Privat-Kinderschwester nach Davids Geburt bei mir zu haben. David und mir ging es gut bei ihrer liebevollen Pflege. Nur zu bald mußte sie weiter nach Tanganyika.
Aber am Ende der Reise erwartete sie ein glückliches Wiedersehen mit John und Adeline und ihrer Familie.
Wir freuten uns immer, wenn wir von John hörten und seinen Erfahrungen als Missionsarzt. In einem seiner Briefe schrieb er:
»Bis zur Rückkehr von Dr. Stanley Moris, den ich zur Zeit vertrete, bin ich allein verantwortlich für die ganze Leprastation bei Iambi. Welch eine Herausforderung bedeutet diese Krankheit doch für uns! In unserem ganzen Gebiet gibt es mehr als zehntausend Aussätzige, aber weniger als tausend werden behandelt. Mit Hilfe der amerikanischen Lepramission bauen wir nun ein neues Behandlungszentrum und eine Kolonie, die etwa fünfhundert Patienten aufnehmen und betreuen können. Wir haben ungefähr achtzig von den leichter Kranken ausgesucht, die uns beim Bauen und bei der Kultivierung des Landes helfen. Das alles bringt neue Verantwortung für den Doktor mit sich, nicht nur medizinische.«
Wir können wirklich nicht behaupten, daß unsere Kinder in irdischen Reichtum hineingeboren wurden, aber wir können ihnen zwei wagemutige Großmütter bieten: Während meine Mutter in

Bolivien auf Maultieren ritt, unternahm Walters Mutter im Alter von fünfundsechzig Jahren ein ganz besonderes Abenteuer.
Da sie nach Vaters plötzlichem Tod ganz allein in Leipzig war, luden wir sie zu uns nach Libamba ein. Nach langem Überlegen entschloß sich Walters Mutter, unsere Einladung anzunehmen. Am letzten Sonntag vor dem so entscheidenden Flug besuchte Mutter den Gottesdienst in der Thomaskirche in Leipzig. Der Predigttext des Tages ging ihr mitten durchs Herz: Wer seine Hand an den Pflug legt und sieht zurück, der ist nicht geschickt zum Reich Gottes (Luk. 9, 62). Jetzt wußte sie, daß sie richtig entschieden hatte.
Am nächsten Tag zog Mutter ihr rotbraunes Kostüm, das Walter ihr aus Amerika geschickt hatte, an, nahm nur ein kleines Köfferchen mit dem Nachtzeug in die Hand und schloß ein letztes Mal ihre Wohnungstür zu.
Mit der Straßenbahn fuhr sie noch einmal zum Friedhof und stand lange am Grab ihres lieben Mannes und ihrer einzigen Tochter. Dann drehte sie sich entschlossen um und fuhr zum Bahnhof.
Sie war froh, ein leeres Abteil zu finden, damit niemand ihre Tränen sah. Nie im Leben hatte sie sich so einsam gefühlt. So verließ sie für immer ihr Heim, ihre einzige noch lebende Schwester, das Grab ihrer Lieben, ihre Verwandten und Freunde, ein gesichertes Auskommen und die Stadt, in der sie geboren war und bisher gelebt hatte. Zwei Tage später kam sie gut mit dem Flugzeug in Yaoundé an und war glücklich, ihren Walter dort zu treffen. Vier Tage später wurde ihr zweiter Enkelsohn David geboren.
Obwohl Mutter nie vorher im Ausland gewesen war, gewöhnte sie sich sehr schnell ein. Es war mehr als vierzig Jahre her, seit sie am Lehrerinnen-Seminar in Leipzig Englisch und Französisch gelernt hatte. Jetzt kehrten beide Sprachen schnell in ihr Gedächtnis zurück. Sie sprach sie fließend. Sie war vor ihrer Heirat zehn Jahre Lehrerin gewesen. Da in Libamba immer Lehrermangel war, bat sie der Direktor, den Deutschunterricht in den Anfangsklassen zu übernehmen.
Abgesehen von ihren Großmutterpflichten war sie nun also noch Lehrerin, Seite an Seite mit Walter. Mancher ihrer Schüler war einen Kopf größer als sie. Sie machten ihr aber keine Schwierigkeiten, denn die Afrikaner haben große Achtung vor dem Alter. Die Schüler, die ihr am nächsten standen, baten sie sogar, sie Mama nennen zu dürfen. Ihr Leben hatte eine neue Erfüllung gefunden.

Saatzeit in Libamba

Eines Morgens wurden wir in Libamba, noch ehe der Morgen graute, durch ungewohnte Geräusche wach. Als Walter vorsichtig die Tür unseres Hauses öffnete, traten ihm zwei bewaffnete Soldaten, das Gewehr in Anschlag, entgegen. Unser Haus war umstellt.
Es war Militär aus Zentralafrika, das von den Franzosen eingesetzt worden war, um die Widerstandsbewegung der Kameruner zu unterdrücken. Der Kampf um die Unabhängigkeit war in vollem Gange. Libamba lag mitten im Kampfgebiet. Der dort ansässige Stamm der Bassa war der radikalste von ganz Kamerun, und die Franzosen gingen nicht eben zimperlich mit ihm um. Die schwarzen Soldaten, die sie von weither herbeigeflogen hatten, konnten sich mit der Bevölkerung nicht verständigen, weder auf französisch noch in ihrer Muttersprache. Von Einbruch der Dunkelheit an herrschte Ausgangssperre. Auf jeden, der sich dann noch sehen ließ, wurde blindlings geschossen. Menschen wurden verschleppt und oft grausam gefoltert.
Die Widerstandskämpfer hatten sich mit feiner Ironie den Namen »Maquisards« gegeben – analog zu den Widerstandskämpfern, die im Zweiten Weltkrieg gegen die deutsche Besatzungsmacht in Frankreich kämpften. Der Urwald bot ein ideales Gelände für einen Guerillakrieg. Man konnte ja selbst bei Tage keine zwei Meter weit sehen. Unsere Schule und vor allem wir Nichtfranzosen wurden verdächtigt, insgeheim den Maquisards Zuflucht zu gewähren.
So war es auch in dieser Nacht. In der Nähe hatte ein Gefecht stattgefunden, und ein verwundeter Maquisard war entkommen. Die Blutspuren führten in Richtung Schule, und so meinte man, er habe sich in einem der Lehrerhäuser versteckt. Unser Haus wurde durchsucht, aber man fand nichts.
Es war eine aufregende Zeit. Tagsüber gaben sich die Maquisards als friedliche Dorfbewohner, aber nachts rotteten sie sich zu Banden zusammen, verschwanden im Urwald und überfielen maskiert

Stammesgenossen, die im Ruf standen, regierungstreu zu sein. Es verging keine Woche, ohne daß nicht ein Mord in einem der benachbarten Dörfer geschah.
Die französische Besatzung zwang die Dorfbewohner daraufhin, Wachttürme zu errichten und die Ortschaften mit dichten Zäunen aus Baumstämmen zu umgeben; das geschah unter dem Vorwand, die Einwohner schützen zu wollen. Aber der Hauptgrund war wohl, die Leute zu beschäftigen. Die Maquisards bauten tagsüber die Zäune mit, und nachts brachen sie in die Dörfer ein.
Die Schüler blieben natürlich von der allgemeinen Unsicherheit und Spannung nicht unberührt. Sie waren nervös und empfindlich. Es gab oft Disziplinschwierigkeiten, und jede Schulstrafe wurde von ihnen als kolonialistische Maßnahme ausgelegt.
Die Bahnlinie Douala–Yaoundé führte nur wenige hundert Meter entfernt am Schulgebäude vorbei. Einmal wurde dort der Schienenstrang unterbrochen, und der Zug entgleiste in der Nacht. Der französische Gouverneur besichtigte die Stelle und stattete uns in Libamba einen Besuch ab. Auf dem Heimweg wurde sein Wagen von den Maquisards aus einem Hinterhalt beschossen.

Der Zufall wollte es, daß Walter am nächsten Tag mit seiner Oberprima bei der Lektüre von Schillers »Wilhelm Tell« gerade an die Stelle kam, wo von dem Rütlischwur berichtet wird. Nachdem die Schüler übersetzt hatten »Wir wollen frei sein, wie die Väter waren«, kamen sie an die Szene von der Ermordung des Landvogts Geßler: »Durch diese hohle Gasse muß er kommen . . .« Walter konnte nichts dafür. Der »Wilhelm Tell« war im Lehrplan vorgeschrieben.
Die ganze Atmosphäre war geladen. Die Unabhängigkeit mußte kommen; wir wußten das. Aber was würde noch alles passieren, bis es soweit war? Die Zukunft lag dunkel vor uns und war voller Gefahren. Besorgniserregende Nachrichten aus anderen Gegenden Kameruns erreichten uns. Missionare, die sich in einer ähnlichen Lage wie wir befanden, waren zur Flucht gezwungen worden. Wir sorgten uns um die Sicherheit unserer Kinder. Wir stellten uns darauf ein, daß wir notfalls Libamba von einem Augenblick auf den anderen verlassen müßten – und warteten. Aber nicht nur die äußere Lage belastete uns. Immer mehr machten uns Zweifel zu schaffen, ob wir unserer Aufgabe überhaupt noch gerecht wurden.

Die Schüler hatten regelmäßig Religionsunterricht, täglich Andachten und nahmen geschlossen am sonntäglichen Gottesdienst in der schönen Kirche teil. Die Lehrerschaft gab ihren Unterricht mit großer Hingabe und verstand ihn als einen Dienst im Namen Jesu Christi. Sie tat ihn in der Hoffnung, daß die Schüler sich später in Politik und Wirtschaft und in anderen verantwortlichen Stellungen als Christen bewähren würden.
Die afrikanischen Familien jedoch, die ihre Kinder zur Schule schickten, hatten ein ganz anderes Ziel. Für sie war Libamba in erster Linie eine Art Sparkasse, in die die Großfamilie das Schulgeld als Prämie einbezahlte. Die Zinsen hoffte sie dann aus der einflußreichen Stellung ihres Familienmitgliedes zu ernten, die es aufgrund seiner guten Schulbildung später erringen würde. Die Familienhäupter verloren mehr und mehr an Autorität; sie ging dafür auf die erfolgreichen Schüler, die Abiturienten, über.
So wurde das Abitur zu einer Art modernem Fetisch und die Schulbildung, die den Schülern in Libamba angeboten wurde, für viele lediglich zu einem Mittel, um Macht auszuüben. Der Gedanke, das Erlernte um Jesu willen für den Dienst an anderen einzusetzen, lag den meisten ganz fern.
Jedoch nicht allen. Wir beschlossen, eine kleine Gruppe von Schülern zu sammeln, die mit ihrem Christsein wirklich Ernst machen wollten. Die Gruppe traf sich jeden Sonntagmorgen vor dem Gottesdienst zu gemeinsamem Bibelstudium und Gebet. Es waren nur sechs Schüler aus den dreihundert – aber sie waren bald so weit, daß wir mit ihnen einen Einsatz wagen konnten.
Die Gelegenheit ergab sich, als Walter von der Nachbarschule in Metet – etwa 100 km entfernt – zu einer Evangelisation eingeladen wurde. Gemeinsam wurden die Botschaften vorbereitet. Die Schüler sollten selbst soviel wie möglich davon übernehmen.
Sie wählten das Thema: »Die Wirksamkeit der Magie.« Nachdem Walter eine kurze Einleitung gegeben hatte, sprach Justin zuerst. Er war etwas verlegen in dem großen Saal mit hundert Schülern etwa gleichen Alters. Er sagte ihnen von seiner abergläubischen Angst und wie er davon frei geworden war, als er Jesus Christus an erste Stelle setzte.
Daraufhin beschrieb sein Vetter Emanuel, ein starker, breitschultriger Häuptlingssohn, seinen inneren Kampf. Die anderen Schüler der Mannschaft gaben Zeugnis mit konkreten Beispie-

len, wie sie aus dem Griff von Aberglauben, Magie, Wahrsagerei und okkulten Mächten freigeworden waren.
Während sie sprachen, ging eine große Unruhe durch die Zuhörerschaft. Am Ende war alles totenstill. Schweigend verließen die Schüler den Raum. Walter hatte keinen Zweifel, daß sie tief getroffen waren.
Viele baten dann um eine persönliche Aussprache. Sie erklärten vor Gott, mit dem Aberglauben brechen zu wollen und übergaben Walter als Zeichen ihres Ernstes ihre Fetische und die Gegenstände, die ihnen auf magische Art Glück und Erfolg sichern sollten.
Zu seiner großen Überraschung entdeckte Walter, daß diese Gegenstände gar nicht aus Afrika kamen. Die meisten waren zu hohen Kosten von diesen armen Schülern bei geschäftstüchtigen Firmen in Europa bestellt worden.
Walter sah sich die »Fetische« an. Es gab Zauberfüllfederhalter, die dem Eigentümer helfen sollten, eine Prüfung zu bestehen. Dann gab es Zaubermedaillons um den Hals zu hängen, wenn man schwach in Mathematik war – stets eins der schwierigsten Fächer für diese jungen Afrikaner. Dann war da ein umfangreiches Angebot an Zauberringen, »magischen« Taschentüchern und Wunderparfümen, deren Duft unwiderstehlich die Liebe eines Mädchens gewinnen sollte.
Es stellte sich heraus, daß fast die Hälfte dieser Mittelschüler regelmäßig mit einem »Astrologen« oder wie er sich nannte – »Professor der magischen Wissenschaften« in Tanger, Nizza, Paris, New York oder Chicago korrespondierte, um sich »beraten« zu lassen. In schamloser Weise wurde ein skrupelloses Geschäft mit der Angst dieser vertrauensseligen Kinder gemacht. So reichten sich auf diese Weise das nach-christliche Heidentum des Westens und das vorchristliche Heidentum Afrikas die Hand. –
Der Einsatz an der Schule in Metet sprach sich bald herum. Immer wieder erhielt die Schülergruppe Einladungen, bei Bibelfreizeiten mitzuwirken. Das geistliche Wachstum dieser kleinen aus der allgemeinen Gleichgültigkeit herausgerufenen Schar half uns über manche Zweifel am Sinn unserer Arbeit in Libamba hinweg.
Von dreien unter ihnen haben wir die Spur bis heute nicht verloren: Justin hat Theologie studiert und ist heute Kreisdekan des Dekanats Makak, zu dem Libamba gehört. Jean leitet mit seiner Frau eine Familienberatungsstelle in Douala, und Emanuel war Deutsch-

professor an der Universität Yaoundé und wurde 1975 zum Direktor von Libamba berufen.

Am Weg dieser drei Menschen haben wir gelernt, daß es sich lohnt, intensiv an Einzelmenschen zu arbeiten und ihnen persönlich den Weg in die Nachfolge Jesu zu zeigen. Der Dienst in Libamba war ein Säen auf Hoffnung. Jedes Säen aber ist immer mit einem Sterben verbunden.

An diese Wahrheit wurden wir erinnert, als uns eines Tages ein Telegramm aus Tcholliré erreichte. Ich öffnete es mit einer schlimmen Vorahnung. »Helen Johnson« – das waren die ersten Worte, die ich sah. Sie war vor zwei Tagen in Tcholliré gestorben.

In ihrem letzten Brief hatte sie mir noch geschrieben, wie glücklich sie mit Ernest war und wie sie beide ihren ersten Urlaub planten.

Ich ging in unser Schlafzimmer und begrub den Kopf in den Händen. Jener mondhelle Abend kam mir in den Sinn, als ich mit Walter nach einem arbeitsreichen Tag vor unserem Hause saß und den ersten Stern erwartete, der im Westen über dem höchsten Gipfel der Bergkette aufging. Aus Helens Haus wehte Musik zu uns herüber, eine traurig-innige Melodie, Solveigs Lied von Grieg. Zum erstenmal spielte Helen auf ihrer Violine. Dann hörten wir ihren klaren Sopran.

Und nun hatte Gott sie zu sich genommen. Helen war nur wenige Stunden krank gewesen. Nach allem, was der Arzt hinterher feststellen konnte, mußte es sich um eine Eileiterschwangerschaft gehandelt haben. Es wäre sinnlos gewesen, die siebenstündige Reise zum Krankenhaus zu wagen. Sie wußte, daß sie starb und sagte zu Ernest: »Ich möchte schnell heimgehen.« Er hatte ein Gebet gesprochen. Mit letzter Kraft sprach sie flüsternd ihren Trauspruch: »Denn dieser Gott ist unser Gott für immer und immer. Er wird unser Führer sein bis zum Tod.« Wenige Minuten später starb sie in den Armen ihres Mannes unter jenem grasgedeckten Dach, das ihr erstes Heim in Afrika gewesen war und auch das unsere.

Ernest war ganz allein. Der Missionar von der Nachbarstation Poli kam herüber, um den Beerdigungsgottesdienst zu halten. Helen wurde neben der kleinen Klinik, in der sie die Kranken behandelt hatte, begraben. Ihr Grab hält nun eine Predigt, die mächtiger ist als Worte. Einer der Afrikaner in Tcholliré sagte: »Ihr anderen Missionare, ihr kommt und geht. Aber Madame Johnson bleibt immer bei uns.«

Im September 1959 kam ein Brief von John. Er war in Kiomboi, in der Steppe Tanganyikas, verantwortlich für ein Krankenhaus mit hundert Betten. Außerdem mußten täglich etwa vierhundert ambulante Patienten behandelt werden. Zwar hatte er einen Stab afrikanischer Helfer und einige amerikanische Krankenschwestern, aber er war der einzige Arzt.

John schrieb: »Wieder liegt ein arbeitsreicher Tag hinter mir. Heute reparierte ich eine Hasenscharte, beseitigte einen grauen Star und führte zwei schwere Operationen durch, die ich beide in den Vereinigten Staaten an einen Spezialisten verwiesen hätte. Als ich aus dem Operationssaal kam, wartete ein Kind auf mich, das sich ein Bein gebrochen hatte. Ich bin ja hier auch der einzige Röntgentechniker. So machte ich eine Röntgenaufnahme und legte dann den Gipsverband an.

Kaum war ich fertig, kam die Polizei mit einem Todesfall und verlangte eine Autopsie. Man hatte den Verdacht, daß der Tote vergiftet worden sei. Im Wartezimmer fand ich dann die übliche Zahl ambulanter Patienten vor. – Mein Kummer ist nur, daß ich so wenig in meinem Fachgebiet, der Kinderheilkunde, arbeiten und auch fast nichts für die öffentliche Hygiene tun kann.

Einer unserer interessantesten Patienten war ein afrikanischer Medizinmann. Er hatte Tuberkulose. Ohne Erfolg hatte er seine eigenen Heilmittel versucht. In unserer Behandlung nahm er innerhalb von sechs Monaten 25 Pfund zu und hörte auf zu husten.

Er bot mir daraufhin einen Tausch an. Ich sollte ihn anlernen, und er würde mir als Gegenleistung von seiner Weisheit abgeben. Ich gab ihm einige Bücher, aber er brachte sie schon nach wenigen Tagen zurück. Er hatte sich wohl überlegt, daß er einen schlechten Tausch machen würde. Seine Patienten bezahlten ihm mitunter eine ganze Kuh, während er hier im Krankenhaus nur ein paar Schillinge berechnen könnte. – Übrigens sind die Heilmethoden der Medizinmänner nicht alle wertlos. Leider geht ihnen nur jedes Gefühl dafür ab, die Medikamente richtig zu dosieren.

Ich schenkte ihm einen weißen Arztkittel. Ihr hättet sehen sollen, wie er strahlte, als er ihn anzog.«

Als ich Johns Brief aus der Hand legte, war ich stolz auf diesen Bruder, mit dem ich in meiner Kindheit am engsten verbunden gewesen war. Seine starke Gabe, sich mit Leidenden zu identifizieren, hatte ihm schon als Kind viel Freunde erworben. Auch die Afrikaner mußten das spüren.

Aber ich war auch auf meinen Bruder Carl stolz, von dem bald darauf ein Brief aus Korea kam. Er hatte seine Arbeit in Amerika aufgegeben und sich dem kirchlichen Hilfswerk für Korea zur Verfügung gestellt. Nun schrieb er aus Seoul, wo er im Hauptbüro des Hilfswerkes arbeitete. Er trug die Verantwortung für die Lagerung und Verteilung der gespendeten Lebensmittel und anderen Güter, die die größte Not in Korea lindern sollten.

»Dieses Land hat schwere Zeiten hinter sich. Vierzig Jahre stand es unter japanischer Herrschaft, ihnen folgten fünf Jahre, in denen es zwar unabhängig, aber immer noch geteilt war, und die die innere Zerrissenheit des Landes an den Tag brachten. Dann kam der schreckliche Krieg. Wirtschaftlich kann Südkorea nicht allein existieren, denn die gesamte Industrie liegt im Norden. Dazu ist es durch den großen Flüchtlingsstrom aus Nordkorea übervölkert. Millionen von Menschen sind arbeitslos und haben keine Möglichkeit, ihren Lebensunterhalt zu verdienen. Die Not ist grenzenlos. Es ist keine Seltenheit, daß man eine siebenköpfige Familie in einer Behausung von drei Quadratmetern Größe wohnen sieht, die aus Abfallholz, Segeltuchfetzen, Kistenbrettern, Pappdeckeln und Blechdosen konstruiert ist. Der Korean Church World Service, für den ich arbeite, bringt jährlich 25 Millionen kg Vorräte ins Land. Es ist keine leichte Aufgabe für mich, für die Lagerung und den Weitertransport der Güter zu sorgen. Wir haben etwa zwanzig koreanische Helfer. Es stellt manche Anforderung an unsereinen, sich ihr Vertrauen zu erwerben und sie mit unseren westlichen Arbeitsmethoden vertraut zu machen. Dabei bin ich mir aber sehr bewußt, daß ihre Kultur viel älter ist als unsere westliche Zivilisation. Man kann ihnen gegenüber manchmal geradezu Minderwertigkeitskomplexe bekommen. Wenn ich ihre eleganten, beherrschten Bewegungen sehe und dem ebenen Fluß ihrer Sprache zuhöre, wenn sie mich mit äußerster Höflichkeit willkommen heißen, dann erscheint mir unsere formlose amerikanische Art plump und ungelenk.

Ich weiß nicht, wie ich es beschreiben soll, was mich hier so ausfüllt. Es ist einfach ein befriedigendes Gefühl, wenn ich nach einem langen Arbeitstag heimkehre und weiß, daß durch meinen Einsatz die

Not etwas gelindert werden konnte und einige Leute, die sonst nichts zu essen gehabt hätten, heute satt geworden sind.«

In einem späteren Brief berichtete Carl auch von einer anderen Arbeit. Es war die ganze Zeit sein Bestreben gewesen, der Not noch wirksamer und anhaltender begegnen zu können. Da stieß er auf eine Gruppe von Flüchtlingen, die unter der Leitung eines jungen nordkoreanischen Ingenieurs aus eigener Initiative damit begonnen hatten, einen Deich zu bauen und dem Meer ein Stück Land abzutrotzen. Die Landnot war eines der größten Probleme in Südkorea. Als Carl die ausgemergelten Gestalten bei der Arbeit sah, war er so beeindruckt, daß er das Projekt zu seinem eigenen machte. Er half ihnen, die nötigen Mittel herbeizuschaffen und unterstützte sie in jeder ihm nur möglichen Weise dabei, den Deich zu vollenden. So wurden dreitausend Morgen Land gewonnen, das vielen Flüchtlingen ihren Lebensunterhalt bringen würde. Die südkoreanische Regierung dankte ihm in einem offiziellen Schreiben. Als sein Chef aus New York kam, um das fertige Werk zu besichtigen, sagte er: »Jetzt habe ich eine Predigt gesehen.«

Ich mußte an unsere Wasserpumpe an der Homestead denken. Wer unter uns Kindern es fertigbrachte, ganz allein einen Eimer Wasser hochzupumpen, galt als erwachsen. Der Tag, an dem Carl so weit war, ist mir noch deutlich in Erinnerung. Wir liefen zu unseren Eltern und schrien: »Carl ist erwachsen! Carl ist erwachsen!« Und dann sehe ich den Fünfjährigen noch an der Pumpe stehen, wie er von einem Ohr zum anderen grinste. Er sah so triumphierend aus, als hätte er gerade den Mount Everest erklommen.

Die Briefe von John und Carl machten uns neuen Mut, an dem Platz auszuharren, an den Gott uns gestellt hatte, und die Augen offen zu halten für die Not bei uns.

Das Gespräch, das Walter mit Yaya in Tcholliré gehabt hatte, ging ihm immer noch nach. Auch hier in Libamba entdeckten wir bald, daß das Hauptproblem der Schüler die Frage nach dem rechten Verhältnis zum anderen Geschlecht war.

Das hatte einen besonderen Grund. In allen Stämmen war es üblich, daß der junge Mann dem Vater des Mädchens, das er zu heiraten gedachte, eine Gabe geben mußte. Fälschlicherweise wurde sie »Brautpreis« genannt. Aber ursprünglich war es kein Kaufpreis in dem platten Sinn des Wortes, sondern mehr eine Kompensationsgabe. Die Familie des Mannes hatte an die Familie des Mädchens

eine Entschädigung zu entrichten, da die letztere ja eine Arbeitskraft verlor. Die Gabe bestand meist in Vieh und diente in der heidnischen Gesellschaft zur Stabilisierung der Ehe, denn im Falle einer Scheidung mußte das Vieh zurückgegeben werden. Die Familie des Mädchens war infolgedessen am Fortbestand der Ehe interessiert.
Die Einführung des Geldes hat den ursprünglichen Sinn des Brauches nun zum großen Teil zerstört. Geld wird ja nicht aufbewahrt wie Vieh, sondern meist sofort ausgegeben. Durch das Angebot westlicher Luxusartikel werden die Väter in die Versuchung gebracht, ihre heiratsfähigen Töchter »an den Meistbietenden zu versteigern«.

In Kamerun hatte dieser Mißbrauch des »Brautpreises« besonders extreme Formen angenommen. Ein hoher Justizbeamter zeigte uns einmal eine ganze Wand von Prozeßakten gegen Väter, die Geld von verschiedenen Bewerbern für dieselbe Tochter angenommen hatten.
Die Summen, die verlangt wurden, waren für den normalen jungen Mann unerschwinglich. Drei- bis viertausend Mark waren an der Tagesordnung. Je mehr Schulbildung ein Mädchen hatte, um so teurer wurde es. So trieben wir an unserer Missionsschule paradoxerweise durch die »Erziehung« der Mädchen den Brautpreis immer noch mehr in die Höhe.
Aber mit der Barzahlung allein war es noch nicht getan. Die ganze Großfamilie wollte sich bei dieser Gelegenheit sanieren. Selbst die Onkels und Tanten verlangten Kleidungsstücke, möglichst aus Trevira.
Die Mutter wollte eine Nähmaschine und der Bruder ein Motorrad.
Die Folge war, daß die jungen Männer sehr spät heirateten, und dadurch kam ein wirklicher Teufelskreis in Bewegung.
Vereinfacht läßt er sich etwa folgendermaßen beschreiben: Durch die Spätehe nahmen die vorehelichen Beziehungen immer mehr überhand. Das Anwachsen der Prostitution in den großen Städten wie Douala und Yaoundé war erschreckend. Nicht selten gaben sich gerade die gebildeten Mädchen dazu her, die zu »teuer« waren, um einen Bewerber zu finden. Kein Wunder, daß die Verbreitung der Geschlechtskrankheiten ständig zunahm. Alle Ärzte in Kamerun

Geburtstagsfeier in Libamba. Die vier Trobischkinder mit ihren Gästen.
Großmutter Trobisch mit ihren Deutsch-Schülern in Libamba.

waren sich darüber einig: diese Krankheiten waren der Hauptgrund dafür, daß eine erstaunlich große Anzahl der Ehen kinderlos blieb.

Kinderlosigkeit ist aber in Afrika eine besondere Not, denn das Kind gilt als der einzige Sinn der Ehe, wenn nicht überhaupt des Lebens. Wer keinen Sohn hat, hat sein Leben verfehlt. Einem Mann, der von seiner Frau keine Kinder hat, bleibt also nur die Möglichkeit der Scheidung oder die der Vielehe. Mehrere Frauen kann er sich aber nur leisten, wenn er dazu das nötige Geld hat.

Damit schließt sich der Teufelskreis. Die Reichen besitzen ein Monopol auf Frauen. Sie sind auch oft die Mächtigen, die in der Regierung sitzen. Sie sind gar nicht daran interessiert, daß der Brautpreis gesenkt wird. Im Gegenteil: sie treiben ihn eher noch in die Höhe.

Als Walter diese Zusammenhänge aufgingen, beschloß er, in der Unterprima Eheunterricht als Schulfach einzuführen. Er tat dies zunächst weniger um zu lehren, als um selbst zu lernen, und sagte dies den Schülern auch ganz offen.

Die Klasse kam einmal wöchentlich in unserem Wohnzimmer zusammen. Als Lehrbuch wurde das Buch von Dr. Theodor Bovet: »Die Ehe«[1] verwendet. Walter wählte bewußt ein europäisches Buch, damit sich daran die Reaktion der Afrikaner entzündete.

Er hatte sich nicht getäuscht. Es entstand oft eine lebhafte Diskussion, und die Meinungen prallten hart aufeinander. Walter kam voll auf seine Rechnung, und die Schüler waren ihm gute Lehrmeister. Er spürte aber vor allem, wie dankbar diese afrikanischen jungen Männer dafür waren, daß sie sich einmal offen über diese brennenden Fragen aussprechen konnten.

Jeder Schüler hatte ein Heft, in das er seine persönlichen Fragen, die er in der Klasse nicht stellen wollte, notieren durfte. Diese Fragen beantwortete Walter jede Woche, so daß er während des einjährigen Lehrganges mit jedem Schüler in einem persönlichen, schriftlichen Gedankenaustausch stand.

Bald kamen so viele Ratsuchende zu Walter – auch von außerhalb der Schule –, daß der Wunsch erwachte, etwas Schriftliches zur Verfügung zu haben, das man einem Fragenden mitgeben konnte. Meist wurden ja immer wieder dieselben Fragen gestellt. In dieser Zeit hatte Walter einen Briefwechsel mit einem ehemaligen Schüler,

[1] Bovet, Theodor, Die Ehe, Katzmann, Tübingen.

der sich mit einem Mädchen eingelassen hatte und deshalb vom Abendmahl ausgeschlossen worden war. Er schrieb an Walter voller Protest, es habe ja niemand einen Brautpreis für dieses Mädchen bezahlt, also habe es niemandem gehört, folglich sehe er nicht ein, was er Unrechtes getan habe.

An dieser Frage entspann sich ein Briefwechsel über den Sinn von Liebe und Ehe. Walter fragte nun bei jenem Schüler an, ob er einverstanden sei, daß dieser Briefwechsel auch anderen in anonymer Form zugänglich gemacht werde.

Gern willigte er ein, und Walter sandte die Briefe an einen Freund in Deutschland, um sie von ihm vervielfältigen zu lassen. Dieser jedoch schlug Walter vor, sie zu drucken und schenkte ihm dazu das Papier. Durch diese großzügige Spende entstand als Privatdruck ein kleines Büchlein von hundert Seiten. Der Titel war »J'ai aimé une fille«.[1]

Wir ahnten nicht, welche Saat damit gesät war und in welcher Weise sie aufgehen sollte.

Zunächst jedoch sahen wir davon nichts und waren oft entmutigt inmitten politischer Unruhen, die uns immer wieder an der Arbeit hinderten. In einem Rundbrief, den wir damals an unsere Freunde schrieben, heißt es:

»Vielleicht ist es heilsam, daß Gott uns immer wieder ans Ende unserer Wege bringt. Je länger man auf dem Missionsfeld ist, um so deutlicher wird einem – menschlich gesprochen – die ganze Unmöglichkeit des Unterfangens. Alles, was uns bleibt, ist der Schrei: ›Herr, lehre uns beten!‹

Nur als eine Antwort auf Gebet können wir erwarten, daß Dinge in den Herzen unserer afrikanischen Brüder geschehen, die Bestand haben in der Ewigkeit.

Nur als einen Akt reiner Gnade dürfen wir zu hoffen wagen, daß die Botschaft des Evangeliums den Afrikanern verständlich wird – jene Botschaft, die den Vater Jesu Christi als den Gott der Armen, Verachteten und Machtlosen verkündigt.

Wenn das Licht Christi durch den Nebel der sogenannten westlichen Kultur und aller damit verbundenen Mißverständnisse sichtbar wird, ist dies ein reines Wunder.«

[1] »Ich liebte ein Mädchen.«
Deutsche Ausgabe: Vandenhoeck & Ruprecht, Göttingen

Die Welt wird uns ein kleines Dorf

Am 1. Januar 1960 erhielt Kamerun endlich die Unabhängigkeit. Am Vorabend des Festtages begab ich mich per Flugzeug nach Ngaoundéré in unser Missionskrankenhaus, um dort unser viertes Kind zur Welt zu bringen. Kurz nach unserer Zwischenlandung in Douala wurde der Flughafen von den Rebellen gestürmt. Noch Jahre hindurch sollten diese Unruhen sich fortsetzen. Die Rebellion wurde zwar mit Hilfe der französischen Militärmacht unterdrückt, aber völliger Frieden herrschte nie. Bis zum heutigen Tag haben diese Unruhen nicht aufgehört. Am 25. Januar 1960, am Vorabend von Vaters Todestag, wurde uns unser dritter Sohn, Stephen Walter, geschenkt. Er kam im gleichen Krankenhaus zur Welt, wie unsere Katrin Herta. Während ich allein in Ngaoundéré auf meine Stunde wartete, mußte ich oft an die Zeit vor fünf Jahren denken, als ich mit Walter aus Tcholliré hierher gefahren war.
In den kommenden Jahren entwickelte sich nun in unserer weitverzweigten Familie eine neue Form des Zusammenlebens. Ich könnte auch sagen: Wir entdeckten eine neue Art, unserer Zusammengehörigkeit Ausdruck zu verleihen. Obwohl wir uns in verschiedenen Kontinenten befanden, begannen wir uns zu besuchen, so als wohnten wir im selben Dorf. Es war, als wäre die ganze Welt uns zur Heimat geworden, da wir in so vielen Teilen der Welt einen lieben Menschen wußten.
Ein richtiges Besuchsfieber kam über uns, und wir strebten zueinander.
Veda kam auf der Rückreise vom Urlaub in Nordamerika bei uns in Kamerun vobei. David fuhr in den Semesterferien zu Mutter nach Südamerika. Mutter hingegen besuchte John und Veda in Tanganyika, wo sie auch mit Carl zusammentraf, der dorthin einen Abstecher aus Korea machte. Ich selbst holte schließlich Mutter aus Tanganyika ab und brachte sie zu uns nach Kamerun, so daß wir beide Großmütter eine Zeitlang in Libamba zu Gast hatten. Im

Jahre 1963 aber trafen wir uns alle – Mutter und alle zehn Geschwister – in Amerika.
Das war Familienleben in einer durch die Verkehrstechnik klein gewordenen Welt.
Jetzt im Rückblick erscheint es mir fast unglaublich, daß so etwas möglich war. Und doch entwickelte sich alles wie selbstverständlich. Es gelang, weil uns das Zusammensein der Familie als ein Wert galt, für den wir bereit waren, Opfer zu bringen.
David hatte sich das Reisegeld, um Mutter in Bolivien besuchen zu können, selbstverdient durch Arbeit in einem Krankenhaus, die er neben seinem Studium verrichtete. Er reiste mit einem norwegischen Freund per Anhalter durch die Staaten, dann mit dem Autobus durch Mexico. In Mexico City nahmen sie ein Flugzeug nach La Paz.
Sie waren nicht wenig erstaunt, als Mutter ihnen bei ihrer Ankunft mitteilte, daß sie sich entschlossen habe, einen kleinen Umweg zu machen und von Südamerika aus über Afrika nach Nordamerika zurückzukehren.
Mutter hatte ihre Schreibmaschine verkauft und ihren bescheidenen Haushalt aufgelöst. Den Erlös hatte sie mit Ersparnissen aus der kleinen Vergütung, die ihr die Mission gewährte, zusammengelegt. Dafür hatte sie eine Busfahrkarte nach Rio de Janeiro erstanden.
David und Sven begleiteten sie bis dorthin und kehrten dann nach den Vereinigten Staaten zurück.
Für Mutters Schiffsreise war mein Bruder John zum großen Teil aufgekommen. Es fand sich eine sehr preiswerte Möglichkeit auf einem japanischen Schiff, das Mutter von Rio nach Kapstadt brachte.
Etwa vierzig Jahre war es nun her, seitdem sie mit Vater und dem kleinen Paul auf der Durchreise von Nigeria nach Tanganyika hier haltgemacht hatte. Am 24. September 1960 kam sie in Daressalaam an. Siebzehn Jahre nach dem Tode ihres geliebten Mannes stand sie zum erstenmal an seinem Grab.
John und Adeline holten sie in Daressalaam ab und fuhren mit ihr im Auto in zwei Tagen nach Kiomboi, wo Mutter nun auch Veda traf. Sie verbrachte eine schöne Zeit mit Johns Familie. Im November aber meldete sich unerwartet Besuch an aus Korea: Carl hatte nach zwei Dienstjahren einen zweimonatigen Urlaub und benutzte ihn dazu, seine Verwandten in Tanganyika zu besuchen.

Als ich so viele meiner Lieben auf der anderen Seite des afrikanischen Kontinents versammelt wußte, wurde in mir begreiflicherweise der Wunsch immer größer, auch einmal in mein Geburtsland zu fahren. Menschlich gesehen, schien es ganz unmöglich, Walter und seine Mutter mit unseren vier kleinen Kindern in Kamerun allein zu lassen, ganz abgesehen von der finanziellen Seite eines solchen Planes. Ein Flug von Kamerun nach Tanganyika und zurück würde etwa zweitausend Mark kosten!
Eines Tages las ich erneut Johannes 16, 24: »Bisher habt ihr nichts gebeten in meinem Namen. Bittet, so werdet ihr nehmen, daß eure Freude vollkommen sei.«
Aufgrund dieses Versprechens schrieb ich drei Bitten in mein Stilleheft:

1. Ich möchte nach Tanganyika reisen;
2. Ich möchte ein fünftes Kind haben;
3. Ich möchte die Lebensgeschichte meines Vaters schreiben.

Walter schüttelte zunächst den Kopf, als ich diese Bitten mit ihm austauschte: »Als ob du deine Hände noch nicht voll genug hättest!« Aber er war bereit, mit mir um ihre Erfüllung zu beten.
Im Dezember kam ein Brief. Ohne besondere Erwartungen machte ich ihn auf. Ein grüner Scheck fiel heraus. Er war auf meinen Namen ausgestellt und lautete über fünfhundert Dollar. Auf einem gefalteten Blatt standen lediglich die Worte: »Für Deine Reise nach Tanganyika. Du hast etwas zu geben, was ich nicht habe, ich habe etwas zu geben, was Du nicht hast.« Ich lief zu Walter und Mutter. Sie freuten sich von ganzem Herzen mit mir und rieten, so schnell wie möglich abzureisen.
»Aber was wird mit den Kindern? Ihr habt ja beide Unterricht!«
»Gerade deshalb solltest du so bald wie möglich nach Weihnachten abreisen«, meinte Walter. »Dann haben wir noch zwei Wochen Ferien, bevor die Schüler wiederkommen. Und die zwei Wochen danach werden wir es schon irgendwie schaffen.«
Auch Hildegard Thomas, eine deutsche Kindergärtnerin, die in diesem Jahr bei uns wohnte und die damit begonnen hatte, für die Kinder der afrikanischen und europäischen Lehrer unserer Schule einen Kindergarten zu leiten, versprach, tatkräftig mitzuhelfen. Sogar Samson, unser zuverlässiger afrikanischer Gehilfe, versicherte mir, er könne einfache Gerichte schon allein zubereiten. »Schreiben Sie

einfach auf ein Stück Papier, was ich jeden Tag kochen soll, Madame, und ich werde mein Bestes tun«, sagte er.
Schon war ich freudig dabei, Reisevorbereitungen zu treffen, da erreichte mich abermals ein Brief von Veda. Diesmal enthielt er eine beängstigende Nachricht: John hatte einen Herzanfall gehabt. Man hatte ihn von Kiomboi nach Nairobi fliegen müssen. Veda hatte ihren Bruder begleitet. Sie schrieb:
»Bete viel für ihn und Adeline in dieser dunklen Stunde. Es ist wunderbar, daß Mutter jetzt hier ist. Sie hat eine besondere Gabe, zur rechten Zeit am rechten Ort zu sein.«
Nun zog es mich erst recht mit aller Gewalt nach Tanganyika zu meinen Lieben. Aber, merkwürdig, am Vorabend der Abreise, am 27. Dezember, befiel mich dennoch eine große Angst. Man trennt sich eben nicht leichten Herzens von seinen vier Kindern im Vorschulalter für eine so lange Reise. Dazu mußte ich über den Kongo[1] reisen, was damals sehr gefährlich war.
Ein Erlebnis, das ich mit unserer fünfjährigen Katrin hatte, gab mir Mut. Bei einer Weihnachtsfeier wurde Wettlauf mit brennenden Kerzen gespielt. Alle Mitspieler liefen langsam und zögernd in dem zugigen Raum, um das Erlöschen zu verhindern. Doch es nützte ihnen nichts. Sie mußten oft an den Start zurückkehren, um die Kerze neu zu entzünden. Katrin war die jüngste Mitspielerin. Als sie an die Reihe kam, rannte sie einfach los, ungeachtet aller Gefahr. Und siehe da: Ihre Kerze brannte heller als alle anderen und verlosch nicht, bis sie als Siegerin an den Startplatz zurückgekehrt war. Diese kleine Szene wurde mir zur Weisung, in der Unbekümmertheit des Glaubens diese Reise zu wagen.
Ende Dezember brach ich auf. Von Douala ging es nach Brazzaville, wo ich einen Tag auf Anschluß warten mußte. Der nächste Aufenthalt war in Salisbury in Südrhodesien, einer modernen, schnell wachsenden Stadt mit Wolkenkratzern. Hier machte ich meine erste Erfahrung mit der »Apartheid«, als der afrikanische Träger, der mir mein Hotelzimmer zeigen sollte, mich allein in den Fahrstuhl steigen ließ, selbst aber mit dem schweren Koffer zu Fuß die Treppe hinaufging. In Kamerun wäre das unvorstellbar gewesen. Aber hier war ihm verboten, mit einer Weißen zusammen denselben Fahrstuhl zu benutzen. Am Silvesterabend, fünf Tage nach meiner Ab-

[1] Ehemals Belgisch-Kongo, heute Zaîre

reise, traf ich in Daressalaam ein. Dieser »Hafen des Friedens« ist einer der schönsten Häfen der Welt, aber heiß und ungesund. Hier also verbrachte mein Vater 1942/43 die letzten Monate seines Lebens als Superintendent des verwaisten Missionsfeldes der Berliner Mission.

Gleich am ersten Morgen nach meiner Ankunft machte ich mich zu dem alten europäischen Friedhof auf. Ich war dankbar für die Stille, die hier herrschte.

Nachdenklich ging ich zwischen den Grabsteinen der Missionare auf und ab. Die Jahreszahlen darauf reichten bis zum Ersten Weltkrieg zurück. Das ungesunde Klima Daressalaams hatte viele Opfer gefordert. Kaum einer hat länger als fünf bis sieben Jahre in dem mörderischen Klima aushalten können. Heute ernten wir die Früchte ihrer Opferbereitschaft. Dann fragte ich mich durch zum neuen europäischen Friedhof. Hier gab es nicht allzu viele Gräber. Daher hatte ich keine Mühe, das Grab meines Vaters zu finden. Ich las die Inschrift auf dem einfachen Marmorstein:

Ralph D. Hult
Missionary Pastor
Born United States 1888
Died Daressalaam 1943
Christ is risen (Christus ist auferstanden)

Eine orangefarbene afrikanische Blume, eine Gaillard, wie die Franzosen sie nennen, war auf sein Grab gepflanzt. Aus ihren Blüten hatten sich Samen ausgesät, die ringsum aufgegangen waren. Die zarten Pflänzlein rangen in der harten, von der Sonne verbrannten Erde um ihr Leben.

Mir wurde diese Blume zum Gleichnis für meines Vaters Leben. Am nächsten Tag besuchte ich den afrikanischen Pfarrer, der meinen Vater am besten gekannt hatte. »Er war einer von uns«, sagte er. »Wenn es Lasten zu tragen galt, so packte er sie am schwersten Ende an. Er gab uns keine Befehle. Er gab uns ein Beispiel.« Anschließend stieg ich die Stufen des weißen, von Säulengängen umgebenen europäischen Krankenhauses hinauf. Hier hatte mein Vater seine letzten Stunden verbracht. In der Abteilung für Männer erkundigte ich mich nach dem ältesten Krankenpfleger der Station. Mir wurde ein Afrikaner mit feinen, empfindsamen Gesichtszügen vorgestellt. Er lächelte, als er mich begrüßte.

Der alte europäische Friedhof in Daressalaam.

»Waren Sie 1943 in diesem Krankenhaus?« fragte ich. »Ja«, sagte er und nickte. »Ich arbeitete damals hier.« – »Mein Vater starb in diesem Krankenhaus im März 1943. Sein Name war Hult, Ralph Hult« – »Ralph Hult« – unterbrach er mich. »Oh, ja, ja, ich kannte ihn. Er war ein Pfarrer.« Er sah mich prüfend an: » Sie haben das gleiche Gesicht wie er. Ich pflegte ihn und war auch gerade bei ihm, als er unerwartet starb.«
»Können Sie sich erinnern, in welchem Zimmer er lag?« Er dachte eine Weile nach. »Ja! Gleich hier – in Zimmer drei. Es ist zufällig nicht belegt. Möchten Sie es sehen?«
Es war ein großer Augenblick für mich, als wir den kühlen Raum betraten. Von dem beschatteten Balkon aus konnte man über die Uferstraße hinweg auf den blauen Indischen Ozean schauen.

Wie mochte das Zimmer ausgesehen haben, als Vater hier lag? Auf dem Nachttisch hatte wahrscheinlich seine Brille gelegen, daneben die Bilder unserer Familie, davor seine Uhr und sein Schreibzeug. Der Pfleger streckte seine Arme aus und umschloß mit beiden Händen meine rechte Hand. Es war dies ein Zeichen von Hochachtung. Aber es lag doch noch mehr in dieser Geste. Er wollte ausdrücken, daß er mit mir fühlte, daß er teilnahm.
»Ich möchte Ihnen für alles danken, was Sie für meinen Vater in seinen letzten Tagen getan haben«, sagte ich.
Er sah mich etwas verlegen an.
»Sie sind doch Christ, nicht wahr?«
»Nein, ich bin Muslim«, antwortete er.
Auf diese Weise erfuhr ich, daß der Mann, der meinem Vater in seinen letzten Stunden beigestanden hatte, einer der Muslime war, die ihm sein Leben lang so sehr am Herzen gelegen hatten. Ich hörte auch, ein Hindu habe einen indischen Steinmetz beauftragt, die Inschrift in seinen Grabstein zu hauen. In dem kleinen Kreis, der an seiner Beerdigung teilnahm, waren Angehörige von siebzehn Nationen gewesen, die alle zu meinem Vater in einem persönlichen Verhältnis gestanden hatten. Nur ein einziger unter ihnen war ein Amerikaner gewesen.
Am nächsten Tag flog ich mit einem kleinen Postflugzeug über Sansibar und Mombasa nach Nairobi, der Hauptstadt Kenyas. Tatsächlich: Da stand Mutter! Und mit ihr wartete die vierköpfige Familie meines Bruders John.

»Wie geht es John?« das war natürlich meine erste Frage.
Nun erst erfuhr ich Einzelheiten über seine Krankheit. Sie hatte mit einer Gelbsucht begonnen. Wie so oft in Afrika war Malaria hinzugekommen, und ehe mein Bruder beides richtig überwunden hatte, war er wieder an die Arbeit gegangen.
Die letzten Monate waren besonders aufreibend für ihn gewesen. Er war völlig überlastet. Neben seiner ärztlichen Tätigkeit wurde über die Hälfte seiner Zeit von Verwaltungsarbeiten für das Krankenhaus in Anspruch genommen. Hinzu kamen Personalprobleme. Oft gab es Streitigkeiten unter den Angestellten zu schlichten, mitunter auch Disziplinarverfahren einzuleiten. Nach einem übervollen Arbeitstag wurde er nachts oft aus dem Schlaf gerissen, um in dringenden Fällen ärztliche Hilfe zu leisten.
Einmal führte er am Morgen vier Augenoperationen durch, entfernte eine Eierstockgeschwulst, schiente einen gebrochenen Arm. Den Nachmittag nahm außer den ambulanten Behandlungen ein Fall von Starrkrampf in Anspruch. Am Abend brachten sie einen Mann mit einem abgeschnürten Bruch. Die Operation dauerte sechs Stunden. Er rettete dem Mann das Leben, aber bald danach bekam er selbst einen Herzanfall.
Wir fuhren zum Krankenhaus in Nairobi. Vor vier Jahren hatte ich John zum leztenmal gesehen. Es war in Minneapolis gewesen, kurz vor seiner Ausreise. Als ich in Johns Krankenzimmer trat, war es mir, als wäre es gestern gewesen.
Dieses Erlebnis des Wiedersehens ist mir immer wieder eine beglückende Erfahrung in unserer großen Familie. Wir mögen uns viele Jahre nicht gesehen haben. Aber im Augenblick, wo wir uns wiedertreffen, sind sie verflogen.
John war abgemagert und hatte einige Falten mehr im Gesicht. Aber sonst war er der alte. Wir verbrachten drei wunderschöne Tage miteinander, ehe er mit seiner Familie nach Amerika zurückflog. Als ihn ein afrikanischer Angestellter der Fluggesellschaft in einem Rollstuhl zur Maschine schob, kam mir die Paradoxie der Situation zum Bewußtsein: John hatte vier der besten Jahre seines Lebens darangegeben, um leidenden afrikanischen Menschen zu helfen. Nun mußte er, selbst ein Leidender, von einem Afrikaner gefahren werden! –
Mit meiner Mutter reiste ich nun im Autobus weiter nach Singida. Es war wie eine Fahrt durch einen Zoo, nur daß die Tiere nicht in

»Wie geht es dir, Jakobu?« »Danke, es geht mir gut. Ich bin gesund aufgewacht.« – Ein strahlender Lepra-Christ.

Käfigen steckten. Unterwegs sahen wir Zebras, Antilopen, Thompson-Gazellen und Strauße, dann und wann auch Giraffen. Eine marschierte gemütlich auf der Landstraße vor uns her, so daß unser Fahrer anhalten mußte.
Das Land aber war dürr und durstig. Obwohl Regenzeit war, fiel kein Tropfen Regen, solange ich dort war. Das bedeutete, daß eine Hungersnot drohte.

Die Aussätzigenstation Iambi, an der Veda arbeitete, war 60 km von Singida entfernt. Veda wurde durch Funk von unserer Ankunft verständigt und war innerhalb von zwei Stunden mit einem Jeep zur Stelle. Sechs Missionare waren in Iambi für die fünfhundert Aussätzigen verantwortlich, von denen neunzig bettlägerig waren. Die anderen Kranken wohnten in Hütten um das Krankenhaus herum und hatten ihre eigenen Gärten. Ein Staudamm schuf einen künstlichen See, der die Wasserversorgung sicherte.
Iambi war nach der Devise gebaut, besser wenig gut zu tun, als viel nur halb. Es ist unmöglich, die Not in Afrika zu beseitigen. Im Grunde kann man nur eines tun: den Afrikanern ein Beispiel geben, wie der Not abzuhelfen ist.
Als ich Veda auf ihrer morgendlichen Visite begleitete, stellte sie mir einen Patienten, Jakobu, vor. Er hatte keine Augen und nur Stümpfe anstelle von Händen.
»Wie geht es dir heute?« fragte ihn Veda auf Suaheli.
»Ich bin kerngesund aufgewacht«, war die Antwort. »Mir fehlt nichts.«
Als wir weitergingen, sagte Veda zu mir: »Er ist mir ein richtiger Seelsorger, denn er hat dem Augenschein nach nichts, um dankbar zu sein, nicht einmal einen Verwandten, der sich um ihn kümmert. Von diesem Aussätzigen lerne ich das Danken.«

Ich hatte mehrere Tage mit Veda und ihren Mitschwestern zusammen gelebt und bekam einen tiefen Eindruck von ihrem aufreibenden und entsagungsvollen Leben. Ich hatte gesehen, wie diese Frauen neben ihrem schweren Pflegedienst Autos reparierten, Kisten und Fässer verluden, Bauarbeiten leiteten und ihre Jeeps über grundlose Wege steuerten, alles Arbeiten, für die sie von Natur aus nicht bestimmt waren. Außerdem mußten sie Verantwortung übernehmen für schwere Entbindungen und komplizierte medizinische Fälle, die in Europa nur einem Arzt überlassen wurden.

Die inneren Schwierigkeiten waren nicht kleiner. Obwohl ihnen der afrikanischen Sitte nach als unverheirateten Frauen keine Autorität zuerkannt wurde, mußten sie den schwierigen Lepra-Patienten gegenüber, auch den männlichen, als Autoritätspersonen auftreten, sie mußten Weisungen geben und auf Gehorsam bestehen und eine dominierende Rolle übernehmen, die ihrem Wesen nicht entspricht. Viele von ihnen sehnen sich nach einem Familienleben, aber sie folgen einfach und selbstverständlich Gottes Ruf, der sie mit dieser Aufgabe betraut hat.
Ehe ich Iambi verließ, erhielt ich einen Brief von Walter aus Libamba. Die Saat seines kleinen Buches war in unerwarteter Weise aufgegangen. Die erste Auflage war allein in der Stadt Yaoundé innerhalb von sechs Wochen ausverkauft worden, und Walter war dabei, eine zweite Auflage vorzubereiten, die auch die anderen Länder Afrikas erreichen sollte, in denen Französisch gesprochen und gelesen wurde. Außerdem sollte eine englische Ausgabe erscheinen. Aber dann war noch etwas geschehen, womit er überhaupt nicht gerechnet hatte. Da das Buch eine Korrespondenz enthält, hatten die Leser offensichtlich den Schluß gezogen, Walter lese Briefe und beantworte sie auch. So war eine Flut von Leserbriefen aus allen Ecken Kameruns eingetroffen, in denen Afrikaner ihre persönlichen Probleme zur Sprache brachten und um Rat baten. Viele der Briefe kamen von Nichtchristen.
Als ich Walters Brief gelesen hatte, wurde mir klar, daß uns hier ein neuer Auftrag erteilt wurde. Darum waren wir also nach Libamba geführt worden. Gott kommt wahrhaftig immer zu der Tür herein, an der er am wenigsten erwartet wird. – Ich zählte nun schon die Tage, bis ich nach Libamba zurückkehren konnte. Zunächst aber reiste ich weiter mit Mutter durch Tanganyika.

Wir fuhren nach Moshi, wo uns Frau Danielson, die mit meinem Vater auf der »Zamzam« gewesen war, beherbergte.
Am Morgen sahen wir zum erstenmal, den Kilimandscharo, den »strahlenden Berg«, wie er auf Suaheli heißt. Erhaben und schweigend glänzte er in der Morgensonne.
Pfarrer Danielson besorgte uns ein Auto, mit dem wir an der Westseite des Berges hinauf nach Mashame fuhren, wo Mutter 1922 mit Vater stationiert gewesen war. Bei jeder Wegbiegung stürzten neue Erinnerungen auf Mutter ein.

Der Kilimandscharo.

Damals war sie mit einem sogenannten »Einrad« hier hinaufgelangt. Es bestand aus einer Art Stuhl, der über ein Autorad gebaut war. Das Gefährt mußte von einem Mann gezogen und einem anderen geschoben werden. Der kleine Paul, der noch kein Jahr alt war, wurde in einer Hängematte getragen. Vater ritt auf einem Esel.
Plötzlich erinnerte sich Mutter an den Namen ihres früheren Kochs, Nderasiya. Sie fragte unseren Fahrer, ob er ihn kenne.
»Ja, er wohnt gleich hinter der nächsten Biegung!« Wir baten ihn anzuhalten.
Nderasiya trat heraus. Ungläubige Freude lag auf seinem Gesicht, als er »Mama Hulti« erblickte. Er pflückte Blüten von den Büschen, die um sein Haus wuchsen, und streute sie auf den Weg, damit Mutter darauf gehen sollte. Dann lief er in sein Haus und holte eine Bank, über die er sorgfältig sein bestes Kleidungsstück breitete. Als Mutter sich gesetzt hatte, brachte er ihr Eier, Bananen und zehn Schillinge. Mit diesem Geld, das für ihn einen sehr großen Betrag darstellte, sollte Mutter auf ihrer Reise einmal in einem Restaurant einkehren und beim Verzehren der Mahlzeit an ihn denken.
Nderasiya war nicht nur der Koch meiner Eltern gewesen. Er hatte Vater auch als Führer und Dolmetscher auf seinen langen Reisen begleitet. Mutter erzählte mir, daß sie für seine kleine Nichte gesorgt hatte, nachdem deren Mutter im Kindbett gestorben war. Angeblich war sie das erste Kind seines Stammes, das den Tod seiner Mutter überlebt hatte.
»Es war nicht lange danach«, sagte Mutter, »als ich mein eigenes Baby Ruth verlor. Siebenunddreißig Jahre lang hat Nderasiya treu ihr kleines Grab gepflegt.«
Später, während Mutter Freunde besuchte, stand ich allein vor dem einfachen kleinen Holzkreuz, das das Grab meiner Schwester bezeichnete. Unter mir lagen die grünen Hänge des Berglandes mit den üppigen Kaffee- und Bananenpflanzungen der Chagga. Über mir, gerade noch sichtbar über den Spitzen der hohen Tannen, die einstmals von deutschen Missionaren gepflanzt worden waren, ragte der Kilimandscharo, der »strahlende Berg«. Ein anderer Name, den ihm die Afrikaner gegeben haben, ist »Thron der Götter«. Das verstand ich nun. Verzaubert stand ich vor der Gewalt und dem Wunder des Berges.
Veda hatte den Sechstausender, den einzigen Berg Afrikas mit ewigem Schnee, einmal zusammen mit einer ihrer Mitarbeiterinnen be-

stiegen. Mit drei afrikanischen Führern waren sie aufgebrochen, zweimal mußten sie in einer Hütte übernachten. Am letzten Tag lagen noch neunhundert Meter Steigung vor ihnen bis zum Gipfel. Sie begannen den Aufstieg um ein Uhr morgens. In der dünnen Luft kostete jede Bewegung eine ungeheure Anstrengung. Auf allen vieren arbeiteten sie sich vorwärts und wollten immer wieder aufgeben. Ohne den ständigen Ansporn durch ihre afrikanischen Führer hätte sie den Gipfel nicht erreicht. Endlich, gegen zehn Uhr – nach neun Stunden – waren sie am Ziel. In ihrem Brief, in dem sie uns von diesem einmaligen Erlebnis berichtete, schrieb sie uns folgendes: »Es gibt Augenblicke in unserem Leben, in denen wir den Weg, den Gott uns führt, wie von einem Gipfel aus im Zusammenhang überschauen. Das gibt uns wieder Kraft, weiterzuwandern und mit Freuden unterwegs zu sein. Ich mußte ganz besonders an Vater denken, und mit einemmal sah ich seinen Weg völlig anders als damals, da er uns so früh genommen wurde.«

Ich überdachte Vedas Brief, während ich über die Hänge des Kilimandscharos hinwegschaute. Hier mußte Vater in den letzten Wochen seines Lebens oft gestanden haben, ehe er hinunterging nach Daressalaam. Es war eigenartig, daß ich seine Gegenwart hier soviel deutlicher spürte als an dem sandigen Grab.

Wie viele seiner Träume waren in Erfüllung gegangen! Wie viele seiner Gebete waren erhört worden, seitdem man ihn zur letzten Ruhe gebettet hatte. Die vergangenen Jahre zogen an mir vorüber, in denen seine Frau und seine Kinder nicht nur daheim, sondern in fünf Kontinenten im Dienst standen.

Was wir uns in unserem Familienpsalm erbeten hatten, war Wirklichkeit geworden: »Daß dein Name kund werde auf Erden und dein Heil unter allen Völkern.«

Epilog

Zwanzigster April neunzehnhundertdreiundsechzig. Die Homestead, unser Heimathaus in Springfield, lag im Glanz der Frühlingssonne.
Mutter öffnete die Fenster unseres kleinen Hauses, lauschte in die Morgenstille hinaus und sah über das neuerwachte, hügelige Land hin.
In den Bäumen, die Vater gepflanzt hatte, sangen die Vögel. Die Vorderseite des Hauses beschattete Carls Geburtstagsbaum – eine hohe chinesische Ulme. Die jasminfarbenen Blätter von Gustavs russischem Olivenbaum an der Südwestecke des Hauses harmonierten mit dem dunklen Grün von Marthas Ulme im Süden.
Mutter sah auf die Uhr. In wenigen Minuten würde Pauls Flugzeug in Springfield landen. Paul hatte keinen Augenblick gezögert, die weite Reise von Tuscon in Arizona zu machen, um an dem Treffen aller zehn Geschwister teilnehmen zu können.

John und Adeline waren schon am Vorabend aus Denver in Colorado gekommen. John war völlig genesen und hatte sich wieder gut erholt. Mit Hilfe seiner Frau hatte er sich eine Praxis als Kinderarzt in Denver eingerichtet, denn ihm war aus gesundheitlichen Gründen abgeraten worden, wieder nach Afrika zurückzukehren.
Walter und ich waren schon einige Wochen vorher eingetroffen, um unseren zweiten Heimaturlaub hier zu verbringen. Wir wohnten mit unseren fünf Kindern – inzwischen war uns noch die kleine Ruth geschenkt worden – in dem kleinen Häuschen, das uns früher als Hühnerstall gedient hatte und nun in einen Wohnbungalow umgewandelt worden war, genannt »Daressalaam«.
Aber genaugenommen wohnten wir nur mit vier Kindern dort. Meine Mutter hatte sich angeboten, für die achtzehn Monate alte Ruth zu sorgen, um es mir zu ermöglichen, dieses Buch zu schreiben. Sie hatte eine starke Zuneigung zu dieser strammen kleinen

Enkelin gewonnen, deren Goldlocken auf und nieder wippten bei jedem ihrer energischen Schritte. Fast war es, als sei ihr in Ruth die Tochter wiedergeschenkt, die sie einst in Afrika verloren hatte.
Eben bog ein Auto in die Einfahrt ein: Martha und ihr Mann Max kamen. Mutter lief zur Tür, um sie willkommen zu heißen. Sie waren von Illinois her die ganze Nacht durchgefahren und brachten die Nachricht mit, daß auch Vince und Eunice mit ihren fünf Kindern bald kommen würden.
Da trat Carl aus seinem Zimmer und rieb sich schläfrig die Augen. Er umarmte Martha herzlich. »Du siehst aber schon viel besser aus als vor einigen Wochen, als du aus Korea heimkamst«, sagte sie.
Carl lächelte und hielt ihr seine Handflächen hin. Sie waren mit Blasen bedeckt, die er sich beim Bäumefällen geholt hatte. Dann ging er mit Martha hinaus, und sie mußte das Feld bewundern, das er umgepflügt hatte, damit Mutter dort einen Garten anlegen konnte.
Während wir noch beim Frühstück saßen, traf die Abordnung aus Minneapolis ein. Einem roten Jeep entstiegen Gustav und Maria, Veda, die auf Urlaub aus Tanganyika zu Hause war, und die beiden jüngsten Geschwister Mary und David.
Zum erstenmal seit zwanzig Jahren hatte Mutter ihre zehn Kinder wieder um sich auf der Homestead versammelt. Unter den Bäumen spielten zwölf ihrer vierundzwanzig Enkel. Es war ein Tag der Erfüllung. Der Verwaltungsrat der Homestead hatte Mutter gebeten, das Amt der Hausmutter für die erholungsuchenden Gäste zu übernehmen.
»Kinder«, so fragte sie, »soll ich mich noch einmal in unserem alten Wohnhaus niederlassen, in dem fünf von euch geboren sind?« Ein Jubel der Zustimmung war die Antwort.
Der Tag verflog in froher Gemeinschaft. Am Abend feierten wir miteinander das heilige Abendmahl nach der Weise der Herrnhuter Brüdergemeine. Wir saßen im Kreis und reichten einander Brot und Kelch mit einem Bibelwort weiter.
Der Ring um die unsichtbare Mitte wies hin auf das Geheimnis unserer Verbundenheit. Nur von dieser Mitte her ist möglich geworden, was in diesem Buch berichtet ist.
Ich sah mich im Kreise meiner Geschwister um und wußte: Die Geschichte unserer Familie wird hier nicht enden. Brot und Wein waren nur Wegzehrung. Wir waren nur an einem Wegabschnitt angekommen, an einem Ende, das viele neue Anfänge versprach.

Dezemberneunzehnhundertsechsundsiebzig. Wieder sitze ich an meinem Tisch und schreibe. Wieder ist es Frühling. Aber diesmal schweift mein Blick nicht über die Ozark-Berge bei Springfield in Missouri, sondern über die österreichischen Alpen.
Wir leben seit elf Jahren in einem kleinen Dorf auf einer Voralpenhöhe. Bei schönem Wetter breitet sich vor unserem Fenster ein Panorama aus vom Höllengebirge über den Schafberg am Wolfgangsee bis hin zum Untersberg bei Salzburg.
Drei unserer fünf Kinder haben bereits Abitur gemacht und studieren: Katrin, die fast fertig ist und dieses Jahr geheiratet hat, am Wellesley College in der Nähe von Boston, Massachusetts; Daniel Psychologie in Salzburg und David Theologie. Stephen besucht eine höhere Technische Lehranstalt in Salzburg und Ruth eine Internatsschule am Traunsee.
Zwölf Jahre sind vergangen, seitdem dieses Buch zum erstenmal veröffentlicht wurde. Alle meine Brüder und Schwestern sind indessen verheiratet und leben zur Zeit alle in den Vereinigten Staaten. John hat sich gut von seinem Herzanfall erholt und leitet eine Kinderklinik für unterprivilegierte Kinder in Denver, Colorado. Veda ist eine vielbeschäftigte Pfarrfrau in Minnesota. Eunice und Vince leben in Springfield, Missouri, wo Vince Pfarrer an der Emanuel-Kirche ist. Carl hat eine Frau aus Panama geheiratet und lebt in Californien. Beide sind aktiv in einer Gemeinde, in der sich Angehörige verschiedener Rassen zusammenfanden.
Walters Mutter, Mutti, lebte mit uns in Österreich, bis der Herr sie 1967 nach kurzer, schwerer Krankheit heimrief.
Ingrids Mutter ist nun siebenundsiebzig, lebt ebenfalls in Springfield, Missouri, wenn sie nicht herumreist und eins ihrer zehn Kinder besucht. Indessen hat sie dreißig Enkel und vier Großenkel. An einem verlängerten Wochenende konnte sie voriges Jahr um den 4. Juli herum alle Kinder wiedersehen und auch einen Teil ihrer Enkel. Wir waren insgesamt fünfzig Personen. Das Einssein im Geist und das reiche Erbe, das Gott uns anvertraut hat, wurden uns bei dieser Gelegenheit wieder neu bewußt.
Während ich nun an meinem Schreibtisch sitze in unserem kleinen Berghäuschen, kommen mir die Gefühle wieder, die ich hatte, als ich vor zwölf Jahren dieses Buch beendete. Ich spürte irgendwie, daß die Geschichte nicht aufhören, sondern erst beginnen sollte.

Freilich konnte ich damals nicht ahnen, wie wahr dieses Gefühl war.

Durch Walters Buch »Ich liebte ein Mädchen« wuchs uns eine ganz neue Form missionarischen Dienstes zu. Walter sagt oft: »Erst schrieb ich das Buch. Jetzt schreibt das Buch unser Leben.«

»Ich liebte ein Mädchen« ging um die ganze Welt. Aus allen Kontinenten erreichten uns Anfragen für die Übersetzungsrechte. Auf unserem Bücherbrett im Wohnzimmer stehen mehr als siebzig Übersetzungen und Ausgaben dieses Buches. Es wird von den Chinesen in Taiwan und Hongkong genauso gelesen wie von den Eskimos. Es gibt eine hebräische und arabische Übersetzung sowie Ausgaben in Blindenschrift und Esperanto. In fast allen europäischen Sprachen ist es erschienen, einschließlich Tschechisch, Jugoslawisch, Polnisch, Rumänisch und Ungarisch. Offensichtlich hat das Buch an den Nerv eines Weltproblems gerührt.

Daraus hat sich eine rege Leserkorrespondenz entwickelt, die wir nun als einen Teil unseres Dienstes auffassen, soweit es Kraft und Zeit erlauben. Aus dieser Korrespondenz wiederum erwuchsen Einladungen von Kirchen und christlichen Organisationen aus verschiedenen Ländern, um Ehe- und Familienseminare abzuhalten. Das stellte uns – und stellt uns immer wieder – vor die Notwendigkeit, Grenzen zu ziehen, Schwerpunkte zu bestimmen und Prioritäten zu setzen. Es ist uns klar, daß unser Hauptauftrag, solange die Türen dort noch offen sind, in Afrika und in der sogenannten »Dritten Welt« liegt.

Dreimal sind wir wieder in Kamerun gewesen und haben bei dieser Gelegenheit auch Tchollíré wieder besucht. Wir fanden dort eine blühende Stammgemeinde, die über hundert Predigtstationen im Lande Rey Bouba unterhält.

Aber auch andere afrikanische Länder besuchten wir. Mehrmals waren wir in Äthiopien, Südafrika und Liberia, aber auch in Kenya und Tanzania. Über Afrika hinaus waren wir in Indonesien, Neukaledonien und auf der größten Insel der Welt, Neuguinea, in der Nähe des australischen Kontinents.

Viele unserer Leser können sich vielleicht schwer vorstellen, was wir unter einem »Eheseminar« verstehen. Deshalb soll hier eins beschrieben werden, wie wir es im Sommer 1975 in Neuguinea hielten:

Man stelle sich vor: 15 Ehepaare sitzen in einem einfachen Raum in

einem großen Kreis auf dem Boden. Die Babys schlafen, werden gestillt oder in einem Tragnetz, das sich die Mutter über den Kopf gehängt hat, wie in einer Hängematte geschaukelt. Die Kleinkinder hören mit großen Augen zu oder spielen in der Mitte.
Die Ehepaare sind ganz verschieden: Der Bischof ist dabei und der Kreisdekan, Krankenhelfer, Lehrer, Pfarrer, Theologiestudenten, aber auch ganz einfache Dorfbewohner und Fischer.
Neben der Bibelarbeit über die Ehe, dem Unterricht über das Zusammenleben in allen Bereichen und dem gemeinsamen Einüben der Stillen Zeit ist es vor allem auch das Ziel der Seminare, eine Kommunikation zwischen Mann und Frau in Gang zu bringen. Am ersten Tag muß jeder seiner Frau die Hand geben. Manche bringen es nicht fertig. Sie dürfen es zunächst allein für sich üben. Am nächsten Tag geht es dann schon besser. – Dann üben wir, einander anzuschauen. Erst die Männer unter sich, dann die Frauen, dann jedes Paar miteinander.
Am dritten Tag können wir dann anfangen, das Gespräch zu üben. Jeder muß sich drei Dinge ausdenken, die er an seinem Ehepartner besonders liebt. Dann setzen sich die Paare außer Hörweite im Freien unter schattige Bäume einander gegenüber, und jeder Mann muß seiner Frau, jede Frau ihrem Mann diese drei Dinge sagen, und zwar nicht auf Pidgjin, sondern in der Muttersprache. Manche sitzen über eine Stunde lang zusammen und warten geduldig auf die drei Dinge.
Am folgenden Tag dürfen die Paare, wenn sie wollen, im Kreis austauschen, was sie einander sagten. Wir setzen uns in die Mitte und machen es ihnen vor. Pastor Janadabin, unser Übersetzer, tut dasselbe mit seiner Frau. Dann sind auch die andern schnell bereit. Was man am meisten aneinander schätzt, ist Zuverlässigkeit. In dieser Zeit des Umbruchs scheint es ein überragendes Bedürfnis zu sein, einen Menschen zu haben, auf den man sich verlassen kann.
Unvergeßlich wird uns ein junger Lehrer sein, der sich in die Mitte setzte und zu seiner Frau sagte: »Ich liebe dich, weil du nicht willst, daß ich sterbe, denn du gibst mir zu essen.« Dann liefen ihm die Tränen über die Wangen vor Freude darüber, daß er fähig gewesen war, das auszusprechen. – Ein großer, stämmiger Mann zerrte seine kleine, schüchterne Frau wider Willen in den Kreis. Sie konnte kein Wort sagen. So berichtete er selbst mit, was sie an ihm liebe. Zu aller

Erstaunen kam es heraus: »Sie liebt mich, weil ich ihr gern gehorche.«
Es ist merkwürdig, aber es gibt offensichtlich nur einen einzigen Eingang, durch den das Gefühl, geliebt zu werden, ins Herz dringen kann: durch das Ohr. Vielleicht will es mancher Leser auch einmal ausprobieren? Es ist ein gutes Gefühl, geliebt zu werden – und man braucht, um es zu bekommen, nicht erst um die halbe Erde nach Neuguinea zu fahren.–
Meine Vorträge, die ich bei diesen Seminaren halte, befinden sich in meinem Buch »Mit Freuden Frau sein« (Brockhaus-Verlag). Walters Vorträge sind in seinem Buch »Heiraten, warum nicht?« enthalten. Das Buch ist ein spannender Bericht über vier Tage, wie wir sie in einer afrikanischen Stadt erlebt haben – und immer wieder neu erleben.
Sind wir unserem ursprünglichen missionarischen Auftrag untreu geworden? Das Buch »Heiraten, warum nicht?« gibt die Antwort. Wir glauben, daß Familienarbeit heute eine der verheißungsvollsten Möglichkeiten ist, das Evangelium von Jesus Christus zu verkünden.
Dabei handelt es sich um eine Wechselwirkung: Einerseits erwächst aus den Konflikten, in die Menschen durch die schnelle Umbruchsituation geraten, in der wir heute stehen, eine Offenheit für das Evangelium. Andererseits kann nur vom Evangelium her in der Tiefe Hilfe geschehen. Unsere Arbeit ist also Mission durch Diakonie und Diakonie durch Mission.
Unsere Missionsleitung in Minneapolis riet uns, unserer Arbeit eine Form zu geben, die ihrem Eigengewachsensein entspricht. Um die Verklammerung von Wort- und Tatverkündigung zum Ausdruck zu bringen, haben wir dafür die drei international bekannten Worte: *Family Life Mission* gewählt. In unserer Arbeit soll Mission geschehen, denn wir glauben, daß nur von dem Hilfe für die Familien erwächst, der gesagt hat: »Ich bin das Leben.«
Family Life Mission ist eine freie Dienstgemeinschaft von Christen, Gemeinden und Gruppen, die eine von Christus her bestimmte Ehe- und Familienberatung als einen missionarischen Auftrag erkannt haben. Sie hat einen eigenen Trägerkreis, der die Verwendung von Spenden verantwortet. Rechtlich stellt sie keinen eingetragenen Verein dar, sondern ist dem Missionswerk der Bayrischen Landeskirche zugeordnet.

Nicht unser Auftrag hat sich geändert, sondern nur seine Dimension. Der Leitvers unserer Familie hat sich abermals in ganz neuer Weise bewahrheitet:
». . . daß man auf Erden erkenne seinen Weg, unter allen Heiden sein Heil« (Ps. 67, 3).

Ingrid Trobisch
A-4880 St. Georgen
Österreich